天津财经大学中青年骨干创新人才资助计划

实际汇率波动与宏观经济政策

基于新开放经济宏观经济学的分析

毛剑峰　王月玲　著

上海三联书店

目　录

1 导论

1.1 选题背景

2008 年金融危机以来，有关实际汇率与宏观经济政策的讨论就一直未平息过。近年来，随着中美贸易战的不断升级，以及美国对中国崛起的持续打压，国内关于实际汇率动态与宏观经济政策的讨论更显突出。因此，了解利率变化、政府支出变化对实际汇率的影响及其传导机制便非常重要。本书将从理论及实证两个方面对宏观经济政策冲击对消费、投资、实际汇率，以及产出的影响进行研究。我们实证分析所用数据为中国 1996Q1—2015Q4 期间的季度数据。

Gali，Monacelli(2005)首次在新凯恩斯动态随机一般均衡环境中引入开放因素，开创了宏观经济家在小型开放经济模型环境中研究实际汇率波动的先河。随后，Faia，Muscatelli(2008)又将这一框架扩展到两国模型环境。自此，利用开放经济 DSGE 模型研究实际汇率波动的文献如雨后春笋，并日趋成熟。

鉴于上述缘由，本研究基于 Gali，Monacelli(2005)的基准模型,通过模型的不断扩展——不可分离偏好、进口产品企业、可变价格加成,以及非贸易品等因素的引入,先后考察了消费的本土偏好、汇率不完全传递、内生价格加成,以及非贸易品等因素对实际汇率的影响,并利用中国 1996 年第 1 季度—2015 年第 4 季度的季度经济数据,先后估计了这四个模型,并以此为出发点,分析了宏观经济政策给消费、投资、实际汇率等带来的变化,进而最终给总产出带来的影响。

1.2 研究思路与方法

研究思路方面,本研究注重理论与实证相结合,基本思路遵循的流程为:模型设定与求解→参数校准与估计→模型评价与动态模拟→结论分析。具体地,本研究将分四个步骤进行。首先,开放经济 DSGE 模型的产生背景以及相关文献进行系统的分析与总结,并针对中国经济的实际情况,提炼出适合中国国情的包含开放 DSGE 模型框架,并从理论模型层面解析该框架的机制,如货币政策规则是一种价格型泰勒规则等等特征;其次,根据模型的具体情况选择季度数据,并对相关数据进行预处理——图形观察、季节调整、取对数、去势等等,同时就其存在的问题实施相应的补救措施;然后,估计并模拟模型,同时根据模拟脉冲图与结构向量自回归(SVAR)脉冲图的对比,以对模型进行评价;最后,根据实证结果,结合实际经济情况,为实现国民经济又好又快发展,提出相应的宏观经济政策,尤其是货币政策的措施和建议。

研究方法方面,本研究既侧重于包含有不可分离偏好、进口产品企业、可变价格加成,以及非贸易品等因素的小型开放 DSGE 模型的建立,又侧重于该模型的实证估计,因此研究过程中运用了序列最优化处理、Taylor 序列展开（对数线性化处理的数学原理）、矩阵方程的特征根-特征向量求解、状态空间模型与卡尔曼滤波，以及贝叶斯估计等多种方法。具体方法如下：第一，利用序列最优化方法，处理除央行、财政等政府部门之外的其他各个部门，以得到这些部门的最优一阶条件；第二，应用 Taylor 序列展开定理，将所得到的最优一阶条件、资源约束条件以及各市场出清条件进行对数线性化处理；第三，利用特征根-特征向量法求解线性矩阵差分方程；第四，利用状态空间模型及卡尔曼滤波，基于线性矩阵差分方程的稳定解，得到各观察变量的似然函数；第五，基于所得到的各观察变量的似然函数，利用贝叶斯估计法得出各个待估结构参数的后验分布均值。

1.3 基本观点与创新

本研究的基本观点：

（1）考虑了不可分离偏好、进口产品企业、可变价格加成，以及非贸易品等因素的开放经济 DSGE 模型框架突破了传统 DSGE 的缺陷，提升了模型对政府支出正财富效应的解释能力。

（2）模型同时还分析了消费的本土偏好、汇率不完全传递，以及内生加成和非贸易品对实际汇率的影响。

（3）模型的贝叶斯估计增强了模型的稳定性，提高了模型实证结论对中国实际经济的解释和预测。

本研究的主要创新点：

（1）模型通过引入不可分离偏好、进口产品企业、可变价格加成、非贸易品等，拓展了模型对开放环境下家庭和企业行为的解释能力，论证了家庭和企业与政府之间的内在关系，丰富了宏观经济的理论体系。

（2）此外，模型还引入了扭曲税和政府债券，使得该模型更加接近现实经济，为政策分析提供了更为现实的分析工具。

（3）基于数值模拟，本研究提供了一种用于分析政府政策行为与宏观经济各部门之间互动性的内在机制，从而将宏观经济政策，尤其政府支出的定量研究由一种未考虑对外经济关系的单一模式升级为一种较完善的动态模式，因此，更加符合进一步开放的经济条件下宏观经济政策制定的未来发展趋势。

（4）利用贝叶斯估计法实现了内生价格加成因素的中国实证，为更为客观、科学地评价我国宏观经济政策效果提供了参考。

1.4　开放经济下中国货币与财政政策效应的经验特征

本部分将介绍中国货币与财政政策效应基于结构向量自回归（SVAR）模型的一些动态特征。

利用 ZhaTao(2016) 的最新数据，除去价格因素后，再对实际变量取对数，并在 HP 滤波后得到变量对其稳态的偏离部分。我们基于这些数据建立了一个七变量的 SVAR 模型，如下：

$$
\begin{bmatrix}
\rho_{11}(L) & \rho_{12}(L) & \rho_{13}(L) & \rho_{14}(L) & \rho_{15}(L) & \rho_{16}(L) & \rho_{17}(L) \\
\rho_{21}(L) & \rho_{22}(L) & \rho_{23}(L) & \rho_{24}(L) & \rho_{25}(L) & \rho_{26}(L) & \rho_{27}(L) \\
\rho_{31}(L) & \rho_{32}(L) & \rho_{33}(L) & \rho_{34}(L) & \rho_{35}(L) & \rho_{36}(L) & \rho_{37}(L) \\
\rho_{41}(L) & \rho_{42}(L) & \rho_{43}(L) & \rho_{44}(L) & \rho_{45}(L) & \rho_{46}(L) & \rho_{47}(L) \\
\rho_{51}(L) & \rho_{52}(L) & \rho_{53}(L) & \rho_{54}(L) & \rho_{55}(L) & \rho_{56}(L) & \rho_{57}(L) \\
\rho_{61}(L) & \rho_{62}(L) & \rho_{63}(L) & \rho_{64}(L) & \rho_{65}(L) & \rho_{66}(L) & \rho_{67}(L) \\
\rho_{71}(L) & \rho_{72}(L) & \rho_{73}(L) & \rho_{74}(L) & \rho_{75}(L) & \rho_{76}(L) & \rho_{77}(L)
\end{bmatrix}
$$

$$\begin{pmatrix} \hat{g}_t \\ \hat{y}_t \\ \hat{i}_t \\ \hat{c}_t \\ \hat{\pi}_t \\ \hat{r}_t \\ \hat{Q}_t \end{pmatrix} = \begin{pmatrix} \hat{\varepsilon}_{g,t} \\ \hat{\varepsilon}_{y,t} \\ \hat{\varepsilon}_{i,t} \\ \hat{\varepsilon}_{c,t} \\ \hat{\varepsilon}_{\pi,t} \\ \hat{\varepsilon}_{r,t} \\ \hat{\varepsilon}_{Q,t} \end{pmatrix}, E(\hat{\varepsilon}_t \hat{\varepsilon}'_t) = \sum$$

其中, $\rho_{ij}(L) = (1 + \rho_{ij1}L + \rho_{ij2}L^2 + \cdots + \rho_{ijp}L^p)$, $\rho_{ij}(L)$ 是 p 阶滞后算子多项式; $\hat{\varepsilon}_t = (\hat{\varepsilon}_{g,t}, \hat{\varepsilon}_{y,t}, \hat{\varepsilon}_{i,t}, \hat{\varepsilon}_{c,t}, \hat{\varepsilon}_{\pi,t}, \hat{\varepsilon}_{r,t}, \hat{\varepsilon}_{Q,t})'$, 且 $\sum$ 是残差 $\hat{\varepsilon}_t$ 的方差-协方差矩阵, 而结构冲击为 $\hat{\mu}_t = (\hat{\mu}_{g,t}, \hat{\mu}_{y,t}, \hat{\mu}_{i,t}, \hat{\mu}_{c,t}, \hat{\mu}_{\pi,t}, \hat{\mu}_{r,t}, \hat{\mu}_{Q,t})'$, 它们之间的关系为:

$$A\hat{\varepsilon}_t = B\hat{\mu}_t$$

即

$$\begin{pmatrix} * & 0 & 0 & 0 & 0 & 0 & 0 \\ 0 & * & 0 & 0 & 0 & 0 & 0 \\ 0 & 0 & * & 0 & 0 & 0 & 0 \\ 0 & * & 0 & * & 0 & 0 & 0 \\ 0 & 0 & * & 0 & * & 0 & 0 \\ * & * & 0 & 0 & * & * & 0 \\ 0 & * & * & * & 0 & 0 & * \end{pmatrix} \begin{pmatrix} \hat{\varepsilon}_{g,t} \\ \hat{\varepsilon}_{y,t} \\ \hat{\varepsilon}_{i,t} \\ \hat{\varepsilon}_{c,t} \\ \hat{\varepsilon}_{\pi,t} \\ \hat{\varepsilon}_{r,t} \\ \hat{\varepsilon}_{Q,t} \end{pmatrix}$$

$$= \begin{pmatrix} * & 0 & 0 & 0 & 0 & 0 & 0 \\ 0 & * & 0 & 0 & 0 & 0 & 0 \\ 0 & 0 & * & 0 & 0 & 0 & 0 \\ 0 & 0 & 0 & * & 0 & 0 & 0 \\ 0 & 0 & 0 & 0 & * & 0 & 0 \\ 0 & 0 & 0 & 0 & 0 & * & 0 \\ 0 & 0 & 0 & 0 & 0 & 0 & * \end{pmatrix} \begin{pmatrix} \hat{\mu}_{g,t} \\ \hat{\mu}_{y,t} \\ \hat{\mu}_{i,t} \\ \hat{\mu}_{c,t} \\ \hat{\mu}_{\pi,t} \\ \hat{\mu}_{r,t} \\ \hat{\mu}_{Q,t} \end{pmatrix}$$

在估计 SVAR，我们首先估计了简化形式 VAR。VAR 滞后期检验结果显示，VAR 的最佳阶数为 2，见表 1.1。

表 1.1　VAR 滞后期检验

样本区间	1996 年第 1 季度—2015 年第 4 季度
内生变量	$\left[\hat{g}_t, \ \hat{y}_t, \ \hat{i}_t, \ \hat{c}_t, \ \hat{\pi}_t, \ \hat{r}_t, \ \hat{Q}_t \right]$
检验统计量数值	$LR = 2, FPE = 2$

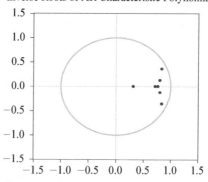

Inverse Roots of AR Characteristic Polynomial

图 1.1　VAR 稳定性检验

我们还检验了 VAR 的稳定性。图 1.1 显示：特征多项式的特征根均位于单位圆之内，这表明二阶 VAR 是稳定的。

将上述识别施加于简化式 VAR 之上，得到产出、投资、消费、通货膨胀、利率和实际汇率等主要宏观经济变量对利率上升和政府支出增加的脉冲反应函数（见图 1.2—图 1.3）。

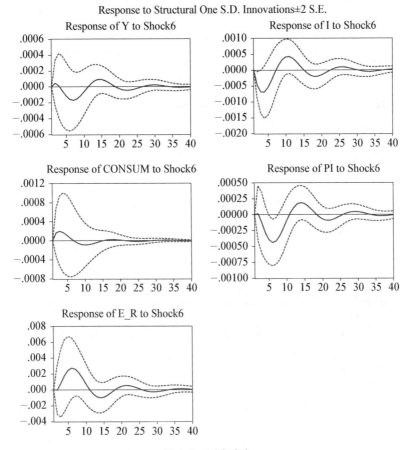

图 1.2 利率冲击

在一个标准差新息的利率冲击下，投资和通胀明显下降，实际汇率明显上升,而消费则先上升后下降。这表明:在我国,利率上升初期,由于利率的收入效应,导致居民消费上升、储蓄下降,随后在利率的替代效应下,消费下降、储蓄增加(王立平,2005)。由于消费的这种响应,导致产出在利率上升初期也出现了微幅上涨,但很快呈现大幅下滑。(见图 1.2)

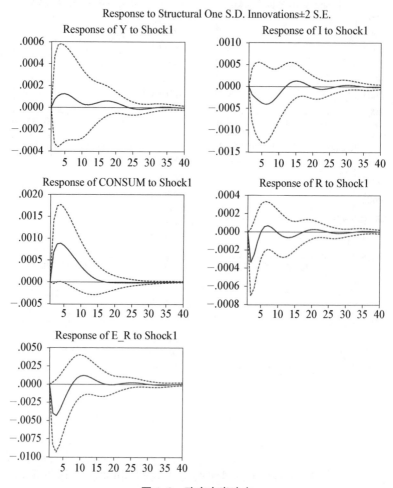

图 1.3 政府支出冲击

在一个标准差新息的政府支出冲击下,产出、消费呈现增加,投资、利率和实际汇率呈现下降。这表明:政府支出对投资有挤出效应,而对消费则有正财富效应导致的挤入效应。

1.5 文献综述

作为 Blanchard 和 Kiyotaki(1987)的一个开放经济版本,Obstfold 和 Rogoff(1995)(简称 OR 模型)开创了一个新的开放宏观经济领域。它在考虑 Mundell-Flaming 模型和 Dornbush 模型等早期经典模型思想的同时,构建了模型的微观基础。从而建立了一个具有垄断竞争的跨期模型。OR 模型作为一个两国模型,它不但将垄断竞争和名义价格黏性引入动态一般均衡模型中,还融入了许多宏观经济的动态特征。近二十年来,这种具有微观经济基础的分析方法已成为研究国际宏观经济问题的主要工具。所有相关成果都被称为新开放经济宏观经济学(NOME)。有关 NOME 的文献,Lane(2001),Sarno(2001)以及 Bowrnan 和 Doyle(2003)围绕 OR 模型的拓展作了详细的描述。在此,我们仅对 NOME 领域中有关宏观经济政策对实际汇率影响的文献进行整理。

下面文献将分别在消费的本国偏好、汇率不完全传递、可变价格加成和非贸易品四个方面介绍它们与实际汇率以及宏观经济政策的关系。

消费的本国偏好方面。虽然 Obstfeld 和 Rogoff(2000)将"消费的本国偏好之谜"视为国际经济学的六大谜团之一,但在NOEM 架构下,关于非对称性在消费本国偏好中的作用缺乏全面的研究。所谓消费的本国偏好之谜,意味着消费者在现实生活中更倾向于选择国内产品,但这一现象无法被研究者所解释。消费本国偏好的早期研究主要集中在其原因上,如贸易成本(Obstfeld 和 Rogoff,2000;Ried,2009)、国家大小和开放性(Sutherland,2005;DePaoli,2009)、非贸易品(Stockman 和 Dellas,1989;Pesenti 和 van Wincoop,2002)以及中间投入要素的贸易(Hillberry 和 Hummels,2002)。最近的研究则集中于消费本国偏好的影响。例如,Pierdzioch(2004)分析了在不同程度的消费本国偏好和资本流动中,货币冲击的影响。Hau(2002)、Pitterle 和 Steffen(2004a;2004b)、Kollmann(2004)、Sutherland(2005)、Leith 和 Lewis(2006)和 Cooke(2010)调查了消费本国偏好对汇率波动的影响。DePaoli(2009)讨论了消费的本国偏好与货币政策的福利效应。值得注意的是,消费本国偏好对货币政策的影响最近也相当热门。研究包括 Faia 和 Monacelli(2008)、Jondeau 和 Sahuc(2008)、Gali 和 Monacelli(2008)和 Wang(2010)。显然,有关消费本国偏好的研究较为丰富,而有关消费本国偏好对财政支出冲击效应影响的文献,仅有 Chung-Fu Lai(2016)。Chung-Fu Lai 发现,消费本国偏好对财政支出冲击效应的影响取决于两国消费偏好的对称性。在短期内,假设两国消费者都偏向于消费本国产品,那么短期内国内消费和产出的波动性将大于长期波动性,从而产生超调现象。在没有上述假设的情况下,短期内国内消费和产出的波动性将小于长期内的波动性,呈现出低估现象。

随着本国偏好程度的降低,Jian Wang(2010)认为稳定实际汇率更容易。Kollmann(2004)、Leith 和 Lewis(2006)也发现了相似的结果。在没有本国偏好的情况下,实际汇率相对于国内生产总值的波动要比数据中观察到的要小得多。此外,汇率与产出波动性之间的分离只存在于本国偏好较高的情况下。直观地说,当国外市场仅占产出的很小一部分(本国偏好较高)时,金融市场上的非抵补利率平价(UIP)冲击可以推动汇率波动,但对产出的影响非常有限。从这个意义上说,Jian Wang(2010)提供了一个有趣的解决汇率脱节之谜的方法:消费的本国偏好。Jian Wang(2010)的研究结果与 Hau(2002)相一致,即实际汇率的波动性与本国偏好水平呈正相关。此外,Jian Wang(2010)还预测,相对于国内生产总值的波动,实际汇率的波动与本国偏好的扩大有着更为强烈的关系。他在经合组织国家的数据中也找到了这一预测的实证支持。

汇率不完全传递方面。人们普遍认为,在大多数总量水平上,汇率都是不完全传递的。Krugman(1987 年),Froot 和 Klemperer(1989 年)的早期研究表明,这是由于战略力量的存在导致企业从事"按市场定价",从而出现汇率的不完全传递。后来的文献提出,缓慢的名义价格调整和本币定价可能是进口价格水平和零售价格水平部分传递的原因(例如,见 Devereux 等人,2004)。最近,许多研究利用了更详细的产品价格微观数据集。使用美国微观数据的研究就提供了大量的信息,如,Gopinath 和 Rigobon(2008),Gopinath 等人(2010)、Auer 和 Schoenle(2016)和 Pennings(2016),但鉴于美元在国际贸易结算和定价中的核心性质,美国可能是一个特例(Goldberg 和 Tille,2008)。越来越多的文献使用其他国家的数据,包括 Fitzgerald and Haller(2013),他们使用爱尔兰数据研究了汇率传递,还有 Cravino(2014),他则使用了智利的数据。然而,在货币定价、整体市场结构和产品价格等方面,很难获得所有匹配数据。理论方面,Ravn 等人(2010 年)对企业特定成本传递进行了分析。

Ravn 等人(2010)表明,在常见的深层习惯准差分设定下,即当效用由当前需求和滞后习惯存量之间的差分决定时,需求对价格变化不那么敏感。这给了该企业在成本增加时提高而不是降低价格加成的动力,导致完全传递。因此,Ravn 等人(2010)通过利用深层习惯的"准比率"设定,从而使效用由当前需求与滞后习惯存量之间的比率而不是差分来决定,最终消除了需求对价格的不敏感性。

可变价格加成方面。在 Ravn 等人(2007)中,由于存在"深层消费习惯",价格加成是内生的。其关键假设是,这种深层习惯既适用于家庭,也适用于政府。政府支出的增加与在总支出中价格弹性部分所占份额的增加有关,因此也就与价格加成的下降有关。于是,在他们的模型中,保留了完全国际资产市场的假设,价格加成的波动足够大时,价格加成不仅会产生积极的消费反应,而且还会在某些情况下通过通常的风险分担条件产生实际汇率的贬值。此外,导致逆周期价格加价的其他渠道有赖于有关产品之间替代为非固定弹性的偏好,例如 Kimball(1995)。该特征使需求的价格弹性成为生产数量的函数,从而导致某单个产品的需求函数扭曲。在这种环境下,产出需求的变化会内生地影响需求的价格弹性,从而影响价格加成。一般来说,这种渠道在定价方面会产生互补性。在国际背景下,如果外国竞争对手降低价格,从而导致贸易条件相对于国内某给定价格水平而言升值,这将降低国内企业期望的价格加成,并将促使它们——其他条件不变——抑制价格上涨。因此,原则上,价格加成与贸易条件之间应该存在一种正相关的均衡关系。Gust等人(2006)的模型恰好拥有这种洞察力,它被应用于另一种标准的两国模型,其目的是为了产生名义汇率变动对价格的不完全传递。然而,关于政府支出冲击对实际汇率的影响,问题依然存在。事实上,为了让模型产生价格加成的逆周期波动,我们需要实际汇率升值。

非贸易品方面。Backus 和 Smith(1993)在一个两国模型中纳入了非贸易品,以研究各国之间消费的较小相关性,以及各国之间存在的较大利率差异。Stockman 和 Tesar(1995)研究了非贸易品在解释消费、投资和贸易平衡等行为中的作用。Benigno 和 Thoenissen(2008)建立了一个具有非贸易品和不完全市场的模型,以解释各国之间实际汇率和相对消费之间较低的相关性。Corsetti 等人(2008)则使用一个贸易部门和非贸易部门的生产率冲击不完全相关的模型,研究了 Rogoff 的购买力平价(PPP)之谜。他们发现,如果经济特征是风险规避程度很高或国内外贸易品之间的替代弹性很低,那么这种模型就能与数据相匹配。Nestor Azcona(2015)则发现贸易品和非贸易品之间相对价格的变化是生产率冲击传导给实际汇率的主要渠道。

1.6 结构安排

本文总共分五章。第一章为导论,介绍了本研究的选题背景、研究思路与方法、基本观点与创新,以及数据与文献。其中,数据部分介绍了宏观经济季度数据中的一些经典事实特征,以及基于 SVAR 模型的一些动态特征;文献部分介绍了消费的本国偏好、汇率不完全传递、可变价格加成和非贸易品等对实际汇率以及宏观经济政策影响的文献综述。第二章为消费的本国偏好、实际汇率与货币及财政政策,它在 Faia 和 Monacelli(2008)的模型中引入了不可分离偏好、消费的本国偏好、黏性工资、国际资本市场不完全竞争、生产性政府支出、扭曲税及政府债券，并通过参数校准与贝叶斯估计之后，对模型的动态性质进行了模拟，分析结果发现：随着消费本国偏好的不断增加，货币和财政政策的效果被放大。第三章为汇率不完全传递、实际汇率与货币及财政政策，它在 Gali，Monacelli（2005）及 Monacelli（2005）的基础之上引入了不可分离偏好、黏性工资、国际资本市场不完全竞争、生产性政府支出、一价定律偏离、扭曲税及政府债券，同样通过参数校准与贝叶斯估计之后，对模型的动态性质进行了模拟，分析发现：在汇率不完全传递下，货币与财政政策的效果被放大。第四章为内生价格加成、实际汇率与货币及财政政策，它在第一章模型的基础之上引入内生价格加成，并通过参数校准与贝叶斯估计，以及模型的动态模拟之后，我们发现：在内生价格加成下，货币与财政政策的政策效果被放大。第五章为非贸易品、实际汇率与货币及财政政策，它在 Monacelli 和 Perotti（2010）的基础之上引入不可分离偏好、黏性工资、国际资本市场不完全竞争、非贸易品、资本积累、生产性政府支出、扭曲税及政府债券，并通过参数校准以及模型的动态模拟之后，我们发现：贸易品产值在 GDP 中占比的升高，增强了货币政策效果，减弱了政府在贸易品和非贸易品部门的支出的政策效果；政府支出中贸易品部门所占比的增加，减弱了货币政策效果和政府在贸易品部门的支出的政策效果，增强了政府在非贸易品部门的支出的政策效果；还发现，非贸易品相对价格的变化主导了实际汇率的变化。

2 消费的本国偏好、实际汇率与货币及财政政策

2.1 引言

从 2001 年中国加入世界贸易组织开始,中国的对外贸易开放程度不断增加,在拉动经济不断发展的同时,也给中国经济带来了消极影响,这种负面效应从 2008 年美国次贷危机引发的全球经济危机中可见一斑。中国作为一个经济大国,其在国际经济市场上的地位与作用与日俱增,但分析开放因素对我国宏观经济的影响仍然很有必要。汇率变化作为开放经济中的主要影响因素对其研究也就尤为重要。本文在借鉴国外相关文献的基础上,旨在构建一个两国经济的 DSGE 模型,以研究消费的本国偏好与我国货币及财政政策的效果。

本文的假设与已有研究开放经济条件下的文章有所不同。一方面,我们假设存在不可分离偏好和政府的生产性支出,同时还结合了 Calvo 黏性价格和黏性工资,并且处于不完全竞争的国际资本市场环境中。此外,本国与外国的偏好是对称的。另一

方面,本文将消费的本国偏好引入模型中,其关键是实际汇率的波动看作为内生冲击造成的,如果不考虑贸易之间的障碍,一价定律发挥作用,那么,由于购买力平价造成的偏差是可行的。我们强调消费的本国偏好作为本文建模经济环境的突出特色,是因为居民在消费中的偏好是开放经济条件下的重要影响因素。例如,Obstefeld 和 Rogoff(2003)将贸易中的本国偏好列为国际宏观经济中的六大棘手的问题之一,在本文中,研究的重点主要是消费的本国偏好对货币与财政政策以及汇率波动的影响。

在国内,陈蕾(2007)在对我国投资者关于国内外直接投资所拥有的本国偏好(home bias)进行分析后,得出该行为对我国金融市场尤其是对国内普通股(A 股)的影响很大。刘凤根,张敏(2009)对投资的本国偏好产生的原因进行分析,得出其影响因素包括地理位置、社会文化、政策等。吴立广,黄珍(2012)通过利用我国 2009 年的相关数据对我国 QDII 基金的投资行为进行分析,结果得出我国 QDII 基金存在强烈的本国偏好,使得其投资效果减弱,没有更好地发挥国际投资的作用,而且其原因也是多方面的,比如两国之间的金融市场不完善,交易成本以及社会文化投资习惯等。而对开放经济下居民消费本国偏好的研究却很匮乏。

从上述文献,我们发现,在国外,有关本国偏好的研究主要是在开放经济条件下有关居民投资方面的研究,比如对股票方面的本国偏好,而对消费方面本国偏好的研究,却将其作为外生变量。在最近的研究中,主要是政府公共消费中的本国偏好对财政支出的影响。在国内,对本国偏好的研究也主要集中在投资方面,主要是指对本国股票投资的偏好,而直接将居民消费中的本国偏好独立来研究,不过是对消费品牌的本国偏好的分析,而且大多数研究是采用实证方法,以及定性分析。有鉴于此,本文建立了一个两国模型,并引入了居民消费的本国偏好,同时考虑了名义价格黏性和名义工资黏性等新凯恩斯因素,以及贸易条件,汇率等开放经济因素,以此探究不同程度的消费本国偏好下,我国货币及财政政策效果的变化。

2.2 模型设定

我们假定世界经济由两个经济主体构成:一个是指由本国所组成的小型经济体;另一个是指由世界剩余其他国家所组成的国外经济体。在消费方面,以本国偏好为消费偏好的特征。每个经济体均由无限寿命的代理人组成。世界经济总量被标准化为 1,其中,本国经济体和国外经济体则分别度量为 n 和 $1-n$。为了刻画小型经济情形,我们借助了一种"极端情形"的方法,这与 Gali 和 Monacelli(2005)、Sutherland(2005)、DeFiore和 Liu(2005),以及 DePaoli(2009)中所用方法相同。也就是,我们将把本国经济体模型化为一个相对国外经济体的小型经济体,而国外经济体的均衡动态则类似于一个标准封闭经济体的均衡动态。

2.2.1 家庭部门

2.2.1.1 期内配置

定义 C_t 为总的实际消费指数,它由国内消费与进口商品的消费两部分组成,其表达式为:

$$C_t \equiv [(1-\gamma)^{\frac{1}{\eta}} C_{H,t}^{\frac{\eta-1}{\eta}} + \gamma^{\frac{1}{\eta}} C_{F,t}^{\frac{\eta-1}{\eta}}]^{\frac{\eta}{\eta-1}} \tag{1}$$

其中,$C_{H,t}$ 表示对国内商品的消费,$C_{F,t}$ 表示对进口商品的消费。$\eta > 0$ 为国内与外国商品之间的替代弹性。$\gamma \equiv (1-n)\alpha$ 表示国内消费篮子中进口商品的权重。它取决于外国相对大小 $(1-n)$,以及国内贸易开放程度 α,同样地,国外消费偏好可以类比国内总消费写为:

$$C_t^* \equiv \left[(1-\gamma^*)^{\frac{1}{\eta}} (C_{F,t}^*)^{\frac{\eta-1}{\eta}} + (\gamma^*)^{\frac{1}{\eta}} (C_{H,t}^*)^{\frac{\eta-1}{\eta}} \right]^{\frac{\eta}{\eta-1}} \tag{2}$$

令 $\gamma^* \equiv n\alpha^*$,我们假设消费中的本土偏好,应该满足:

$$(1-\gamma) = (1-(1-n)\alpha) > \gamma^* = n\alpha^* \tag{3}$$

注意在特殊情况下,$\alpha = \alpha^*$,此时不考虑消费相对大小,在限制条件下,$n \to 0$,本国偏好需要满足 $\alpha < 1$。

假设每个国内消费 $C_{H,t}$ 与进口商品消费 $C_{F,t}$ 由不完全替代形式组成,替代弹性为 $\varepsilon > 0$,那么不同商品之间的每种最优支出分配为:

$$C_{H,t}(i) = \left(\frac{1}{n}\right)\left(\frac{P_{H,t}(i)}{P_{H,t}}\right)^{-\varepsilon} C_{H,t},$$

$$C_{F,t}(i) = \left(\frac{1}{1-n}\right)\left(\frac{P_{F,t}(i)}{P_{F,t}}\right)^{-\varepsilon} C_{F,t} \tag{4}$$

其中,

$$C_{H,t} \equiv \left(\frac{1}{n}\right)^{\frac{1}{\varepsilon}} \left[\int_0^n (C_{H,t}(i))^{\frac{\varepsilon-1}{\varepsilon}} di \right]^{\frac{\varepsilon}{\varepsilon-1}},$$

$$C_{F,t} \equiv \left(\frac{1}{1-n}\right)^{\frac{1}{\varepsilon}} \left[\int_n^1 (C_{F,t}(i))^{\frac{\varepsilon-1}{\varepsilon}} di \right]^{\frac{\varepsilon}{\varepsilon-1}} \tag{5}$$

于是,通过国内与进口商品之间支出的最优配置,我们有:

$$C_{H,t} = (1-\gamma)\left(\frac{P_{H,t}}{P_t}\right)^{-\eta} C_t, \quad C_{F,t} = \gamma\left(\frac{P_{F,t}}{P_t}\right)^{-\eta} C_t \qquad (6)$$

将以上两式代入总的实际消费指数(1)中,可以得到:

$$P_t \equiv \left[(1-\gamma)P_{H,t}^{1-\eta} + \gamma P_{F,t}^{1-\eta}\right]^{\frac{1}{1-\eta}} \qquad (7)$$

这里 P_t 为消费者价格指数(CPI)。

注意,当国内与国外商品价格指数相等时,γ 代表自然开放程度,对于未来偏好,在特殊情况下,$\eta = 1$,CPI 采取以下形式:

$$P_t = (P_{H,t})^{1-\alpha}(P_{F,t})^{\alpha} \qquad (8)$$

而实际消费指数则采取如下形式:

$$C_t = \frac{1}{(1-\gamma)^{(1-\gamma)}\gamma^{\gamma}} C_{H,t}^{1-\gamma} C_{F,t}^{\gamma} \qquad (9)$$

2.2.1.2 跨期配置

假设在小型开放经济中,将代表性家庭部门的效用函数设为典型效用函数,即:

$$E_0\left\{\sum_{t=0}^{\infty} \beta^t U(C_t, N_t)\right\} \qquad (10)$$

家庭部门通过选择消费与劳动使其效用最大化,其中,E_0 {·}表示数学期望,N_t 为劳动量。将 $U(\cdot)$ 设为典型效用函数形式:

$$U(C_t, N_t) \equiv \frac{\mu_{c,t}(\tilde{C}_t - \psi N_t^{\theta} X_t)^{1-\sigma} - 1}{1-\sigma} \qquad (11)$$

其中,$\tilde{C}_t \equiv C_t - hC_{t-1}$ 为有效消费,$X_t \equiv \tilde{C}_t^{\gamma} X_{t-1}^{1-\gamma_x}$ 为 $\tilde{C}_t$ 的平滑指数,而 $\mu_{c,t}$ 则为需求冲击,且服从一个一阶自回归的随机过程

（具体见后面）。

由于国内家庭部门总消费支出为：$P_t C_t = P_{H,t} C_{H,t} + P_{F,t} C_{F,t}$，因此，每期的预算约束可以写为：

$$(1+\tau_t)C_t + \frac{B_t}{(1+r_t)P_t} + \frac{\varepsilon_t B_t^*}{P_t} \leqslant$$

$$(1-\tau_t)\frac{W_t}{P_t}N_t + \frac{B_{t-1}}{P_t} + \frac{(1+r_{t-1}^*)\phi(n\hat{f}a_{t-1})\varepsilon_t B_{t-1}^*}{P_t} + \frac{\Gamma_t}{P_t}$$

$$\text{(12)}$$

其中，W_t 为名义工资，B_t 为名义债券，B_t^* 为外币计价的名义债券，r_t 为无风险名义利率，r_t^* 为国外无风险名义利率，ε_t 为名义汇率，τ_t 为政府税收税率，Γ_t 为居民所分享的来自垄断企业的利润。遵从 Benigno(2009)以及 Schmitt-Grohe 和 Uribe(2003)的做法，$\phi(n\hat{f}a_t)$ 项表示所持国外债券的溢价，其定义为：

$$\phi(n\hat{f}a_t) \equiv \exp(-\kappa \cdot n\hat{f}a_t + \hat{\mu}_t^\phi) \qquad \text{(13)}$$

其中，$n\hat{f}a_t \equiv \dfrac{e_{t-1}NFA_t/P_{t-1}}{Y}$ 表示国内经济中实际国外净资产头寸占比，而 $\hat{\mu}_t^\phi$ 则是一种风险溢价冲击。函数 $\phi(n\hat{f}a_t)$ 反映了国际资产市场中国内家庭的交易成本。因此，作为净借款人，国内家庭将承担由于国外利率溢价所带来的成本；作为净贷款人，它们将接受由于国外利率下降所带来的收益损失。该函数形式可确保在模型的对数线性化近似中国外债券水平的平稳性。

2.2.1.2.1 消费与储蓄决策

家庭在(12)预算约束条件下，通过选择 C_t，M_t，B_t，B_t^* 使其效用最大化，其关于 C_t，M_t，B_t，B_t^* 一阶条件为：

$$\lambda_t(1+\tau_t)V_t^\sigma = \mu_{c,t}(1-\psi\gamma_x N_t^\theta (X_{t-1}/\widetilde{C}_t)^{1-\gamma_x}) \tag{14}$$

$$\beta E_t\left\{\frac{\lambda_{t+1}}{\lambda_t}\frac{(1+r_t)P_t}{P_{t+1}}\right\}=1 \tag{15}$$

$$E_t\left(\frac{\varepsilon_t}{\varepsilon_{t+1}}\right)=\phi_t(n\hat{f}a_t)\left(\frac{1+r_t^*}{1+r_t}\right)=e^{-\kappa n\hat{f}a_t+\hat{\mu}_t^\phi}\left(\frac{1+r_t^*}{1+r_t}\right) \tag{16}$$

其中，$V_t \equiv \widetilde{C}_t - \psi N_t^\theta X_t$。

对数线性化上述各式，并整理后，得到：

$$\hat{\widetilde{c}}_t = \frac{1}{1-h}\hat{c}_t - \frac{h}{1-h}\hat{c}_{t-1} \tag{17}$$

$$\hat{x}_t = \gamma_x\left(\frac{1}{1-h}\hat{c}_t - \frac{h}{1-h}\hat{c}_{t-1}\right)+(1-\gamma_x)\hat{x}_{t-1} \tag{18}$$

$$\hat{\lambda}_t = \left(\frac{\psi\gamma_x N^\theta}{1-\psi\gamma_x N^\theta}\right)((1-\gamma_x)\hat{\widetilde{c}}_t -$$

$$(1-\gamma_x)\hat{x}_{t-1}-\theta\hat{n}_t)-\left(\frac{\tau}{1+\tau}\right)\hat{\tau}_t - \sigma\hat{v}_t + \hat{\mu}_{c,t} \tag{19}$$

$$\hat{v}_t = \left(\frac{1}{1-\psi N^\theta}\right)\hat{\widetilde{c}}_t - \left(\frac{\psi N^\theta}{1-\psi N^\theta}\right)(\theta\hat{n}_t + \hat{x}_t) \tag{20}$$

$$\hat{\lambda}_t = E_t\{\hat{\lambda}_{t+1}\}+(\hat{r}_t - E_t\{\hat{\pi}_{t+1}\}) \tag{21}$$

$$\hat{\varepsilon}_{t-1} = \hat{\varepsilon}_t + \hat{r}_{t-1}^* - \hat{r}_{t-1} - \kappa n\hat{f}a_t + \hat{\mu}_t^\phi \tag{22}$$

其中，$\hat{\pi}_t \equiv \hat{p}_t - \hat{p}_{t-1}$ 为 CPI 通胀，$\hat{p}_t \equiv \log P_t - \log P$。

2.2.1.2.2 工资决策

在这里，我们遵从 Calvo(1983)的价格设定方式对工资进行定价。我们假设劳动由家庭部门提供，那么，每个企业 j 都需要集合不同种类的劳动 i 作为总的劳动投入，其表达式可以设为：

$$N_t(j) = \left(\int_0^1 (N_t(i, j))^{\frac{\varepsilon_w-1}{\varepsilon_w}} di \right)^{\frac{\varepsilon_w}{\varepsilon_w-1}} \tag{23}$$

$\varepsilon_w > 1$，它是指不同种劳动之间的替代弹性。每个企业 j 选择 $N_t(i. j)$ 使其总劳动最大化。通过求解一阶条件可以得到以下式子：

$$N_t(i, j) = \left(\frac{W_t(i)}{W_t} \right)^{-\varepsilon_w} N_t(j) \tag{24}$$

其中，$W_t(i)$ 是雇佣 i 劳动类型的成本，那么总工资指数为：

$$W_t \equiv \left(\int_0^1 W_t(i)^{1-\varepsilon_w} di \right)^{\frac{1}{1-\varepsilon_w}} \tag{25}$$

我们假设采用 Calvo 规则重新设定工资，家庭部门每一期重新设定工资的概率假设为 $(1-\theta_w)$，因此，总工资(25)的离散形式为：

$$W_t = \left[\theta_w (\pi_{t-1}^{\gamma_w} W_{t-1})^{1-\varepsilon_w} + (1-\theta_w)(W_t^{new})^{1-\varepsilon_w} \right]^{\frac{1}{1-\varepsilon_w}}$$

其对数线性化形式为：

$$\hat{w}_t^{new} = \frac{1}{1-\theta_w} \hat{w}_t - \frac{\theta_w}{1-\theta_w} \hat{w}_{t-1} + \frac{\theta_w}{1-\theta_w} \hat{\pi}_t - \frac{\gamma_w \theta_w}{1-\theta_w} \hat{\pi}_{t-1} \tag{26}$$

最优工资设定家庭关于最优工资的一阶条件为：

$$E_t \left\{ \sum_{k=0}^{\infty} (\beta\theta_w)^k N_{t+k}(i. j) U_c(C_{t+k}, N_{t+k}) \left[\left(\frac{1-\tau_{t+k}}{1+\tau_{t+k}} \right) \frac{W_{t+k}(i)}{P_{t+k}} \right. \right.$$
$$\left. \left. - \left(\frac{\varepsilon_w}{\varepsilon_w-1} \right) MRS_{t+k} \right] \right\} = 0$$

其中，$W_{t+k}(i) = \pi_{t+k-1}^{\gamma_w} W_{t+k-1}(i) = \cdots = \left(\prod_{s=0}^{k} \pi_{t+s-1}^{\gamma_w}\right) W_t^{new}$。上式对数线性化形式为：

$$\hat{w}_t^{new} + \hat{p}_t - \gamma_w \hat{p}_{t-1} =$$

$$(1-\beta\theta_w)E_t\left\{\sum_{k=0}^{\infty}(\beta\theta_w)^k(m\hat{r}s_{t+k} - \hat{z}_{t+k} + \hat{p}_{t+k} - \gamma_w \hat{p}_{t+k-1})\right\}$$

$$(27)$$

其中，$\hat{z}_{t+k}$ 为 $z_{t+k}(\equiv(1-\tau_{t+k})/(1+\tau_{t+k}))$ 的对数线性化形式，$m\hat{r}s_{t+k}$ 表示在 t 时期重新设定工资的家庭在 $t+k$ 时期的消费与闲暇之间的边际替代率 $MRS_t \equiv -U_{N,t}/U_{c,t}$ 的对数线性化形式：

$$m\hat{r}s_t = \left((\theta-1)+\theta\,\frac{\psi\gamma_x N^\theta}{1-\psi\gamma_x N^\theta}\right)\hat{n}_t$$

$$+\left(\frac{\psi\gamma_x N^\theta}{1-\psi\gamma_x N^\theta}\right)((1-\gamma_x)\hat{x}_{t-1}-(1-\gamma_x)\hat{\bar{c}}_t). \qquad (28)$$

将线性化后的一阶条件(27)写成递归结构，得到：

$$\hat{w}_t^{new} + (\hat{p}_t - \gamma_w \hat{p}_{t-1}) = (1-\beta\theta_w)(m\hat{r}s_t - \hat{z}_t + \hat{p}_t$$

$$-\gamma_w \hat{p}_{t-1}) + (\beta\theta_w)(\hat{w}_{t+1}^{new} + (\hat{p}_{t+1} - \gamma_w \hat{p}_t)). \qquad (29)$$

上式整理后，我们得到：

$$\hat{w}_t^{new} - (\beta\theta_w)\hat{w}_{t+1}^{new} = (1-\beta\theta_w)(m\hat{r}s_t - \hat{z}_t) + (\beta\theta_w)(\hat{\pi}_{t+1} - \gamma_w \hat{\pi}_t)$$

$$(30)$$

通过与线性化的总工资指数方程(26)相结合，我们最终得到：

$$\hat{w}_t = \frac{\beta}{1+\beta} E_t \hat{w}_{t+1} + \frac{1}{1+\beta} \hat{w}_{t-1} + \frac{\beta}{1+\beta} E_t \hat{\pi}_{t+1} - \frac{1+\beta\gamma_w}{1+\beta} \hat{\pi}_t$$

$$+ \frac{\gamma_w}{1+\beta} \hat{\pi}_{t-1} + \frac{(1-\theta_w)(1-\beta\theta_w)}{(1+\beta)\theta_w} (m\hat{rs}_t - \hat{z}_t - \hat{w}_t).$$

$$(31)$$

2.2.1.3 国内通胀,CPI通胀,实际汇率与贸易条件的相关定义

在进行均衡分析之前,我们首先定义几个具有开放经济特征的经济变量,以便以后进行相关分析。

首先,定义贸易条件 $S_t \equiv P_{F,t}/P_{H,t}$,它是以本国商品衡量国外商品的相对价格,其对数线性化表达式为:

$$\hat{s}_t = \hat{p}_{F,t} - \hat{p}_{H,t} \tag{32}$$

其中,$\hat{s}_t$ 表示对数线性化贸易条件,即用本国价格表示的外国商品的价格。

其次,消费者价格指数(CPI)围绕对称稳态的对数线性化形式为:

$$\hat{p}_t \equiv (1-\gamma)\hat{p}_{H,t} + \gamma\hat{p}_{F,t} \tag{33}$$

与对数线性化贸易条件(32)结合,我们可以得出:

$$\hat{p}_t = \hat{p}_{H,t} + \gamma\hat{s}_t \tag{34}$$

若如将国内通胀定义为国内商品价格指数的变化率,即 $\hat{\pi}_{H,t} \equiv \hat{p}_{H,t} - \hat{p}_{H,t-1}$,那么由(34)可得到:

$$\hat{\pi}_t = \hat{\pi}_{H,t} + \gamma\Delta\hat{s}_t \tag{35}$$

该式表明 CPI 通胀与国内通胀之间的缺口主要有两个影响因

素,即贸易条件的变化,以及作为贸易条件变化系数的国内贸易开放度 γ。

然后,我们假定一价定律始终成立,这意味着,对于所有 $j \in [0, 1]$,我们有:

$$P_{F, t}(j) = \varepsilon_t P_{F, t}^*(j)$$

其中,ε_t 表示名义汇率,即用本国价格表示的国外货币的价格,$P_{F, t}^*(j)$ 表示用外币计价的国外商品 j 的价格。在对称均衡下,我们有:

$$P_{F, t} = \varepsilon_t P_{F, t}^*$$

由于我们将国外经济体处理为一个近似的封闭经济体,因此有:$P_t^* = P_{F, t}^*$。于是,我们得到:

$$P_{F, t} = \varepsilon_t P_t^*$$

将上式围绕其稳态对数线性化得到:

$$\hat{p}_{F, t} = \hat{e}_t + \hat{p}_t^* \tag{36}$$

其中,$\hat{e}_t \equiv \log(\varepsilon_t / \varepsilon)$。该式与前面的贸易条件相结合,可得到以下表达式:

$$\hat{s}_t = \hat{e}_t + \hat{p}_t^* - \hat{p}_{H, t} \tag{37}$$

最后,我们将实际汇率定义为 $Q_t \equiv \varepsilon_t P_t^* / P_t$,其对数线性化为:

$$\hat{q}_t = \hat{e}_t + \hat{p}_t^* - \hat{p}_t \tag{38}$$

其中,$\hat{q}_t \equiv \log(Q_t / Q)$。将(37) 和(38) 相结合,我们可得到:

$$
\begin{aligned}
\hat{q}_t &= (\hat{e}_t + \hat{p}_t^*) - \hat{p}_t \\
&= (\hat{s}_t + \hat{p}_{H,t}) - \hat{p}_t \\
&= \hat{s}_t + (\hat{p}_{H,t} - \hat{p}_t) \\
&= (1-\gamma)\hat{s}_t
\end{aligned} \tag{39}
$$

2.2.2 企业部门

2.2.2.1 技术

在本文中,假设商品主要由国内生产商所提供,在国内经济中,由一个典型的企业采用直线型的技术生产各种商品,含有技术的生产函数可以写为:

$$
Y_t(j) = A_t N_t(j)^{1-\alpha_n} G_t^{\alpha_n} \tag{40}
$$

其中,G_t 为政府的生产性支出。$\hat{a}_t \equiv \log A_t - \log A$,它服从一个 AR(1) 过程,$\hat{a}_t = \rho_a \hat{a}_{t-1} + \hat{\varepsilon}_{a,t}$,以及 $j \in [0.1]$ 特指某个企业。因此,国内相同企业以国内价格表示的实际边际成本为:

$$
MC_t = \left(\frac{w_t}{(1-\alpha_n)A_t}\right)\left(\frac{P_t}{P_{H,t}}\right)\frac{Y_t}{N_t} \tag{41}
$$

对上式围绕稳态求解其对数线性化形式为:

$$
\hat{mc}_t = \hat{w}_t + \hat{y}_t - \hat{n}_t - \hat{a}_t + \gamma\hat{s}_t \tag{42}
$$

对称均衡处,生产函数可表示为:

$$
Y_t = A_t N_t^{1-\alpha_n} G_t^{\alpha_n}
$$

该生产函数围绕其稳态的对数线性化形式为:

$$
\hat{y}_t = \hat{a}_t + (1-\alpha_n)\hat{n}_t + \alpha_n \hat{g}_t \tag{43}
$$

2.2.2.2 黏性定价

假设企业定价采用 Calvo(1983)的形式：企业每期以概率 $(1-\theta_H)$ 来设定新的价格，以概率 θ_H 仍然采用原有价格。在给定的时期内，每个企业重新定价与否在时间上是相互独立的，因此，每次调价的时间长度为 $1/(1-\theta_H)$。

假设 $P_{H,t}^{new}(j)$ 是企业 j 在 t 时期所重新设定的价格，在卡尔沃价格设定框架下，$P_{H,t+k}(j) = \pi_{H,t+k-1}^{\gamma_p} P_{H,t+k-1}(j) = \cdots = (\prod_{s=0}^{k} \pi_{H,t+s-1}^{\gamma_p}) P_{H,t}^{new}$，概率为 $(\theta_H)^k$，$k=0, 1, 2, \cdots$。因为所有的企业都是在给定期间内重新最优化，以获得相同的最优价格，因此我们选择企业 j 作为代表进行重新最优化。

当企业 j 在 t 时期重新设定价格时，它通过选择价格 $P_{H,t}^{new}$ 使其利润最大化：

$$\underset{\{P_{H,t}^{new}\}}{Max} E_t \sum_{k=0}^{\infty} (\theta_H)^k \beta^k \left(\frac{\lambda_{t+k}}{\lambda_t}\right) \left(\left(\prod_{s=0}^{k} \pi_{H,t+s-1}^{\gamma_p}\right) P_{H,t}^{new} Y_{t+k}(j) \right.$$
$$\left. - \psi_{t+k}(Y_{t+k}(j)) \right)$$

并服从 $t+k$ 时期的需求约束条件：

$$Y_{t+k}(j) = \left(\frac{P_{H,t+k}(j)}{P_{H,t+k}}\right)^{-\varepsilon} Y_{t+k} = \left(\frac{\left(\prod_{s=0}^{k} \pi_{H,t+s-1}^{\gamma_p}\right) P_{H,t}^{new}}{P_{H,t+k}}\right)^{-\varepsilon} Y_{t+k}$$

其中，$\beta^k \left(\frac{\lambda_{t+k}}{\lambda_t}\right)$ 为随机贴现因子；$Y_{t+k}(j)$ 为在 t 时期最后一次重新定价的企业在 $t+k$ 时期的产出；而 $\psi_{t+k}(Y_{t+k}(j))$ 则是中间产品生产企业的生产总成本函数，它是 $t+k$ 期产出的一个函数。

我们令 $MC_{t+k}^n(j) \equiv \dfrac{\partial \psi_{t+k}(Y_{t+k}(j))}{\partial Y_{t+k}(j)}$ 为在 t 时期最后一次重新定价的企业在 $t+k$ 时期的名义边际成本。于是,最终的一阶最优条件为:

$$E_t \sum_{k=0}^{\infty} (\beta\theta_H)^k \left(\frac{\lambda_{t+k}}{\lambda_t}\right) Y_{t+k}(j)$$

$$\left(\left(\prod_{s=0}^{k} \pi_{H,\,t+s-1}^{\gamma_p}\right) P_{H,\,t}^{new}(j) - \left(\frac{\varepsilon}{\varepsilon-1}\right) MC_{t+k}^n(j)\right) = 0 \quad (44)$$

在假定的价格设定框架下,国内生产产品的总价格指数为:

$$P_{H,\,t} = \left[\theta_H (\pi_{H,\,t-1}^{\gamma_p} P_{H,\,t-1})^{1-\varepsilon} + (1-\theta_H)(P_{H,\,t}^{new})^{1-\varepsilon}\right]^{\frac{1}{1-\varepsilon}}$$

$$(45)$$

线性化(44)与(45)后,将两者结合,我们可得到新凯恩斯菲利普斯曲线(NKPC):

$$\hat{\pi}_{H,\,t} = \frac{\beta}{1+\beta\gamma_p} E_t \hat{\pi}_{H,\,t+1} + \frac{\gamma_p}{1+\beta\gamma_p} \hat{\pi}_{H,\,t-1} + \frac{(1-\theta_H)(1-\beta\theta_H)}{(1+\beta\gamma_p)\theta_H} \hat{mc}_t$$

$$(46)$$

其中,$\hat{mc}_t$ 为实际边际成本 MC_{t+k} 的对数线性变量,而名义边际成本

$$MC_{t+k}^n(j) \equiv \frac{\partial \psi_{t+k}(Y_{t+k}(j))}{\partial Y_{t+k}(j)}$$ 为在 t 时期最后一次重新定价的企业在 $t+k$ 时期的边际成本。

该模型中价格的设定具有前瞻性,这与封闭经济相一致。原因很简单,企业意识到在给定的时期调整价格,使他们所重新设定的价格在以后多个时期内仍然保持有效。

2.2.3 经济均衡

2.2.3.1 国内产品市场均衡

在代表性的小型经济体中,商品市场的出清需满足:

$$Y_t(j) = nC_{H,t}(j) + (1-n)C_{H,t}^*(j) + G_t(j) \qquad (47)$$

由于 $Y_t(j) = \left(\dfrac{P_{H,t}(j)}{P_{H,t}}\right)^{-\varepsilon} Y_t$,则有:

$$Y_t = \left(\frac{P_{H,t}}{P_t}\right)^{-\eta} \Big[(1-\gamma)C_t + \gamma^*\left(\frac{1-n}{n}\right)$$

$$\left(\left(\frac{P_{H,t}}{\varepsilon_t P_{H,t}^*}\right)\left(\frac{\varepsilon_t P_t^*}{P_t}\right)\right)^{\eta} C_t^* + \left(\frac{P_{H,t}}{P_t}\right)^{\eta} G_t\Big] \qquad (48)$$

对(48)对数线性化,并且在国内外贸易开放度的对称性假设下,即 $\alpha^* = \alpha$ 下,可得:

$$\hat{y}_t = \frac{C}{Y}((1-\gamma)\hat{c}_t + \gamma\hat{c}_t^* + (2-\gamma)\eta\gamma\hat{s}_t) + \frac{G}{Y}\hat{g}_t \qquad (49)$$

其中, $\omega_s \equiv (2-\gamma)\eta > 0$。

当世界市场出清时:

$$\hat{y}_t^* = \hat{c}_t^* \qquad (50)$$

其中, $\hat{y}_t^*$ 和 $\hat{c}_t^*$ 分别表示国外产出与国外消费的对数化形式。

2.2.3.2 贸易平衡

国外净资产演化方程:

$$\varepsilon_t NFA_t = (1+r_{t-1}^*)\phi(n\hat{f}a_{t-1})\varepsilon_{t-1}NFA_{t-1} + P_t NX_t \qquad (51)$$

线性化:

$$n\hat{f}a_t = (1/\beta)n\hat{f}a_{t-1} + n\hat{x}_t \qquad (52)$$

其中，$n\hat{f}a_t \equiv \dfrac{\varepsilon_t NFA_t}{P_t Y}$。我们将净出口定义为国内产出与国内居民消费之差：

$$NX_t \equiv \frac{P_{H,t}}{P_t}Y_t - \left(\frac{P_{H,t}}{P_t}C_{H,t} + \frac{P_{F,t}}{P_t}C_{F,t} + \frac{P_{H,t}}{P_t}G_t\right)$$

$$= \frac{P_{H,t}}{P_t}Y_t - C_t - \frac{P_{H,t}}{P_t}G_t \tag{53}$$

其中，NX_t 为实际净出口，C_t 为居民实际消费，$(P_{H,t}/P_t)Y_t$ 和 $(P_{H,t}/P_t)G_t$ 分别为经过消费价格指数（CPI）与国内生产价格指数（PPI）的相对数折算后的国内实际产出和实际政府支出。

我们令 $n\hat{x}_t \equiv NX_t/Y$，于是，式(53) 的线性化形式为：

$$n\hat{x}_t = \frac{C}{Y}\gamma(((2-\gamma)\eta - 1)\hat{s}_t + \hat{c}_t^* - \hat{c}_t) \tag{54}$$

2.2.4 政府部门

在本文，政府部门通过实施货币政策和财政政策来管理宏观经济。遵从刘斌（2008），我们将货币政策设置成一个泰勒规则形式，其表达式为：

$$\hat{r}_t = \rho_r \hat{r}_{t-1} + (1-\rho_r)(\phi_\pi \hat{\pi}_t + \phi_y \hat{y}_t) + \hat{\varepsilon}_{r,t} \tag{55}$$

其中，$\phi_\pi > 0$，$\phi_y > 0$，而 $\hat{\varepsilon}_{r,t}$ 则是利率的外生冲击。货币当局主要通过相关的货币政策工具来管理通胀、产出，从而使宏观经济平稳增长，以实现经济目标。

财政政策方面，政府预算约束的稳态为：

$$\frac{B_t}{(1+r_t)P_t} + \tau_t\left(\frac{C_t}{P_t} + \frac{W_t N_t}{P_t}\right) = \frac{B_{t-1}}{P_t} + \left(\frac{P_{H,t}}{P_t}\right)G_t$$

线性化政府预算约束，并整理得到：

$$\frac{b}{Y}\hat{b}_t = (1+r)\left[\begin{array}{l}\dfrac{b}{Y}\hat{b}_{t-1} + \dfrac{1}{1+r}\dfrac{b}{Y}\hat{r}_t - \dfrac{b}{Y}\hat{\pi}_t + \dfrac{G}{Y}(\hat{g}_t - \gamma\hat{s}_t) \\ -\tau\dfrac{C}{Y}(\hat{\tau}_t + \hat{c}_t) - \tau w\dfrac{N}{Y}(\hat{\tau}_t + \hat{w}_t + \hat{n}_t)\end{array}\right]$$

这里，关于政府有效支出 $\tilde{G}_t$（$\tilde{G}_t \equiv G_t - h^g G_{t-1}$）和税收 τ_t 之间的关系，本文参考卞志村、杨源源（2016），设定为：

$$\hat{\tilde{g}}_t = -\psi_g\hat{y}_t - \phi_g\hat{b}_{t-1} + \hat{u}_{gt},$$

$$\hat{u}_{gt} = \rho_g\hat{u}_{gt-1} + \hat{\varepsilon}_{gt}, \ \hat{\varepsilon}_{gt} \sim i.i.d - N(0, 1)$$

$$\hat{\tau}_t = \psi_\tau\hat{y}_t + \phi_\tau\hat{b}_{t-1} + \hat{u}_{\tau t},$$

$$\hat{u}_{\tau t} = \rho_\tau\hat{u}_{\tau t-1} + \hat{\varepsilon}_{gt}, \ \hat{\varepsilon}_{\tau t} \sim i.i.d - N(0, 1)$$

其中，$\hat{\tilde{g}}_t \equiv \left(\dfrac{G}{\tilde{G}}\right)(\hat{g}_t - h^g\hat{g}_{t-1}) = \dfrac{1}{1-h^g}(\hat{g}_t - h^g\hat{g}_{t-1})$ 为政府有效支出，$\hat{\tau}_t$ 为税率，$\hat{b}_t$ 为政府债券，$\hat{y}_t$ 为产出，这里有稳态 $\tilde{G} \equiv G(1-h^g)$。

2.2.5 外生冲击过程

本文所构建的小型开放经济的 DSGE 模型除了财政和货币政策的三种冲击外，还包括下列外生冲击过程，即国内需求冲击 $\hat{\mu}_{c,t}$，国内技术冲击 $\hat{a}_t$，国外产出冲击 $\hat{y}_t^*$，国外通胀冲击 $\hat{\pi}_t^*$，国外利率冲击 $\hat{r}_t^*$，其外生冲击的表达式为：

国内需求冲击：$\hat{\mu}_{c,t} = \rho_c\hat{\mu}_{c,t-1} + \hat{\varepsilon}_{\mu,t}$ (56)

国内技术冲击：$\hat{a}_t = \rho_a\hat{a}_{t-1} + \hat{\varepsilon}_{a,t}$ (57)

国外产出冲击：$\hat{y}_t^* = \rho_{y^*}\hat{y}_{t-1}^* + \hat{\varepsilon}_{y^*,t}$ (58)

国外通胀冲击：$\hat{\pi}_t^* = \rho_{\pi^*}\hat{\pi}_{t-1}^* + \hat{\varepsilon}_{\pi^*,t}$　　　　(59)

国外利率冲击：$\hat{r}_t^* = \rho_{r^*}\hat{r}_{t-1}^* + \hat{\varepsilon}_{r^*,t}$　　　　(60)

2.3　参数校准与模型估计

2.3.1　数据

本文选取的观测数据包括实际的产出、消费、政府支出、通货膨胀、名义利率与实际汇率共六个，时间范围从 1996 年第二季度到 2015 年第四季度。数据来源为查涛(2016)宏观经济数据和 wind 数据库。产出为国内生产总值，消费为全社会消费品零售总额，政府支出就是数据库中的财政支出，通货膨胀为定基 CPI 指数的对数差分，名义利率为七日银行间同业拆借利率，实际汇率为实际有效汇率。

首先，我们利用定基 CPI 指数对除利率、通胀和实际汇率之外的其他所有变量进行处理，以得到相应的实际变量，并利用 Eviews 对具有明显季节特征的数据实施 Census X12 方法的处理以进行季节调整。然后，对所有数据取自然对数，并再次利用 Eviews 对取对数后的数据实施 HP 滤波以得到除去趋势后的波动数据。

2.3.2　参数校准

本文需要校准的参数大致分为家庭、企业、政府和市场均衡四部分。

首先，家庭部门参数校准。与国内大多数传统文献一样，我们将家庭的主观贴现因子 β 校准为 0.99，以对应于年平均实际利率为 4%。我们遵从刘斌(2008)将消费习惯参数 h、工资调整黏性系数 θ_w 分别校准为 0.5 和 0.5;遵从马勇(2014)将消费跨期替代弹性倒数 σ 校准为 0.78;遵从 Gelain(2010)将未调整工资家庭的工资根据上期通胀进行指数化调整的参数 γ_w 校准为 0.5;遵从 Iwata(2009)将各种劳动之间的替代弹性 ε_w 校准为 4.0;遵从马勇和陈雨露(2014)将贸易开放度参数 γ 校准为 0.21;根据我国人口占世界总人口的比例将小型经济体大小 n 校准为 0.12;遵从 Bilbiie(2009)将劳动的 Frisch 替代弹性 θ 校准为 4.0;遵从 Monacelli 和 Perotti(2008)将消费的平滑系数 γ^x 校准为 0.25;遵从 Herz 和 Hohberger(2013)将国外净资产反应系数 κ 校准为 0.01。

其次,企业部门参数校准。我们遵从刘斌(2008、2010)将进口产品之间的替代弹性 η、中间产品生产企业价格调整黏性系数 θ_h 分别校准为 1.5、0.5,遵从 Gelain(2010)将未调价中间产品生产企业的产品价格根据上期通胀进行指数化调整的参数 γ_p 校准为 0.5,遵从王君斌(2010)及许伟和陈斌开(2009)将各中间品之间的替代弹性 ε 校准为 6,遵从 Berg,Portillo,Yang,Zanna(2013)将国内生产企业的政府支出的产出弹性 α_n 校准为 0.2。

然后,政府部门参数校准。我们遵从马勇和陈雨露(2014)将货币政策规则中利率平滑系数 ρ_R、利率对通货膨胀反应系数 ϕ_π、利率对产出波动反应系数 ϕ_y 分别校准为 0.5、1.5、0.5;遵从王国静和田国强(2014)将政府支出和税收对产出的反馈系数 ψ_g、ψ_τ 分别校准为 0.4、0.4,而将政府支出和税收对政府债券的反馈系数 ϕ_g、ϕ_τ 分别校准为 0.4、0.4。

最后,市场均衡参数校准。我们遵从马勇(2013)将政府债券、政府支出占总产出的稳态之比即 γ_b、γ_g 分别校准为 0.14、0.18。见表 2.1。

表 2.1 参数校准

参数	校准值	说明	参数	校准值	说明
α	0.21	贸易开放度参数	θ_H	0.5	国内产品生产企业价格调整黏性系数
n	0.12	小型经济体大小或本国人口占世界人口比例	γ_p	0.5	未调价国内产品生产企业的产品价格根据上期通胀进行指数化调整的参数
β	0.99	贴现因子	ε	6	国内各中间产品之间的替代弹性
h	0.5	消费习惯	ρ_R	0.5	利率平滑系数
h_g	0.5	消费跨期替代弹性倒数	ϕ_π	1.5	利率对通货膨胀的反应
σ	0.78	消费跨期替代弹性	ϕ_y	0.5	利率对产出的反应
η	2.5	国内贸易品与进口贸易品之间的替代弹性	ψ_g	0.4	政府支出对产出的反应
θ	4.0	劳动供给弹性倒数	ϕ_g	0.4	政府支出对政府债券的反应
γ^x	0.25	消费的平滑系数	ψ_g	0.4	税收对产出的反应
κ	0.01	国外净资产反应系数	ϕ_g	0.4	税收对政府债券的反应

续　表

参数	校准值	说明	参数	校准值	说明
θ_w	0.6	家庭工资调整粘性系数	γ_b	0.13	稳态时政府债券与总产出之比
γ_w	0.75	未调整工资家庭的工资根据上期通胀进行指数化调整的参数	γ_g	0.17	稳态时政府支出与总产出之比
ε_w	3	各种劳动之间的替代弹性	α_n	0.2	中间品生产企业中政府支出的产出弹性
N	1/3	劳动时间的稳态值			

资料来源：作者编制。

2.3.3 贝叶斯估计

在参数的贝叶斯估计中，如果估计所有结构性参数，那么一些参数是无法识别的（Canova & Sala(2009)）。因此，参照 DSGE 文献的标准做法，我们将不对一些较为明确的参数进行估计，如：贴现因子 β、产出弹性 α_n，以及资本折旧率 δ。

遵从 An & Schorfheide(2007)，我们通常将介于 0 与 1 之间的参数设定为服从 Beta 分布，将介于 0 与 1 之间且其校准值取值不确定的参数设定为服从均匀分布，将大于 0 的参数设定为服从 Gamma 分布，将不必然介于 0 与 1 之间的参数设定为服从 Gamma 分布或正态分布，将校准值取值争议较大且其符号不确定的参数设定为服从正态分布，而将外生冲击过程中 AR(1) 系数设定为服从 Beta 分布，将外生冲击过程中新息的标准差设定为服从 Inverse Gamma 分布。

估计通过 Matlab 的 Dyanre 工具包完成。在设定 MH 再抽样参数时，我们将跳跃参数设定为 0.69，以便接受率（Acceptance rate）位于 0.2—0.4 之间。估计结果中，众数检验（mode check）可判断参数的后验估计结果是否对其先验分布的设定敏感，不敏感则表明：对数后验似然函数（log-post）与对数似然核（log-lik-kernal）在后验众数（mode）附近几乎重合。Brooks & Gelman 检验表明：通过再抽样技术所得到的后验分布收敛，即组间方差趋于 0，而组内方差趋于稳定。先后验对比检验表明：先后验越接近，甚至重合说明该参数的识别较差，数据似然在先后验分布之间并未发挥明显的"桥梁"作用。

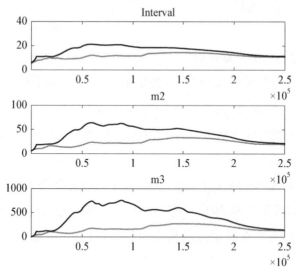

图 2.1　多变量的收敛诊断图

图 2.1 报告了收验性检验的多变量诊断结果。图中红线与蓝线分别代表各个 MCMC 链内部和各个 MCMC 链之间的参数

向量的矩估计(上图为均值、中图为方差、下图为三阶矩)。当这些矩估计在各个 MCMC 链内部和之间趋于稳定时,上中下三图中的红线与蓝线则收敛,这表明参数估计的结果是稳健的。

表 2.2　结构参数估计

参数	参数说明	先验分布	后验均值	95％置信区间
h	消费习惯	Beta[0.5，0.1]	0.5417	[0.4181，0.6740]
h^g	政府生产性支出平滑系数	Beta[0.5，0.1]	0.4116	[0.3078，0.5140]
σ	消费跨期替代弹性	Gamma[0.78，0.1]	0.5892	[0.4955，0.6776]
η	国内外产品之间的替代弹性	Gamma[1.5，0.1]	1.1370	[1.0367，1.2498]
θ	劳动供给的 Frisch 弹性	Gamma[4.0，0.1]	3.9827	[3.8694，4.0882]
γ_x	消费平滑系数	Beta[0.25，0.1]	0.1509	[0.0495，0.2458]
κ	国外净资产反应系数	Beta[0.01，0.005]	0.0296	[0.0173，0.0430]
θ_w	工资黏性系数	Beta[0.5，0.1]	0.2426	[0.1527，0.3252]
θ_H	国内中间产品价格黏性系数	Beta[0.5，0.1]	0.1019	[0.0614，0.1427]
γ_w	未调整工资家庭的工资根据上期通胀进行指数化调整的参数	Beta[0.5，0.1]	0.6198	[0.5055，0.7385]
γ_p	未调价国内产品生产企业的产品价格根据上期通胀进行指数化调整的参数	Beta[0.6，0.1]	0.6650	[0.5268，0.7911]

参数	参数说明	先验分布	后验均值	95％置信区间
ε_w	不同劳动间替代弹性	Beta[4.0，0.2]	4.0141	[3.6797，4.3294]
ε	不同产品间替代弹性	Beta[6.0，0.2]	6.1892	[5.8896，6.5023]
ψ_g	政府支出对产出的反应	Beta[0.4，0.1]	0.4212	[0.2995，0.5467]
ϕ_g	政府支出对政府债券的反应	Beta[0.4，0.1]	0.3519	[0.2635，0.4421]
ψ_τ	税收对产出的反应	Beta[0.4，0.1]	0.3146	[0.1968，0.4245]
ϕ_τ	税收对政府债券的反应	Beta[0.4，0.1]	0.2820	[0.1750，0.3905]
ρ_r	利率平滑系数	Beta[0.5，0.1]	0.2195	[0.1454，0.2999]
ϕ_π	利率对通货膨胀反应	Gamma[1.5，0.1]	1.8425	[1.7463，1.9365]
ϕ_y	利率对产出波动反应	Beta[0.5，0.1]	0.4062	[0.2972，0.5161]

表 2.3　外生冲击过程中自回归系数及冲击方差的估计

参数	参数说明	先验分布	后验均值	95％置信区间
ρ_a	生产技术冲击自回归系数	Beta[0.5，0.1]	0.6165	[0.4634，0.7512]
ρ_c	需求冲击自回归系数	Beta[0.5，0.1]	0.9241	[0.9016，0.9514]
ρ_g	政府支出冲击自回归系数	Beta[0.5，0.1]	0.3644	[0.2355，0.4856]
ρ_τ	税收冲击自回归系数	Beta[0.5，0.1]	0.7056	[0.5990，0.8125]

续 表

参数	参数说明	先验分布	后验均值	95%置信区间
ρ_{π^*}	国外通胀冲击自回归系数	Beta[0.5，0.1]	0.3351	[0.2229，0.4487]
ρ_{r^*}	国外利率冲击自回归系数	Beta[0.5，0.1]	0.5517	[0.4954，0.6050]
ρ_{c^*}	国外消费冲击自回归系数	Beta[0.5，0.1]	0.5749	[0.4958，0.6466]
σ_r	利率冲击标准差	InvGamma[0.1，Inf]	0.0125	[0.0118，0.0126]
σ_a	生产技术冲击标准差	InvGamma[0.1，Inf]	0.0135	[0.0118，0.0148]
σ_c	需求冲击标准差	InvGamma[0.1，Inf]	0.0127	[0.0118，0.0138]
σ_g	政府支出冲击标准差	InvGamma[0.1，Inf]	0.0237	[0.0175，0.0298]
σ_τ	税收冲击标准差	InvGamma[0.1，Inf]	0.0178	[0.0139，0.0217]
σ_{c^*}	国外消费冲击标准差	InvGamma[0.1，Inf]	0.0306	[0.0205，0.0405]
σ_{r^*}	国外利率冲击标准差	InvGamma[0.1，Inf]	0.0173	[0.0138，0.0207]
σ_{π^*}	国外通胀冲击标准差	InvGamma[0.1，Inf]	0.0255	[0.0201，0.0308]
$\sigma_{\hat{\mu}^b}$	国际金融风险冲击标准差	InvGamma[0.1，Inf]	0.0220	[0.0165，0.0271]
边际数据密度(Laplace approximation)			1317.983475	

2.4 模型动态

2.4.1 利率上升对各个宏观经济变量的冲击

利率上升,由于收入效应,居民储蓄增加、消费减少,从而产出下降。另外,消费的下降,国内价格下降,通货紧缩。同时,国内价格关于国外价格相对下降,贸易条件得到改善,实际汇率上升。从图 2.2,我们发现,利率冲击导致消费减少、产出下降、通货紧缩、实际汇率上升。这与第一章中基于 SVAR 的实证结论基本相符。

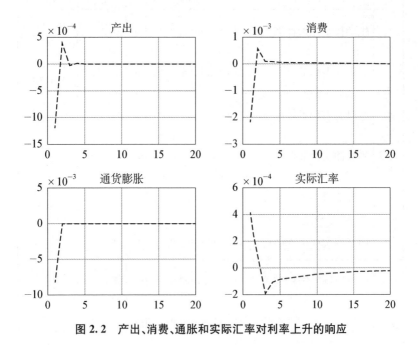

图 2.2 产出、消费、通胀和实际汇率对利率上升的响应

2.4.2 政府支出增加对各个宏观经济变量的冲击

政府支出的两个融资渠道分别是政府债券和税收,因此,政府支出增加必然导致政府债券和税收的增加。首先,当货币供应不变的情况下,政府债券的增加相当于货币回笼增加,利率上升;其次,税收增加的预期导致家庭出现负财富效应,使得消费下降,利率上升;最后,政府支出增加,就业增加,实际工资上涨,家庭出现正财富效应,消费上升,利率下降。综合三方面的力量,政府支出导致的利率下降占主导,利率最终呈现下降。由于政府支出乘数大于税收乘数,政府支出导致的家庭正财富效应占主导,消费最终上升,国内价格相对国外价格上升,贸易条件恶化,实际汇率下降。同时,消费的增加导致产出增加。从图2.3,我们发现,政府支出冲击导致利率下降、消费增加、产出增加、实际汇率下降。这与第一章中基于 SVAR 的实证结论基本相符。

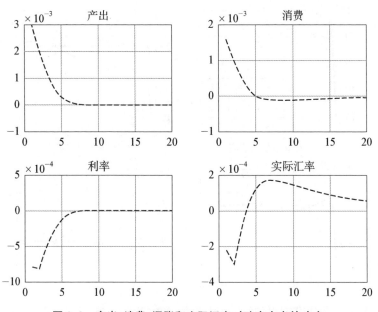

图 2.3 产出、消费、通胀和实际汇率对政府支出的响应

2.4.3 不同的本国偏好 α 下货币与财政政策的变化

随着消费本国偏好 α 的不断增加——从 0.2 到 0.5，再到 0.8，本国产品消费在总消费中的占比不断上升，当利率上升时，总消费因其本国产品消费的下降而出现大幅减少，从而产出也出现大幅下降。本国产品消费下降的同时，本国产品的消费价格相对国外产品价格也大幅下降，从而贸易条件大幅改善，致使实际汇率大幅上升。然而，尽管本国产品的消费价格大幅下降，但因本国产品消费数量也大幅下降，使得本国产品消费价格在总价格中的比重也大幅下降，两者抵消后，总价格水平的下降幅度反而收紧，从而出现通货膨胀的下降幅度收紧。由此可见，消费本国偏好的增加扩大了紧缩性货币政策对除通胀之外的其他所有变量的影响（见图 2.4）。

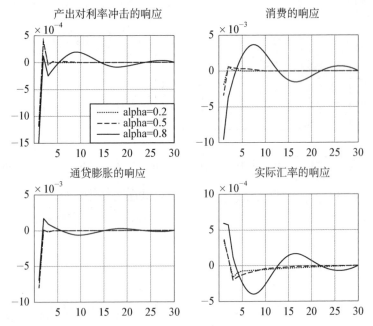

图 2.4 不同的本国偏好下，产出、消费、通胀和实际汇率对利率上升的响应

　　同样,随着消费本国偏好 α 的不断增加,本国产品消费在总消费中的占比随之上升,当政府支出增加时,首先,政府债券的增加导致货币回笼增加,利率上升,但相对消费本国偏好变化前,上升幅度不变;其次,税收增加的预期导致家庭出现负财富效应,使得消费大幅下降,利率大幅上升;最后,政府支出增加,就业增加,实际工资上涨,家庭出现正财富效应,消费大幅上升,利率大幅下降。综合三方面的力量,政府支出导致的利率大幅下降占主导,最终利率相对消费本国偏好变化前而呈现大幅下降。由于政府支出乘数大于税收乘数,政府支出导致的家庭正财富效应占主导,最终消费相对消费本国偏好变化前也呈现大幅上升,于是,国内消费品价格相对国外价格大幅上升,贸易条件大幅恶化,实际汇率大幅下降。最后,由于消费仅是产出中的一部分,因此消费的大幅上升导致产出小幅上涨。由此可见,消费本国偏好的增加同样扩大了政府支出所有变量的影响(见图2.5)。

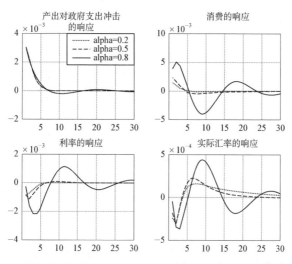

图 2.5　不同的本国偏好下,产出、消费、利率和实际汇率对政府支出的响应

2.5 结论

本文基于 Faia 和 Monacelli(2008)进行了拓展：引入了不可分离偏好、黏性工资、不完全竞争的国际资本市场、生产性政府支出、扭曲税及政府债券。此外,本文还基于中国 1996Q1—2015Q4 的数据对模型进行了贝叶斯估计,并发现基于估计结果的模拟脉冲响应与基于结构 VAR 的脉冲响应基本相符。

本文的主要结论是：(1)利率上升,消费减少,产出下降,通货膨胀下降,实际汇率上升。(2)政府支出增加,利率下降,消费增加,产出上升,实际汇率下降。(3)随着消费偏好的不断增加,货币和财政政策的效果被不断放大。

3 汇率不完全传递、实际汇率
与货币及财政政策

3.1 引言

随中国对外开放程度的不断深化,输入性通货膨胀也逐渐进入学界和实务部门的视野。而汇率传递作为其中的主要影响因素,对它的研究也变得尤为重要。但国内学者对此研究较少。这些研究也只是考虑货币供给对经济的影响,并未考虑汇率不完全传递的影响。他们主要关注点不外乎两点:(1)强调一价定律的作用;(2)批发产品进口价格比零售产品消费价格的汇率传递要快。其中较有代表性的是王胜,郭汝飞(2012),他们是关于不完全汇率传递与最优货币政策的研究,而纵观其他的文献通常是利用计量经济学或是结构方程的方法来探究此类问题。

鉴于以上背景,本文将中国作为一个小型开放经济体,与世界其他经济体共同构成一个连续统,并利用动态随机一般均衡(DSGE)框架,在汇率不完全传递情况下,即以产品消费者所在国货币进行定价,称为本币定价(简称 LCP)的情况下,研究了各种政策冲击(主要研究货币政策冲击以及财政政策冲击)对我国主要宏观经济变量的影响,进而提出相关政策建议。中国政府为应对经济不景气主要采取两个方面的措施,积极的财政政策与稳健的货币政策,而本文研究可为我国的政策制定提供一些有价值的参考意见,以便政策制定者有的放矢地实施有效的货币和财政政策,以实现宏观经济预期目标。

本文建立了一个以小型开放经济为特点的 DSGE 模型,建立的模型主要包含家庭部门,居民通过选择最优消费得到 CPI(消费者价格指数),选择劳动和总消费使其效用最大化,以及进行黏性工资定价;企业部门,包括国内生产企业以及进口产品企业,它们实施了最优黏性价格设定;此外,模型还包含了开放经济条件下的特有经济变量,即贸易条件,一价定律缺口,购买力平价,非抛补利率平价条件以及国际风险分担等相关定义及其相互转化;分析了产品市场出清条件;进而对有关经济政策进行介绍。

3.2 模型设定

3.2.1 家庭部门

3.2.1.1 期内配置

国内经济由寿命无限的家庭组成。这些家庭消费由国内产品 $C_{H,t}$ 和进口产品 $C_{F,t}$ 所构成的 Dixit-Stiglitz 复合消费品。这里,$C_{H,t}$ 是由国内产品企业提供,而 $C_{F,t}$ 则是由进口产品企业提供,并且该进口企业是当地市场中进口产品的价格制定者。我们还假定所有产品都是可贸易的。后面,我们将用小写字母表示对其稳态偏离的对数线性化变量,而大写字母则表示水平变量。

我们定义 C_t 为一种实际的复合消费指数,其表达形式为:

$$C_t \equiv \left[(1-\gamma)^{\frac{1}{\eta}} C_{H,t}^{\frac{\eta-1}{\eta}} + (\gamma)^{\frac{1}{\eta}} C_{F,t}^{\frac{\eta-1}{\eta}} \right]^{\frac{\eta}{\eta-1}} \tag{1}$$

其中,$C_{H,t} \left(\equiv \left[\int_0^1 C_{H,t}(i)^{\frac{\epsilon-1}{\epsilon}} di \right]^{\frac{\epsilon}{\epsilon-1}} \right)$ 和 $C_{F,t} \left(\equiv \left[\int_0^1 C_{F,t}(i)^{\frac{\epsilon-1}{\epsilon}} di \right]^{\frac{\epsilon}{\epsilon-1}} \right)$ 分别是国内每种消费品的 CES 加总指数和进口的国外每种消费品的 CES 加总指数。在某给定支出下,对于所有的 $i \in [0, 1]$,产品 i 的最优需求为:

$$C_{H,t}(i) = \left(\frac{P_{H,t}(i)}{P_{H,t}} \right)^{-\epsilon} C_{H,t}, \ C_{F,t}(i) = \left(\frac{P_{F,t}(i)}{P_{f,t}} \right)^{-\epsilon} C_{F,t} \tag{2}$$

其中,用国内货币所表示的国内产品价格指数 $P_{H,t}$ 与进口产品价格指数 $P_{F,t}$ 分别表达为:

$$P_{H,t} = \left(\int_0^1 P_{H,t}(i)^{1-\epsilon} di \right)^{1/(1-\epsilon)}, \ P_{F,t} = \left(\int_0^1 P_{F,t}(i)^{1-\epsilon} di \right)^{1/(1-\epsilon)} \tag{3}$$

其中,ϵ 表示每种商品之间的替代弹性。

需要注意的是,在该设定下,η 是国内产品与外国进口产品之间的替代弹性。那么不同商品之间支出的最优分配意味着标准需求函数为:

$$C_{H,t} = (1-\gamma)(P_{H,t}/P_t)^{-\eta} C_t \tag{4}$$

$$C_{F,t} = \gamma (P_{F,t}/P_t)^{-\eta} C_t \tag{5}$$

因此,将上述两式代入总消费指数方程得到消费者价格指数(CPI)为:

$$P_t \equiv [(1-\gamma)P_{H,t}^{1-\eta} + \gamma P_{F,t}^{1-\eta}]^{1/(1-\eta)} \tag{6}$$

3.2.1.2 跨期配置

假设在小型开放经济中,将代表性家庭部门的效用函数设为典型效用函数:

$$E_0\left\{\sum_{t=0}^{\infty}\beta^t U(C_t, N_t)\right\} \tag{7}$$

家庭部门通过选择消费与劳动使其效用最大化,其中,$E_0\{\cdot\}$ 表示数学期望,N_t 为劳动量。将 $U(\cdot)$ 设为典型效用函数形式:

$$U(C_t, N_t) \equiv \frac{\mu_{c,t}(\widetilde{C}_t - \psi N_t^\theta X_t)^{1-\sigma} - 1}{1-\sigma} \tag{8}$$

其中,$\widetilde{C}_t \equiv C_t - hC_{t-1}$。$X_t \equiv \widetilde{C}_t^{\gamma_x} X_{t-1}^{1-\gamma_x}$ 为 $\widetilde{C}_t$ 的平滑指数,而 $\mu_{c,t}$ 则为需求冲击,且服从一个一阶自回归的随机过程(具体见后面)。

每期的预算约束可以写为:

$$(1+\tau_t)C_t + \frac{B_t}{(1+r_t)P_t} + \frac{\varepsilon_t B_t^*}{P_t} \leqslant$$

$$(1-\tau_t)\frac{W_t}{P_t}N_t + \frac{B_{t-1}}{P_t} + \frac{(1+r_{t-1}^*)\phi(n\hat{f}a_{t-1})\varepsilon_t B_t^*}{P_t} + \frac{\Gamma_t}{P_t} \tag{9}$$

其中,W_t 为名义工资,B_t 为名义债券,B_t^* 为外币计价的名义债券,r_t 为无风险名义利率,r_t^* 为国外无风险名义利率,ε_t 为名义汇率,τ_t 为政府税收税率,Γ_t 为居民所分享的来自垄断企业的利润。遵从 Benigno(2009)以及 Schmitt-Grohe 和 Uribe(2003)的做法,$\phi(n\hat{f}a_t)$ 项表示所持国外债券的溢价,其定义为:

$$\phi(n\hat{f}a_t) \equiv \exp(-\kappa \cdot n\hat{f}a_t + \hat{\mu}_t^\phi) \tag{10}$$

其中,$n\hat{f}a_t \equiv \dfrac{e_{t-1}NFA_t/P_{t-1}}{Y}$ 表示国内经济中实际国外净资产头寸占比,而 $\hat{\mu}_t^\phi$ 则是一种风险溢价冲击。函数 $\phi(n\hat{f}a_t)$ 反映了国际资产市场中国内家庭的交易成本。因此,作为净借款人,国内家庭将承担由于国外利率溢价所带来的成本;作为净贷款人,它们将接受由于国外利率下降所带来的收益损失。该函数形式可确保在模型的对数线性化近似中,国外债券水平的平稳性。

3.2.1.2.1 消费与储蓄决策

家庭在(9)预算约束条件下,通过选择 C_t, M_t, B_t, B_t^* 使其效用最大化,其关于 C_t, M_t, B_t, B_t^* 一阶条件为:

$$\lambda_t(1+\tau_t)V_t^\sigma = \mu_{c,t}(1-\psi\gamma_x N_t^\theta(X_{t-1}/\widetilde{C}_t)^{1-\gamma_x}) \tag{11}$$

$$\beta E_t\left\{\frac{\lambda_{t+1}}{\lambda_t}\frac{(1+r_t)P_t}{P_{t+1}}\right\} = 1 \tag{12}$$

$$E_t\left(\frac{\varepsilon_t}{\varepsilon_{t+1}}\right) = \phi_t(n\hat{f}a_t)\left(\frac{1+r_t^*}{1+r_t}\right) = e^{-\kappa n\hat{f}a_t + \hat{\mu}_t^\phi}\left(\frac{1+r_t^*}{1+r_t}\right) \tag{13}$$

其中,$V_t \equiv \widetilde{C}_t - \psi N_t^\theta X_t$。

对数线性化上述各式,并整理后,得到:

$$\hat{\widetilde{c}}_t = \frac{1}{1-h}\hat{c}_t - \frac{h}{1-h}\hat{c}_{t-1} \tag{14}$$

$$\hat{x}_t = \gamma_x \left(\frac{1}{1-h}\hat{c}_t - \frac{h}{1-h}\hat{c}_{t-1} \right) + (1-\gamma_x)\hat{x}_{t-1} \qquad (15)$$

$$\hat{\lambda}_t = \left(\frac{\psi\gamma_x N^\theta}{1-\psi\gamma_x N^\theta} \right) \left((1-\gamma_x)\hat{\tilde{c}}_t - (1-\gamma_x)\hat{x}_{t-1} \right.$$

$$\left. - \theta\hat{n}_t \right) - \left(\frac{\tau}{1+\tau} \right)\hat{\tau}_t - \sigma\hat{v}_t + \hat{\mu}_{c,t} \qquad (16)$$

$$\hat{v}_t = \left(\frac{1}{1-\psi N^\theta} \right)\hat{\tilde{c}}_t - \left(\frac{\psi N^\theta}{1-\psi N^\theta} \right)(\theta\hat{n}_t + \hat{x}_t) \qquad (17)$$

$$\hat{\lambda}_t = E_t\{\hat{\lambda}_{t+1}\} + (\hat{r}_t - E_t\{\hat{\pi}_{t+1}\}) \qquad (18)$$

$$\hat{\varepsilon}_{t-1} = \hat{\varepsilon}_t + \hat{r}_{t-1}^* - \hat{r}_{t-1} - \kappa n\hat{f}a_t + \hat{\mu}_t^\phi \qquad (19)$$

其中，$\hat{\pi}_t \equiv \hat{p}_t - \hat{p}_{t-1}$ 为 CPI 通胀，$\hat{p}_t \equiv \log P_t - \log P$。

3.2.1.2.2　工资决策

在这里，我们遵从 Calvo(1983)的价格设定方式对工资进行定价。我们假设劳动由家户部门提供，那么，每个企业 j 都需要集合不同种类的劳动 i 作为总的劳动投入，其表达式可以设为：

$$N_t(j) = \left(\int_0^1 (N_t(i,j))^{\frac{\varepsilon_w-1}{\varepsilon_w}} di \right)^{\frac{\varepsilon_w}{\varepsilon_w-1}} \qquad (20)$$

$\varepsilon_w > 1$，它是指不同种劳动之间的替代弹性。每个企业 j 选择 $N_t(i,j)$ 使其总劳动最大化。通过求解一阶条件可以得到以下式子：

$$N_t(i,j) = \left(\frac{W_t(i)}{W_t} \right)^{-\varepsilon_w} N_t(j) \qquad (21)$$

其中，$W_t(i)$ 是雇佣 i 劳动类型的成本，那么总工资指数为：

$$W_t \equiv \left(\int_0^1 W_t(i)^{1-\varepsilon_w} di \right)^{\frac{1}{1-\varepsilon_w}} \tag{22}$$

我们假设采用 Calvo 规则重新设定工资,家户部门每一期重新设定工资的概率假设为 $(1-\theta_w)$,因此,总工资(22)的离散形式为:

$$W_t = \left[\theta_w (W_{t-1})^{1-\varepsilon_w} + (1-\theta_w)(W_t^{new})^{1-\varepsilon_w} \right]^{\frac{1}{1-\varepsilon_w}}$$

其对数线性化形式为:

$$\hat{w}_t = \theta_w \hat{w}_{t-1} + (1-\theta_w)\hat{w}_t^{new} \tag{23}$$

家庭关于最优工资设定的一阶条件为:

$$E_t \left\{ \sum_{k=0}^{\infty} (\beta\theta_w)^k N_{t+k}(i. \ j) U_c(C_{t+k}, \ N_{t+k}) \right.$$

$$\left. \left[\left(\frac{1-\tau_{t+k}}{1+\tau_{t+k}} \right) \frac{W_{t+k}(i)}{P_{t+k}} - \left(\frac{\varepsilon_w}{\varepsilon_w - 1} \right) MRS_{t+k} \right] \right\} = 0$$

其中,$W_{t+k}(i) = \pi_{t+k-1}^{\gamma_w} W_{t+k-1}(i) = \cdots = \left(\prod_{s=0}^{k} \pi_{t+s-1}^{\gamma_w} \right) W_t^{new}$。上式对数线性化形式为:

$$\hat{w}_t^{new} + \hat{p}_t - \gamma_w \hat{p}_{t-1} =$$

$$(1-\beta\theta_w) E_t \left\{ \sum_{k=0}^{\infty} (\beta\theta_w)^k (\hat{mrs}_{t+k} - \hat{x}_{t+k} + \hat{p}_{t+k} - \gamma_w \hat{p}_{t+k-1}) \right\}$$

$$\tag{24}$$

其中,$\hat{x}_{t+k}$ 为 $x_{t+k} (\equiv (1-\tau_{t+k})/(1+\tau_{t+k}))$ 的对数线性化形式,$\hat{mrs}_{t+k}$ 表示在 t 时期重新设定工资的家庭在 $t+k$ 时期的消费与闲暇之间的边际替代率 $MRS_t \equiv -U_{N.t}/U_{C.t}$ 的对数线性化形式:

$$mr\hat{s}_t = \left((\theta-1) + \theta\frac{\psi\gamma_x N^{\theta}}{1-\psi\gamma_x N^{\theta}}\right)\hat{n}_t$$

$$+ \left(\frac{\psi\gamma_x N^{\theta}}{1-\psi\gamma_x N^{\theta}}\right)((1-\gamma_x)\hat{x}_{t-1} - (1-\gamma_x)\hat{\bar{c}}_t) \quad (25)$$

将线性化后的一阶条件(24)写成递归结构,并整理后,得到:

$$\hat{w}_t^{new} - (\beta\theta_w)E_t\hat{w}_{t+1}^{new} - (1-\beta\theta_w)\hat{w}_t =$$
$$(\beta\theta_w)(\hat{\pi}_{t+1} - \gamma_w\hat{\pi}_t) + (1-\beta\theta_w)(mr\hat{s}_t - \hat{x}_t - \hat{w}_t) \quad (26)$$

通过与线性化的总工资指数方程(23)相结合,我们最终得到:

$$\hat{w}_t = \frac{\beta}{1+\beta}E_t\hat{w}_{t+1} + \frac{1}{1+\beta}\hat{w}_{t-1} + \frac{\beta}{1+\beta}E_t\hat{\pi}_{t+1} - \frac{1+\beta\gamma_w}{1+\beta}\hat{\pi}_t +$$
$$\frac{\gamma_w}{1+\beta}\hat{\pi}_{t-1} + \frac{(1-\theta_w)(1-\beta\theta_w)}{(1+\beta)\theta_w}(mr\hat{s}_t - \hat{x}_t - \hat{w}_t) \quad (27)$$

3.2.1.3 汇率传递、实际汇率与购买力平价的偏差

首先,定义贸易条件 $S_t \equiv P_{F,t}/P_{H,t}$,它是以本国商品衡量国外商品的相对价格,其对数线性化表达式为:

$$\hat{s}_t = \hat{p}_{F,t} - \hat{p}_{H,t} \quad (28)$$

其中,$\hat{s}_t$ 表示对数线性化贸易条件,即用本国价格表示的外国商品的价格。

其次,我们对 CPI 表达式(6)围绕稳态对数线性化,得到:

$$\hat{p}_t = (1-\gamma)\hat{p}_{H,t} + \gamma\hat{p}_{F,t} \quad (29)$$

与对数线性化贸易条件(28)结合,我们可以得出:

$$\hat{p}_t = \hat{p}_{H,t} + \gamma\hat{s}_t \quad \hat{p}_t = \hat{p}_{F,t} - (1-\gamma)\hat{s}_t \quad (30)$$

同时,我们将国内通胀 $\hat{\pi}_{H,t}$ 定义为国内商品价格指数的变化

率,于是,$\hat{\pi}_{H, t}$ 与 CPI—通胀相联系,得到:

$$\hat{\pi}_t = \hat{\pi}_{H, t} + \gamma \Delta \hat{s}_t \tag{31}$$

其中,$\hat{\pi}_t = \hat{p}_t - \hat{p}_{t-1}$,$\hat{\pi}_{H, t} = \hat{p}_{H, t} - \hat{p}_{H, t-1}$ 分别表示对数线性化后的总通胀,国内通胀。该式说明一价定律缺口对汇率波动程度的影响是独立的。

注意,由于我们将国外经济体即世界剩余国家当作一个近似的封闭经济体,这意味着世界经济中(即国外经济体中)的国内通胀 $\hat{\pi}_t^*$ 与 CPI 通胀 $\hat{\pi}_{F, t}^*$ 是等价的。对于所有 t,我们有:

$$\hat{p}_t^* = \hat{p}_{F, t}^*,$$
$$\hat{\pi}_t^* = \hat{\pi}_{F, t}^* \tag{32}$$

最后,我们定义 ε_t 为名义汇率(用本国货币表示的一单位外国货币)。我们将实际汇率定义为:$Q_t \equiv \varepsilon_t P_t^* / P_t$,其对数线性化为:

$$\hat{q}_t = \hat{e}_t + \hat{p}_t^* - \hat{p}_t \tag{33}$$

其中,$\hat{q}_t \equiv \log(Q_t / Q)$,$\hat{e}_t \equiv \log(\varepsilon_t / \varepsilon)$。在不完全传递的情况下,进口产品一价定律不再适用,即:

$$P_{F, t} \neq \varepsilon_t P_{F, t}^*$$

于是,我们在一价定律中引入缺口 $\psi_{F, t}$,于是有:

$$\psi_{F, t} \equiv \frac{\varepsilon_t P_{F, t}^*}{P_{F, t}} \tag{34}$$

该式围绕稳态对数线性化后,与(34)结合得到:

$$\hat{\psi}_{F, t} \equiv (\hat{e}_t + \hat{p}_{F, t}^*) - \hat{p}_{F, t}$$
$$= (\hat{e}_t + \hat{p}_t^*) - \hat{p}_{F, t} \tag{35}$$

式中,$\hat{\psi}_{F,t}$ 表示国内进口价格与世界价格的偏离,它衡量的是一价定律的偏差。此后,我们将该度量定义为一价定律缺口(l. o. p 缺口)。于是,将(35)代入(28)消去 $\hat{p}_{F,t}$,我们得到:

$$\hat{s}_t = \hat{e}_t + \hat{p}_t^* - \hat{p}_{H,t} - \hat{\psi}_{F,t} \tag{36}$$

此外,式(36)与式(33)结合,再利用式(30),我们可将实际汇率写为:

$$\begin{aligned} \hat{q}_t &= \hat{e}_t + \hat{p}_t^* - \hat{p}_t \\ &= \hat{\psi}_{F,t} + (1-\gamma)\hat{s}_t. \end{aligned} \tag{37}$$

方程(37)表明:在本文框架中,造成总购买力平价(PPP)偏差的根源有两个。第一根源是依赖于本国小型经济体与国外经济体之间消费组合的异质性,这种影响当 $\gamma < 1$ 时则通过 $(1-\gamma)s_t$ 一项反映出来。事实上,当 $\gamma \to 1$ 时,这两个经济体的消费组合是一致的,此时在均衡处不存在相对价格的偏差。第二个来源是一价定律偏差 $\psi_{F,t}$。因此,在不完全传递的情况下,一价定律缺口会造成实际汇率的不稳定。

3.2.2 生产部门

3.2.2.1 国内产品企业

3.2.2.1.1 技术

假设在国内商品市场中,存在一个连续的垄断竞争企业,按照指数化 $j, j \in [0, 1]$ 所构成的生产函数进行生产。他们采用一个生产技术,所以生产函数的表达形式为:

$$Y_t(j) = A_t N_t(j)^{1-\alpha_n} G_t^{\alpha_n} \tag{38}$$

对称均衡处,其对数化形式为:

$$\hat{y}_t = \hat{a}_t + (1-\alpha_n)\hat{n}_t + \alpha_n\hat{g}_t \tag{39}$$

其中,$\hat{a}_t$ 是对数线性化的劳动生产率。厂商在其生产函数的约束条件下,通过选择劳动投入使其成本最小化,通过建立拉格朗日函数求解一阶条件,我们可以得到其对数线性化表达式为:

$$\hat{mc}_t = \hat{w}_t + \hat{y}_t - \hat{n}_t - \hat{a}_t + \gamma\hat{s}_t \tag{40}$$

其中,$\hat{mc}_t$ 表示实际边际成本,这对于所有生产者都是相同的。接着,假设对数线性化的劳动生产率服从一个简单的随机自回归过程:

$$\hat{a}_t = \rho_a\hat{a}_{t-1} + \hat{\varepsilon}_{a,t}$$

其中,$0 \leqslant \rho_a \leqslant 1$ 是持久性系数,$\hat{\varepsilon}_{a,t}$ 是一个独立同分布冲击。

3.2.2.1.2 黏性定价

为了简化,遵从 Monacelli(2005)做法,我们假定国内产品出口价格 $P_{H,t}^*$ 是弹性价格,遵从一价定律:$P_{H,t} = \varepsilon_t P_{H,t}^*$,但企业定价仍然采用 Calvo 典型形式,参见 Calvo(1983)。因此企业每期以随机选择概率$(1-\theta_H)$ 来设定新的价格,以 θ_H 的概率仍然采用原来的价格,由于企业是最终重新定价,所以在给定的时期内,每个企业重新获得最优化条件,在时间上是相互独立的,每个期间的长度约为 $1/(1-\theta_H)$。

假设 $P_{H,t}^{new}(j)$ 是企业 j 在 t 时期所重新设定的价格,在卡尔沃价格设定框架下,$P_{H,t+k}(j) = \pi_{H,t+k-1}^{\gamma_p} P_{H,t+k-1}(j) = \cdots = (\prod\limits_{s=0}^{k} \pi_{H,t+s-1}^{\gamma_p}) P_{H,t}^{new}$,概率为$(\theta_H)^k$,$k = 0, 1, 2, \cdots$ 因为所有的企业都是在给定期间内重新最优化,以获得相同的最优价格,因此我们选择企业 j 作为代表进行重新最优化。

当企业 j 在 t 时期重新设定价格时,它通过选择价格 $P_{H,t}^{new}$ 使其利润最大化:

$$\underset{\langle P_{H,t}^{new}\rangle}{\text{Max}}\, E_t \sum_{k=0}^{\infty} (\theta_H)^k \beta^k \left(\frac{\lambda_{t+k}}{\lambda_t}\right)$$

$$\left(\left(\prod_{s=0}^{k} \pi_{H,t+s-1}^{\gamma_p}\right) P_{H,t}^{new} Y_{t+k}(j) - \psi_{t+k}(Y_{t+k}(j))\right)$$

并服从 $t+k$ 时期的需求约束条件:

$$Y_{t+k}(j) = \left(\frac{P_{H,t+k}(j)}{P_{H,t+k}}\right)^{-\varepsilon} Y_{t+k} = \left(\frac{\left(\prod_{s=0}^{k} \pi_{H,t+s-1}^{\gamma_p}\right) P_{H,t}^{new}}{P_{H,t+k}}\right)^{-\varepsilon} Y_{t+k}$$

其中,$\beta^k \left(\dfrac{\lambda_{t+k}}{\lambda_t}\right)$ 为随机贴现因子;$Y_{t+k}(j)$ 为在 t 时期最后一次重新定价的企业在 $t+k$ 时期的产出;而 $\psi_{t+k}(Y_{t+k}(j))$ 则是中间产品生产企业的生产总成本函数,它是 $t+k$ 期产出的一个函数。

最终的一阶最优条件为:

$$E_t \sum_{k=0}^{\infty} (\beta\theta_H)^k \left(\frac{\lambda_{t+k}}{\lambda_t}\right) Y_{t+k}(j)$$

$$\left(\left(\prod_{s=0}^{k} \pi_{H,t+s-1}^{\gamma_p}\right) P_{H,t}^{new} - \left(\frac{\varepsilon}{\varepsilon-1}\right) MC_{t+k}^n(j)\right) = 0 \qquad (41)$$

其中,$Y_{t+k}(j)$ 表示在 t 期最后一次重新设定价格的企业在 $t+k$ 期的产出;而 $MC_{t+k}^n(j)$ 表示在 t 期最后一次重新设定价格的企业在 $t+k$ 期的名义边际成本。

在假定的价格设定框架下,国内价格指数化形式为:

$$P_{H,t} = \left[\theta_H(\pi_{H,t-1}^{\gamma_p} P_{H,t-1})^{1-\varepsilon} + (1-\theta_H)(P_{H,t}^{new})^{1-\varepsilon}\right]^{\frac{1}{1-\varepsilon}} \qquad (42)$$

线性化(41)与(42)后,将两者结合,我们可得到新凯恩斯菲利普斯曲线(NKPC):

$$\hat{\pi}_{H,t} = \frac{\beta}{1+\beta\gamma_p} E_t \hat{\pi}_{H,t+1} + \frac{\gamma_p}{1+\beta\gamma_p} \hat{\pi}_{H,t-1}$$
$$+ \frac{(1-\theta_H)(1-\beta\vartheta_H)}{(1+\beta\gamma_p)\theta_H} \hat{mc}_t \tag{43}$$

其中, $\hat{mc}_t$ 为实际边际成本 MC_{t+k} 的对数线性变量,而名义边际成本 $MC_{t+k}^n(j) \equiv \frac{\partial \psi_{t+k}(Y_{t+k}(j))}{\partial Y_{t+k}(j)}$ 为在 t 时期最后一次重新定价的企业在 $t+k$ 时期的边际成本。

该模型中价格的设定具有前瞻性,这与封闭经济相一致。原因很简单,企业意识到在给定的时期调整价格,能使他们所重新设定的价格在以后多个时期内仍然保持有效。

3.2.2.2 进口产品企业

在 Campa 和 Goldberg(2002)一文中,他们对一些 OECD 国家的进口传递弹性进行了估计,发现:(1)价格传递程度在短期是不完全的,只有在长期才是完全传递;(2)在批发进口阶段比在消费阶段价格对汇率波动的敏感度更大。根据第一点,在短期内,国内进口品的价格对汇率的移动完全没有反应,而在第二种情况下,对汇率的移动起反向作用。

在该部分,我们将建立一个模型来解释一些事实。我们假设国内市场为当地零售商所拥有,他们遵循一价定律规则进口各种商品。而且进口商在设定价格时,通过解决其最优化成本加成问题完成。

我们现在考虑一个当地零售商 j,其成本为 $\varepsilon_t P_{F,t}^*(j)$。正如当地生产者一样,相同的零售商通过选择一个价格 $P_{F,t+k}(j) =$

$$\pi_{F,\,t+k-1}^{\gamma_f} P_{F,\,t+k-1}(j) = \cdots = \left(\prod_{s=0}^{k}\pi_{F,\,t+s-1}^{\gamma_f}\right) P_{F,\,t}^{new},$$ 使其利润最大化，

利润最大化及其约束条件表达式为：

$$\operatorname*{Max}_{\{P_{F,\,t}^{new}\}} E_t \Big\{ \sum_{k=0}^{\infty} (\beta\vartheta_F)^k \left(\frac{\lambda_{t+k}}{\lambda_t}\right)$$

$$\left(\left(\prod_{s=0}^{k}\pi_{F,\,t+s-1}^{\gamma_f}\right) P_{F,\,t}^{new} - \varepsilon_{t+k}P_{F,\,t+k}^{*}\right) C_{F,\,t+k}(j) \Big\}$$

$$C_{F,\,t+k}(j) = \left(\frac{P_{F,\,t+k}(j)}{P_{F,\,t+k}}\right)^{-\varepsilon} C_{F,\,t+k}$$

$$= \left(\left(\prod_{s=0}^{k}\pi_{F,\,t+s-1}^{\gamma_f}\right)\frac{P_{F,\,t}^{new}}{P_{F,\,t+k}}\right)^{-\varepsilon} C_{F,\,t+k} \qquad (44)$$

$$s.t.$$

$$\psi_{t+k} \equiv \frac{\varepsilon_{t+k}P_{F,\,t+k}^{*}}{P_{F,\,t+k}}$$

其中，$P_{F,\,t}^{*}(j)$ 是进口商品的外国货币价格，θ_F^k 是在时间 t 时对商品 j 重新设定价格时仍然采用的前期的价格的概率，$\beta^k\left(\dfrac{\lambda_{t+k}}{\lambda_t}\right)$ 是随机贴现因子。注意，一般来讲，$\theta_H \neq \theta_F$。该问题产生的一阶条件表达式为：

$$E_t \sum_{k=0}^{\infty} (\beta\vartheta_F)^k \left(\frac{\lambda_{t+k}}{\lambda_t}\right) P_{F,\,t+k} C_{F,\,t+k}(j)$$

$$\left(\left(\prod_{s=0}^{k}\pi_{F,\,t+s-1}^{\gamma_f}\right)\frac{P_{F,\,t}^{new}}{P_{F,\,t+k}} - \left(\frac{\varepsilon}{\varepsilon-1}\right)\psi_{t+k}\right) = 0 \qquad (45)$$

对数线性化表达式（45）后，其在对称性均衡处的表达式为：

$$\hat{p}_{F,\,t}^{new} = (1-\beta\vartheta_F) E_t \Big\{ \sum_{k=0}^{\infty} (\beta\vartheta_F)^k (\hat{\psi}_{F,\,t+k} + \hat{p}_{F,\,t+k}) \Big\} \qquad (46)$$

在假定的进口价格设定框架下，进口产品的总价格指数为：

$$P_{F,t} = \left[\theta_F(\pi_{F,t-1}^{\gamma_f}P_{F,t-1})^{1-\varepsilon} + (1-\theta_F)(P_{F,t}^{new})^{1-\varepsilon}\right]^{\frac{1}{1-\varepsilon}} \quad (47)$$

通过结合上述(46)(47)两式,我们可得到进口产品的总供给曲线(即进口产品的菲利普斯曲线)表达式为:

$$\hat{\pi}_{F,t} = \frac{\beta}{1+\beta\gamma_f}E_t\{\hat{\pi}_{F,t+1}\} + \frac{\gamma_f}{1+\beta\gamma_f}\hat{\pi}_{F,t-1} + \frac{(1-\theta_F)(1-\beta\theta_F)}{(1+\beta\gamma_f)\theta_F}\hat{\psi}_t$$

$$(48)$$

其中,$\hat{\psi}_t$ 为一价定律缺口 ψ_t 的对数形式。从上式中可以得出,当进口产品的世界价格超过相同商品的当地价格时,进口价格通胀上升。换句话说,名义偏差决定了在世界市场中进口商支付的价格与在国内市场中所采用的价格之间的缺口。该缺口实际上使其实际边际成本增加,因此引发外国商品通胀。系数 θ_F 决定传递程度。注意,在 $\theta_F = 0$ 的情况下,式(48)的对数线性形式将退化为一个简单的一价定律方程 $\hat{p}_{F,t} = \hat{e}_t + \hat{p}_t^*$。

3.2.3　市场均衡

3.2.3.1　国内产品市场均衡

我们知道国内产品 j 的本国需求和外国需求分别为:

$$Y_t(j) = C_{H,t}(j) + C_{H,t}^*(j) + G_t(j)$$

$$= \left(\frac{P_{H,t}(j)}{P_{H,t}}\right)^{-\varepsilon}C_{H,t} + \left(\frac{P_{H,t}^*(j)}{P_{H,t}^*}\right)^{-\varepsilon}C_{H,t}^* + \left(\frac{P_{H,t}(j)}{P_{H,t}}\right)^{-\varepsilon}G_t$$

由于 $Y_t(j) = \left(\frac{P_{H,t}(j)}{P_{H,t}}\right)^{-\varepsilon}Y_t$,于是有

$$Y_t = (P_{H,t}/P_t)^{-\eta}\left[(1-\gamma)C_t + \gamma Q_t^\eta C_t^*\right] + G_t$$

对应稳态为 $Y = C + G$,线性化上式:

$$\hat{y}_t \approx (C/Y)\left[(1-\gamma)\hat{c}_t + \gamma\hat{c}_t^* + (2-\gamma)\gamma\eta\hat{s}_t + \gamma\eta\hat{p}\right] + (G/Y)\hat{g}_t$$

$$(49)$$

3.2.3.2 贸易平衡

我们将净出口定义为国内产出与国内居民消费之差:

$$NX_t \equiv \frac{P_{H,t}}{P_{H,t}}Y_t - \left(\frac{P_{H,t}}{P_{H,t}}C_{H,t} + \frac{P_{F,t}}{P_{H,t}}C_{F,t} + \frac{P_{H,t}}{P_{H,t}}G_t\right).$$

$$\equiv Y_t - \left(\frac{P_t}{P_{H,t}}\right)C_t - G_t.$$

其中,NX_t 为实际净出口,Y_t 为国内实际产出,$\left(\dfrac{P_t}{P_{H,t}}\right)C_t$ 为经消费价格指数(CPI)与国内生产价格指数(PPI)的相对数折算后的居民实际消费。

我们令 $n\hat{x}_t \equiv NX_t/Y$,于是,上式的线性化形式为:

$$n\hat{x}_t = \frac{C}{Y}\gamma\left[((2-\gamma)\eta - 1)\hat{s}_t + \eta\hat{p}_t + \hat{c}_t^* - \hat{c}_t\right] \qquad (50)$$

3.2.4 政府部门

在本文,政府部门通过实施货币政策和财政政策来管理宏观经济。遵从刘斌(2008),我们将货币政策设置成一个含货币增长率的扩展的泰勒规则形式,其表达式为:

$$\hat{R}_t = \rho_r\hat{R}_{t-1} + (1-\rho_r)(\varphi_\pi\hat{\pi}_t + \varphi_y\hat{y}_t) + \hat{\varepsilon}_{r,t} \qquad (51)$$

其中,$\varphi_\pi > 0$, $\varphi_y > 0$,而 $\hat{\varepsilon}_{r,t}$ 则是利率冲击。货币当局主要通过相关的货币政策工具来管理通胀、产出,从而使宏观经济平稳增长,以实现经济目标。

财政政策方面,政府预算约束的稳态为:

$$\frac{B_t}{R_t P_t} + \tau_t \left(\frac{C_t}{P_t} + \frac{W_t N_t}{P_t} \right) = \frac{B_{t-1}}{P_t} + G_t$$

线性化政府预算约束，并整理得到：

$$\frac{b}{Y} \hat{b}_t = R \left[\begin{array}{c} \dfrac{b}{Y} \hat{b}_{t-1} + \dfrac{1}{R} \dfrac{b}{Y} \hat{R}_t - \dfrac{b}{Y} \hat{\pi}_t + \dfrac{G}{Y} \hat{g}_t \\[3mm] - \tau \dfrac{C}{Y} (\hat{\tau}_t + \hat{c}_t) - \tau w \dfrac{N}{Y} (\hat{\tau}_t + \hat{w}_t + \hat{n}_t) \end{array} \right]$$

其中，关于 $\hat{g}_t$ 和 $\hat{\tau}_t$ 的财政支出规则，本文参考卞志村、杨源源 (2016)，设定为：

$$\hat{g}_t = -\psi_g \hat{y}_t - \phi_g \hat{b}_{t-1} + \hat{u}_{gt},$$
$$\hat{u}_{gt} = \rho_g \hat{u}_{gt-1} + \hat{\varepsilon}_{gt}, \ \hat{\varepsilon}_{gt} \sim i.i.d - N(0, 1)$$
$$\hat{\tau}_t = -\psi_\tau \hat{y}_t - \phi_\tau \hat{b}_{t-1} + \hat{u}_{\tau t},$$
$$\hat{u}_{\tau t} = \rho_\tau \hat{u}_{\tau t-1} + \hat{\varepsilon}_{\tau t}, \ \hat{\varepsilon}_{\tau t} \sim i.i.d - N(0, 1)$$

3.2.5 外生冲击过程

本文所构建的小型开放经济的 DSGE 模型除了财政和货币政策的三种冲击外，还包括下列外生冲击过程，即国内需求冲击 $\hat{\mu}_{c,t}$，国内技术冲击 $\hat{a}_t$，国外产出冲击 $\hat{y}_t^*$，国外通胀冲击 $\hat{\pi}_t^*$，国外利率冲击 $\hat{r}_t^*$，其外生冲击的表达式为：

国内需求冲击： $\quad \hat{\mu}_{c,t} = \rho_c \hat{\mu}_{c,t-1} + \hat{\varepsilon}_{\mu,t}$ \hfill (52)

国内技术冲击： $\quad \hat{a}_t = \rho_a \hat{a}_{t-1} + \hat{\varepsilon}_{a,t}$ \hfill (53)

国外产出冲击： $\quad \hat{y}_t^* = \rho_{y^*} \hat{y}_{t-1}^* + \hat{\varepsilon}_{y^*,t}$ \hfill (54)

国外通胀冲击： $\quad \hat{\pi}_t^* = \rho_{\pi^*} \hat{\pi}_{t-1}^* + \hat{\varepsilon}_{\pi^*,t}$ \hfill (55)

国外利率冲击： $\quad \hat{r}_t^* = \rho_{r^*} \hat{r}_{t-1}^* + \hat{\varepsilon}_{r^*,t}$ \hfill (56)

3.3　参数校准与模型估计

3.3.1　数据

本文选取的观测数据包括实际的产出、消费、政府支出、通货膨胀、实际汇率与名义利率共六个，时间范围从 1996 年第二季度到 2012 年第三季度。数据来源为中经网统计数据库和 wind 数据库。产出为国内生产总值，消费为全社会消费品零售总额，政府支出就是数据库中的财政支出，通货膨胀为定基 CPI 指数的对数差分，实际汇率为实际有效汇率，名义利率为七日银行间同业拆借利率。

首先，我们利用定基 CPI 指数对除利率、汇率和通胀之外的其他所有变量进行处理以得到相应的实际变量，并利用 Eviews 对具有明显季节特征的数据实施 Census X12 方法的处理以进行季节调整。然后，对所有数据取自然对数，并再次利用 Eviews 对取对数后的数据实施 HP 滤波以得到除去趋势后的波动数据。

3.3.2　参数校准

本文需要校准的参数大致分为家庭、企业、政府和市场均衡四部分。

首先，家庭部门参数校准。与国内大多数传统文献一样，我们将家庭的主观贴现因子 β 校准为 0.99，以对应于年平均实际利率为 4%。我们遵从刘斌(2008)将消费习惯参数 h、家庭工资调整粘性系数 θ_w 分别校准为 0.5 和 0.5；遵从马勇(2014)将消费跨期替代弹性倒数 σ 校准为 0.78；遵从 Gelain(2010)将未调整工资家庭的工资根据上期通胀进行指数化调整的参数 γ_w 校准为 0.5；遵从 Iwata(2009)将各种劳动之间的替代弹性 ε_w 校准为 4.0;遵从马勇和陈雨露(2014)将贸易开放度参数 γ 校准为 0.21;根据我国人口占世界总人口的比例将小型经济体大小 n 校准为 0.12;遵从 Bilbiie(2009)将劳动的 Frisch 替代弹性 θ 校准为 4.0;遵从 Monacelli 和 Perotti(2008)将消费的平滑系数 γ^x 校准为 0.25;遵从 Herz 和 Hohberger(2013)将国外净资产反应系数 κ 校准为 0.01。

其次,企业部门参数校准。我们遵从刘斌(2008、2010)将进口产品之间的替代弹性 η、中间产品生产企业价格调整黏性系数 θ_h 分别校准为 1.5、0.5,遵从 Gelain(2010)将未调价中间产品生产企业的产品价格根据上期通胀进行指数化调整的参数 γ_p 校准为 0.5,遵从王君斌(2010)及许伟和陈斌开(2009)将各中间品之间的替代弹性 ε 校准为 6,遵从 Berg,Portillo,Yang,Zanna(2013)将国内生产企业的政府支出的产出弹性 α_n 校准为 0.2。

然后,政府部门参数校准。我们遵从马勇和陈雨露(2014)将货币政策规则中利率平滑系数 ρ_R、利率对通货膨胀反应系数 ϕ_π、利率对产出波动反应系数 ϕ_y 分别校准为 0.5、1.5、0.5;遵从王国静和田国强(2014)将政府支出和税收对产出的反馈系数 ψ_g、ψ_τ 分别校准为 0.4、0.4,而将政府支出和税收对政府债券的反馈系数 ϕ_g、ϕ_τ 分别校准为 0.4、0.4。

最后,市场均衡参数校准。我们遵从马勇(2013)将政府债券、政府支出占总产出的稳态之比即 γ_b、γ_g 分别校准为 0.14、0.18。见表 3.1。

表 3.1 参数校准

参数	校准值	说明	参数	校准值	说明
γ	0.21	贸易开放度参数	ε	6	国内各中间产品之间的替代弹性
β	0.99	贴现因子	θ_F	0.5	家庭工资调整黏性系数
h	0.5	消费习惯	γ_f	0.5	未调整工资家庭的工资根据上期通胀进行指数化调整的参数
h_g	0.5	消费跨期替代弹性倒数	ρ_R	0.5	利率平滑系数
σ	0.78	消费跨期替代弹性	ϕ_π	1.5	利率对通货膨胀的反应
η	2.5	国内贸易品与进口贸易品之间的替代弹性	ϕ_y	0.5	利率对产出的反应
θ	4.0	劳动供给弹性倒数	ψ_g	0.4	政府支出对产出的反应
γ^x	0.25	消费的平滑系数	ϕ_g	0.4	政府支出对政府债券的反应
κ	0.01	国外净资产反应系数	ψ_g	0.4	税收对产出的反应
θ_w	0.5	家庭工资调整黏性系数	ϕ_g	0.4	税收对政府债券的反应
γ_w	0.5	未调整工资家庭的工资根据上期通胀进行指数化调整的参数	γ_b	0.13	稳态时政府债券与总产出之比
ε_w	3	各种劳动之间的替代弹性	γ_g	0.17	稳态时政府支出与总产出之比

续 表

参数	校准值	说明	参数	校准值	说明
θ_H	0.5	国内产品生产企业价格调整黏性系数	α_n	0.2	中间品生产企业中政府支出的产出弹性
γ_p	0.5	国内未调价企业的产品价格根据上期通胀进行指数化调整的参数	N	1/3	劳动时间的稳态值

资料来源：作者编制。

3.3.3 贝叶斯估计

在参数的贝叶斯估计中,如果估计所有结构性参数,那么一些参数是无法识别的(Canova & Sala(2009))。因此,参照 DSGE 文献的标准做法,我们将不对一些较为明确的参数进行估计,如:贴现因子 β、产出弹性 α_n,以及资本折旧率 δ。

遵从 An & Schorfheide(2007),我们通常将介于 0 与 1 之间的参数设定为服从 Beta 分布,将介于 0 与 1 之间且其校准值取值不确定的参数设定为服从均匀分布,将大于 0 的参数设定为服从 Gamma 分布,将不必然介于 0 与 1 之间的参数设定为服从 Gamma 分布或正态分布,将校准值取值争议较大且其符号不确定的参数设定为服从正态分布,而将外生冲击过程中 AR(1)系数设定为服从 Beta 分布,将外生冲击过程中新息的标准差设定为服从 Inverse Gamma 分布。

估计通过 Matlab 的 Dyanre 工具包完成。在设定 MH 再抽样参数时,我们将跳跃参数设定为 0.76,以便接受率(Acceptance rate)位于 0.2—0.4 之间。估计结果中,众数检验

（mode check）可判断参数的后验估计结果是否对其先验分布的设定敏感，不敏感则表明：对数后验似然函数（log-post）与对数似然核（log-lik-kernal）在后验众数（mode）附近几乎重合。Brooks & Gelman 检验表明：通过再抽样技术所得到的后验分布收敛，即组间方差趋于 0，而组内方差趋于稳定。先后验对比检验表明：先后验越接近，甚至重合说明该参数的识别较差，数据似然在先后验分布之间并未发挥明显的"桥梁"作用。

图 3.1 报告了收验性检验的多变量诊断结果。图中红线与蓝线分别代表各个 MCMC 链内部和各个 MCMC 链之间的参数向量的矩估计（上图为均值、中图为方差、下图为三阶矩）。当这些矩估计在各个 MCMC 链内部和之间趋于稳定时，上中下三图中的红线与蓝线则收敛，这表明参数估计的结果是稳健的。

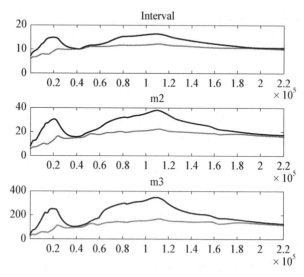

图 3.1　多变量的收敛诊断图

表 3.2　结构参数估计

参数	参数说明	先验分布	后验均值	95％置信区间
h	消费习惯	Beta[0.5，0.1]	0.2476	[0.1561，0.3490]
h^g	政府生产性支出平滑系数	Beta[0.5，0.1]	0.4106	[0.3111，0.5114]
σ	消费跨期替代弹性	Gamma[0.78，0.1]	0.8393	[0.6872，0.9753]
η	国内外产品之间的替代弹性	Gamma[1.5，0.1]	1.0893	[0.9826，1.1864]
θ	劳动供给的 frisch 替代弹性	Gamma[4.0，0.1]	3.9261	[3.8349，4.0082]
γ_x	消费平滑系数	Beta[0.25，0.01]	0.2835	[0.1431，0.4416]
κ	国外净资产反应系数	Beta[0.01，0.005]	0.0184	[0.0113，0.0254]
θ_w	工资黏性系数	Beta[0.5，0.1]	0.7256	[0.6362，0.8179]
θ_H	国内中间产品价格黏性系数	Beta[0.5，0.1]	0.3495	[0.2425，0.4692]
θ_F	进口产品价格黏性系数	Beta[0.5，0.1]	0.8996	[0.8538，0.9489]
γ_w	未调整工资家庭的工资根据上期通胀进行指数化调整的参数	Beta[0.5，0.1]	0.6571	[0.5544，0.7644]
γ_p	未调价国内产品生产企业的产品价格根据上期通胀进行指数化调整的参数	Beta[0.5，0.1]	0.5548	[0.4266，0.6943]

参数	参数说明	先验分布	后验均值	95％置信区间
γ_f	未调价国内产品生产企业的产品价格根据上期通胀进行指数化调整的参数	Beta[0.5，0.1]	0.3674	[0.2509，0.4822]
ε_w	不同劳动间替代弹性	Beta[4.0，0.2]	3.8295	[3.5591，4.0873]
ε	不同产品间替代弹性	Beta[6.0，0.2]	5.9666	[5.6859，6.2382]
ψ_g	政府支出对产出的反应	Beta[0.4，0.1]	0.5416	[0.4066，0.6747]
ϕ_g	政府支出对政府债券的反应	Beta[0.4，0.1]	0.4551	[0.3013，0.5977]
ψ_τ	税收对产出的反应	Beta[0.4，0.1]	0.4172	[0.2666，0.6075]
ϕ_τ	税收对政府债券的反应	Beta[0.4，0.1]	0.5576	[0.0007，0.0239]
ρ_r	利率平滑系数	Beta[0.5，0.1]	0.3156	[0.4009，0.7234]
ϕ_π	利率对通货膨胀反应	Gamma[1.5，0.1]	1.5607	[1.4630，1.6591]
ϕ_y	利率对产出波动反应	Beta[0.5，0.1]	0.7318	[0.5691，0.9115]

表3.3 外生冲击过程中自回归系数及冲击方差的估计

参数	参数说明	先验分布	后验均值	95％置信区间
ρ_a	生产技术冲击自回归系数	Beta[0.5，0.1]	0.2468	[0.1522，0.3439]
ρ_c	需求冲击自回归系数	Beta[0.5，0.1]	0.8974	[0.8557，0.9406]
ρ_g	政府支出冲击自回归系数	Beta[0.5，0.1]	0.3247	[0.2203，0.4556]
ρ_τ	税收冲击自回归系数	Beta[0.5，0.1]	0.6051	[0.4829，0.7314]
ρ_{c^*}	国外消费冲击自回归系数	Beta[0.5，0.1]	0.5768	[0.5249，0.6256]
ρ_{π^*}	国外通胀冲击自回归系数	Beta[0.5，0.1]	0.3037	[0.2263，0.3833]
ρ_{r^*}	国外利率冲击自回归系数	Beta[0.5，0.1]	0.2677	[0.1920，0.3440]
σ_r	利率冲击标准差	InvGamma[0.1，Inf]	0.0123	[0.0118，0.0129]
σ_a	生产技术冲击标准差	InvGamma[0.1，Inf]	0.0135	[0.0118，0.0154]
σ_c	需求冲击标准差	InvGamma[0.1，Inf]	0.0193	[0.0145，0.0245]
σ_g	政府支出冲击标准差	InvGamma[0.1，Inf]	0.0201	[0.0161，0.0242]
σ_τ	税收冲击标准差	InvGamma[0.1，Inf]	0.0300	[0.0196，0.0402]

参数	参数说明	先验分布	后验均值	95％置信区间
σ_{c^*}	国外消费冲击标准差	InvGamma[0.1，Inf]	0.0370	[0.0310，0.0426]
σ_{r^*}	国外利率冲击标准差	InvGamma[0.1，Inf]	0.0129	[0.0118，0.0140]
σ_{π^*}	国外通胀冲击标准差	InvGamma[0.1，Inf]	0.0160	[0.0129，0.0191]
$\sigma_{\hat{\mu}^{\phi}}$	国际金融风险冲击标准差	InvGamma[0.1，Inf]	0.0163	[0.0132，0.0193]
边际数据密度(Laplace approximation)			1289.043282	

3.4　模型动态

3.4.1　利率上升对各个宏观经济变量的冲击

利率上升,由于收入效应,居民储蓄增加、消费减少,从而产出下降。另外,消费下降,国内价格下降,通货紧缩。同时,国内价格关于国外价格相对下降,贸易条件得到改善,实际汇率上升。从图 3.2,我们发现,利率冲击导致消费减少、产出下降、通货紧缩、实际汇率上升。这与第一章中基于 SVAR 的实证结论基本相符。

3.4.2　政府支出增加对各个宏观经济变量的冲击

我们知道政府支出的两个融资渠道分别是政府债券和税收,因此,政府支出增加必然导致政府债券和税收的增加。首

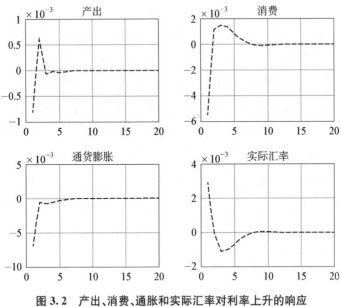

图 3.2 产出、消费、通胀和实际汇率对利率上升的响应

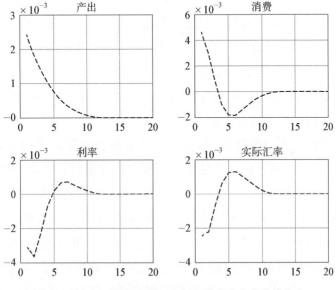

图 3.3 产出、消费、通胀和实际汇率对政府支出的响应

先,当货币供应不变的情况下,政府债券的增加相当于货币回笼增加,利率上升;其次,税收增加的预期导致家庭出现负财富效应,使得消费下降,利率上升;最后,政府支出增加,就业增加,实际工资上涨,家庭出现正财富效应,消费上升,利率下降。综合三方面的力量,政府支出导致的利率下降占主导,利率最终呈现下降。由于政府支出乘数大于税收乘数,政府支出导致的家庭正财富效应占主导,消费最终上升,国内价格相对国外价格上升,贸易条件恶化,实际汇率下降。同时,消费的增加导致产出增加。从图3.3,我们发现,政府支出冲击导致利率下降、消费增加、产出增加、实际汇率下降。这与第一章中基于 SVAR 的实证结论基本相符。

3.4.3　汇率传递与货币及财政政策

当 $\theta_f = 0$ 时,进口产品菲利普斯曲线方程退化成一个一价定律方程,一价定律偏离因此而消失($\hat{\psi}_{F,t} = 0$),汇率呈完全传递。在汇率不完全传递下,由于进口产品价格存在黏性,因此汇率除贸易条件外,还受到一价定律偏离因素的直接影响。为了考察一价定律偏离的作用,我们对比分析了汇率完全传递与汇率不完全传递两模型的模拟结果。

在汇率不完全传递下,由于一价定律偏离所造成的进口产品价格黏性,使得进口产品价格的调整存在滞后。利率上升,居民储蓄增加、消费减少,进口产品价格相对汇率完全传递时下降放缓(即相对价高),从而消费减少的数量相对扩大,进而产出下降也略有扩大。尽管由于进口产品价格下降相对放缓,贸易条件改善也相对放缓,但是由于一价定律偏离的存在,实际汇率($\hat{ex}_t = \hat{\psi}_{F,t} + (1-\alpha)\hat{s}_t$)相对完全汇率传递仍旧加速上升。从图

3.4,我们发现,汇率不完全传递对紧缩性货币政策有着放大效应,尤其对消费和实际汇率。

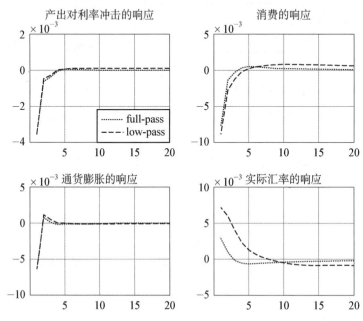

图 3.4 汇率低传递下,产出、消费、通胀和实际汇率对利率上升的响应

同样,当政府支出增加时,进口产品价格黏性放大了税收的乘数效应和政府支出的乘数效应,由于政府支出乘数大于税收乘数,也就是说,政府支出导致的家庭正财富效应占主导,最终导致利率下降扩大,消费上升扩大,产出增加扩大,国内价格相对国外价格上升扩大,贸易条件进一步恶化,实际汇率下降扩大。从图 3.5,我们发现,汇率不完全传递对财政政策效果有着放大效应,尤其对实际汇率尤为显著。

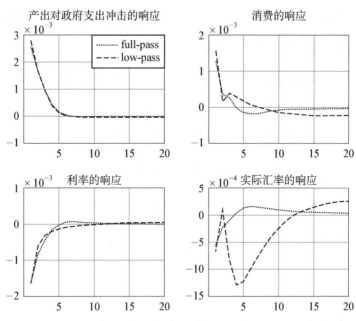

图 3.5　汇率低传递下,产出、消费、利率和实际汇率对政府支出的响应

3.5　结论

本文基于 Gali,Monacelli(2005)及 Monacelli(2005)进行了拓展:引入了不可分离偏好、黏性工资、不完全竞争的国际资本市场、生产性政府支出、扭曲税及政府债务。此外,本文还基于中国1996Q1—2015Q4 的数据对模型进行了贝叶斯估计,并发现基于估计结果的模拟脉冲响应与基于结构 VAR 的脉冲响应基本相符。

本文的主要结论是:(1)利率上升,消费减少,产出下降,通货膨胀下降,实际汇率上升。(2)政府支出增加,利率下降,消费增加,产出上升,实际汇率下降。(3)在汇率不完全传递下,货币和财政政策的效果被放大。

4 内生价格加成、实际汇率与货币及财政政策

4.1 导言

Etro 和 Colciago(2010)首次将战略互动和 Bertrand 竞争明确引入到一个弹性价格模型中,从而开创了寡头垄断对宏观经济影响的研究。之后,Faia(2012)又将此竞争引进新凯恩斯框架中,以分析最优状态相依的通胀税率的选择。Lewis 和 Poilly (2012)则利用最小距离法针对 Bertrand 竞争进行了估计。然而,所有这些模型都忽略了价格的交错,而采用了 Rotemberg (1982)的价格调整成本。这意味着所有企业,而非部分企业,在每个时期都同时且机会均等地调整其价格,因此并不存在价格分散。引入时间相依的 Calve(1983)交错定价,我们可得到一种与产品替代率相关联的不同形式的实际刚性。Etro 和 Rossi (2015a、2015b),以及 Andres 和 Burriel(2018)都是在一个 Bertrand 竞争模型环境中引入了 Calvo(1983)交错定价。这三篇文章不同的是,仅有 Etro 和 Rossi(2015b)一文考虑了企业的内生

性,并推导出斜率比传统菲利普斯曲线低的新菲利普斯曲线。本文则基于 Faia 和 Monacelli(2008)的框架,考虑了 Etro 和 Rossi(2015b)一文中的企业内生性,从而得到了新菲利普斯方程,并以此探讨内生价格加成对实际汇率以及宏观经济政策的影响。

4.2 模型设定

我们假定世界经济由两个经济主体构成:一个是指由本国所组成的小型经济体;另一个是指由世界剩余其他国家所组成的国外经济体。在消费方面,以本国偏好为消费偏好的特征。每个经济体均由无限寿命的代理人组成。世界经济总量被标准化为 1,其中,本国经济体和国外经济体则分别度量为 n 和 $1-n$。为了刻画小型经济情形,我们借助了一种"极端情形"的方法,这与 Gali 和 Monacelli(2005),Sutherland(2005),De Fiore 和 Liu(2005),以及 De Paoli(2009)中所用方法相同。也就是,我们将把本国经济体模型化为一个相对国外经济体的小型经济体,而国外经济体的均衡动态则类似于一个标准封闭经济体的均衡动态。

4.2.1 家庭部门

4.2.1.1 期内配置

定义 C_t 为总的实际消费指数,它由国内消费与进口商品的消费两部分组成:其表达式为:

$$C_t \equiv \left[(1-\gamma)^{\frac{1}{\eta}} C_{H,t}^{\frac{\eta-1}{\eta}} + \gamma^{\frac{1}{\eta}} C_{F,t}^{\frac{\eta-1}{\eta}} \right]^{\frac{\eta}{\eta-1}} \tag{1}$$

其中,$C_{H,t}$ 表示对国内商品的消费,$C_{F,t}$ 表示对进口商品的消费。$\eta > 0$ 为国内与外国商品之间的替代弹性。$\gamma \equiv (1-$

$n)\alpha$ 表示国内消费篮子中进口商品的权重。它取决于外国相对大小$(1-n)$，以及国内贸易开放程度α，同样地，国外消费偏好可以类比国内总消费写为：

$$C_t^* \equiv \left[(1-\gamma^*)^{\frac{1}{\eta}} (C_{F,t}^*)^{\frac{\eta-1}{\eta}} + (\gamma^*)^{\frac{1}{\eta}} (C_{H,t}^*)^{\frac{\eta-1}{\eta}} \right]^{\frac{\eta}{\eta-1}} \quad (2)$$

令 $\gamma^* \equiv n\alpha^*$，我们假设消费中的本土偏好，应该满足：

$$(1-\gamma) = (1-(1-n)\alpha) > \gamma^* = n\alpha^* \quad (3)$$

注意在特殊情况下，$\alpha = \alpha^*$，此时不考虑消费相对大小，在限制条件下，$n \to 0$，本国偏好需要满足 $\alpha < 1$。

假设每个国内消费 $C_{H,t}$ 与进口商品消费 $C_{F,t}$ 由不完全替代形式组成，替代弹性为 $\varepsilon > 0$，那么不同商品之间的每种最优支出分配为：

$$C_{H,t}(i) = \left(\frac{1}{n}\right) \left(\frac{P_{H,t}(i)}{P_{H,t}}\right)^{-\theta_i} C_{H,t},$$

$$C_{F,t}(i) = \left(\frac{1}{1-n}\right) \left(\frac{P_{F,t}(i)}{P_{F,t}}\right)^{-\theta_i} C_{F,t} \quad (4)$$

其中，

$$C_{H,t} \equiv \left(\frac{1}{n}\right)^{\frac{1}{\theta_i}} \left[\int_0^n (C_{H,t}(i))^{\frac{\theta_i-1}{\theta_i}} di\right]^{\frac{\theta_i}{\theta_i-1}},$$

$$C_{F,t} \equiv \left(\frac{1}{1-n}\right)^{\frac{1}{\theta_i}} \left[\int_n^1 (C_{F,t}(i))^{\frac{\theta_i-1}{\theta_i}} di\right]^{\frac{\theta_i}{\theta_i-1}} \quad (5)$$

于是，通过国内与进口商品之间支出的最优配置，我们有：

$$C_{H,t} = (1-\gamma)\left(\frac{P_{H,t}}{P_t}\right)^{-\eta} C_t, \quad C_{F,t} = \gamma\left(\frac{P_{F,t}}{P_t}\right)^{-\eta} C_t \quad (6)$$

将以上两式代入总的实际消费指数(1)中,可以得到:

$$P_t \equiv \left[(1-\gamma)P_{H,t}^{1-\eta} + \gamma P_{F,t}^{1-\eta}\right]^{\frac{1}{1-\eta}} \tag{7}$$

这里 P_t 为消费者价格指数(CPI)。

4.2.1.2 跨期配置

假设在小型开放经济中,将代表性家庭部门的效用函数设为典型效用函数,即:

$$E_0\left\{\sum_{t=0}^{\infty}\beta^t U(C_t, N_t)\right\} \tag{8}$$

家庭部门通过选择消费与劳动使其效用最大化,其中,$E_0\{\cdot\}$ 表示数学期望,N_t 为劳动量。将 $U(\cdot)$ 设为典型效用函数形式:

$$U(C_t, N_t) \equiv \frac{\mu_{c,t}(\widetilde{C}_t - \psi N_t^{\theta}X_t)^{1-\sigma} - 1}{1-\sigma} \tag{9}$$

其中,$\widetilde{C}_t \equiv C_t - hC_{t-1}$ 为有效消费,$X_t \equiv \widetilde{C}_t^{\gamma_x}X_{t-1}^{1-\gamma_x}$ 为有效消费的平滑值,而 $\mu_{c,t}$ 则为需求冲击,且服从一个一阶自回归的随机过程(具体见后面)。

由于国内家庭部门总消费支出为: $P_tC_t = P_{H,t}C_{H,t} + P_{F,t}C_{F,t}$,因此,每期的预算约束可以写为:

$$(1+\tau_t)C_t + \frac{B_t}{(1+r_t)P_t} + \frac{\varepsilon_t B_t^*}{P_t} \leqslant$$

$$(1-\tau_t)\frac{W_t}{P_t}N_t + \frac{B_{t-1}}{P_t} + \frac{(1+r_{t-1}^*)\phi(n\hat{f}a_{t-1})\varepsilon_t B_{t-1}^*}{P_t} + \frac{\Gamma_t}{P_t} \tag{10}$$

其中,W_t 为名义工资,B_t 为名义债券,B_t^* 为外币计价的名义债券,r_t 为无风险名义利率,r_t^* 为国外无风险名义利率,ε_t 为名义汇率, τ_t 为政府税收税率, Γ_t 为居民所分享的来自垄断企业的利润。遵从 Benigno(2009)以及 Schmitt-Grohe 和 Uribe(2003)的做法, $\phi(n\hat{f}a_t)$ 项表示所持国外债券的溢价,其定义为:

$$\phi(n\hat{f}a_t) \equiv \exp(-\kappa \cdot n\hat{f}a_t + \hat{\mu}_t^\phi) \tag{11}$$

其中, $n\hat{f}a_t \equiv \dfrac{e_{t-1}NFA_t/P_{t-1}}{Y}$ 表示国内经济中实际国外净资产头寸占比,而 $\hat{\mu}_t^\phi$ 则是一种风险溢价冲击。函数 $\phi(n\hat{f}a_t)$ 反映了国际资产市场中国内家庭的交易成本。因此,作为净借款人,国内家庭将承担由于国外利率溢价所带来的成本;作为净贷款人,它们将接受由于国外利率下降所带来的收益损失。该函数形式可确保在模型的对数线性化近似中国外债券水平的平稳性。

4.2.1.2.1 消费与储蓄决策

家庭在(10)预算约束条件下,通过选择 C_t, M_t, B_t, B_t^* 使其效用最大化,其关于 C_t, M_t, B_t, B_t^* 一阶条件为:

$$\lambda_t(1+\tau_t)V_t^\sigma = \mu_{c,t}(1-\psi\gamma_x N_t^\theta(X_{t-1}/\widetilde{C}_t)^{1-\gamma_x}) \tag{12}$$

$$\beta E_t\left\{\frac{\lambda_{t+1}}{\lambda_t}\frac{(1+r_t)P_t}{P_{t+1}}\right\} = 1 \tag{13}$$

$$E_t\left(\frac{\varepsilon_t}{\varepsilon_{t+1}}\right) = \phi_t(n\hat{f}a_t)\left(\frac{1+r_t^*}{1+r_t}\right) = e^{-\kappa n\hat{f}a_t + \hat{\mu}_t^\phi}\left(\frac{1+r_t^*}{1+r_t}\right) \tag{14}$$

其中, $V_t \equiv \widetilde{C}_t - \psi N_t^\theta X_t$。

对数线性化上述各式,并整理后,得到:

$$\hat{\widetilde{c}}_t = \frac{1}{1-h}\hat{c}_t - \frac{h}{1-h}\hat{c}_{t-1} \tag{15}$$

$$\hat{x}_t = \gamma_x \left(\frac{1}{1-h}\hat{c}_t - \frac{h}{1-h}\hat{c}_{t-1} \right) + (1-\gamma_x)\hat{x}_{t-1} \qquad (16)$$

$$\hat{\lambda}_t = \left(\frac{\psi\gamma_x N^\theta}{1-\psi\gamma_x N^\theta} \right)((1-\gamma_x)\hat{\tilde{c}}_t - (1-\gamma_x)\hat{x}_{t-1} - \theta\hat{n}_t)$$

$$- \left(\frac{\tau}{1+\tau} \right)\hat{\tau}_t - \sigma\hat{v}_t + \hat{\mu}_{c,t} \qquad (17)$$

$$\hat{v}_t = \left(\frac{1}{1-\psi N^\theta} \right)\hat{\tilde{c}}_t - \left(\frac{\psi N^\theta}{1-\psi N^\theta} \right)(\theta\hat{n}_t + \hat{x}_t) \qquad (18)$$

$$\hat{\lambda}_t = E_t\{\hat{\lambda}_{t+1}\} + (\hat{r}_t - E_t\{\hat{\pi}_{t+1}\}) \qquad (19)$$

$$\hat{\varepsilon}_{t-1} = \hat{\varepsilon}_t + \hat{r}_{t-1}^* - \hat{r}_{t-1} - \kappa n\hat{f}a_t + \hat{\mu}_t^\phi \qquad (20)$$

其中，$\hat{\pi}_t \equiv \hat{p}_t - \hat{p}_{t-1}$ 为 CPI 通胀，$\hat{p}_t \equiv \log P_t - \log P$。

4.2.1.2.2 工资决策

在这里，我们遵从 Calvo(1983)的价格设定方式对工资进行定价。我们假设劳动由家户部门提供，那么，每个行业 i 都需要集合不同种类的劳动 h 作为总的劳动投入，其表达式可以设为：

$$N_t(i) = \left(\int_0^1 (N_t(i,h))^{\frac{\varepsilon_w-1}{\varepsilon_w}} dh \right)^{\frac{\varepsilon_w}{\varepsilon_w-1}} \qquad (21)$$

$\varepsilon_w > 1$，它是指不同种劳动之间的替代弹性。每个产业 i 选择 $N_t(i)$ 使其总劳动最大化。通过求解一阶条件可以得到以下式子：

$$N_t(i,h) = \left(\frac{W_t(h)}{W_t} \right)^{-\varepsilon_w} N_t(i) \qquad (22)$$

其中，$W_t(h)$ 是雇佣 h 劳动类型的成本，那么总工资指数为：

$$W_t \equiv \left(\int_0^1 W_t(h)^{1-\varepsilon_w} dh \right)^{\frac{1}{1-\varepsilon_w}} \qquad (23)$$

我们假设采用 Calvo 规则重新设定工资,家户部门每一期重新设定工资的概率假设为 $(1-\theta_w)$,因此,总工资(23)的离散形式为:

$$W_t = \left[\theta_w (\pi_{t-1}^{\gamma_w} W_{t-1})^{1-\varepsilon_w} + (1-\theta_w)(W_t^{new})^{1-\varepsilon_w}\right]^{\frac{1}{1-\varepsilon_w}}$$

其对数线性化形式为:

$$\hat{w}_t^{new} = \frac{1}{1-\theta_w}\hat{w}_t - \frac{\theta_w}{1-\theta_w}\hat{w}_{t-1} + \frac{\theta_w}{1-\theta_w}\hat{\pi}_t - \frac{\gamma_w\theta_w}{1-\theta_w}\hat{\pi}_{t-1}$$

$$(24)$$

最优工资设定家庭关于最优工资的一阶条件为:

$$E_t\left\{\sum_{k=0}^{\infty}(\beta\theta_w)^k N_{t+k}(i.h)U_c(C_{t+k}, N_{t+k})\right.$$

$$\left.\left[\left(\frac{1-\tau_{t+k}}{1+\tau_{t+k}}\right)\frac{W_{t+k}(h)}{P_{t+k}} - \left(\frac{\varepsilon_w}{\varepsilon_w-1}\right)MRS_{t+k}\right]\right\} = 0$$

其中,$W_{t+k}(h) = \pi_{t+k-1}^{\gamma_w}W_{t+k-1}(h) = \cdots = (\prod_{s=0}^{k}\pi_{t+s-1}^{\gamma_w})W_t^{new}$。上式对数线性化形式为:

$$\hat{w}_t^{new} + \hat{p}_t - \gamma_w\hat{p}_{t-1} =$$

$$(1-\beta\theta_w)E_t\left\{\sum_{k=0}^{\infty}(\beta\theta_w)^k(m\hat{r}s_{t+k} - \hat{x}_{t+k} + \hat{p}_{t+k} - \gamma_w\hat{p}_{t+k-1})\right\}$$

$$(25)$$

其中,$\hat{x}_{t+k}$ 为 $x_{t+k}(\equiv (1-\tau_{t+k})/(1+\tau_{t+k}))$ 的对数线性化形式,$m\hat{r}s_{t+k}$ 表示在 t 时期重新设定工资的家庭在 $t+k$ 时期的消费与闲暇之间的边际替代率 $MRS_t \equiv -U_{N,t}/U_{C,t}$ 的对数线性化形式:

$$m\hat{r}s_t = \left((\theta-1) + \theta\frac{\psi\gamma_x N^{\theta}}{1-\psi\gamma_x N^{\theta}}\right)\hat{n}_t$$

$$+ \left(\frac{\psi \gamma_x N^\theta}{1 - \psi \gamma_x N^\theta} \right) ((1 - \gamma_x)\hat{x}_{t-1} - (1 - \gamma_x)\hat{\tilde{c}}_t) \quad (26)$$

将线性化后的一阶条件(25)写成递归结构,并整理后,得到:

$$\hat{w}_t^{new} - (\beta\theta_w)E_t\hat{w}_{t+1}^{new} - (1 - \beta\theta_w)\hat{w}_t =$$
$$(\beta\theta_w)(\hat{\pi}_{t+1} - \gamma_w\hat{\pi}_t) + (1 - \beta\theta_w)(m\hat{rs}_t - \hat{x}_t - \hat{w}_t) \quad (27)$$

其中,$\hat{w}_t$ 表示实际工资。

通过与线性化的总工资指数方程(24)相结合,我们最终得到:

$$\hat{w}_t = \frac{\beta}{1+\beta}E_t\hat{w}_{t+1} + \frac{1}{1+\beta}\hat{w}_{t-1} + \frac{\beta}{1+\beta}E_t\hat{\pi}_{t+1} - \frac{1+\beta\gamma_w}{1+\beta}\hat{\pi}_t$$
$$+ \frac{\gamma_w}{1+\beta}\hat{\pi}_{t-1} + \lambda_w(m\hat{rs}_t - \hat{w}_t + \frac{\tau^w}{1-\tau^w}\hat{\tau}_t^w + \frac{\tau^c}{1+\tau^c}\hat{\tau}_t^c).$$
$$(28)$$

这里,$\lambda_w \equiv \dfrac{(1-\theta_w)(1-\beta\theta_w)}{(1+\beta)\theta_w}$。

4.2.1.3　国内通胀,CPI通胀,实际汇率与贸易条件的相关定义

在进行均衡分析之前,我们首先定义几个具有开放经济特征的经济变量,以便以后进行相关分析。

首先,定义贸易条件 $S_t \equiv P_{F,t}/P_{H,t}$,它是以本国商品衡量国外商品的相对价格,其对数线性化表达式为:

$$\hat{s}_t = \hat{p}_{F,t} - \hat{p}_{H,t} \quad (29)$$

其中,$\hat{s}_t$ 表示对数线性化贸易条件,即用本国价格表示的外国商品的价格。

其次,消费者价格指数(CPI)围绕对称稳态的对数线性化形式为:

$$\hat{p}_t \equiv (1-\gamma)\hat{p}_{H,t} + \gamma\hat{p}_{F,t} \tag{30}$$

与对数线性化贸易条件(29)结合,我们可以得出:

$$\hat{p}_t = \hat{p}_{H,t} + \gamma\hat{s}_t \tag{31}$$

若将国内通胀定义为国内商品价格指数的变化率,即 $\hat{\pi}_{H,t} \equiv \hat{p}_{H,t} - \hat{p}_{H,t-1}$,那么由(31)可得到:

$$\hat{\pi}_t = \hat{\pi}_{H,t} + \gamma\Delta\hat{s}_t \tag{32}$$

该式表明 CPI 通胀与国内通胀之间的缺口主要有两个影响因素:即贸易条件的变化,以及作为贸易条件变化系数的国内贸易开放度 γ。

然后,我们假定一价定律始终成立,这意味着,对于所有 $j \in [0,1]$,我们有:

$$P_{F,t}(j) = \varepsilon_t P_{F,t}^*(j)$$

其中,ε_t 表示名义汇率,即用本国价格表示的国外货币的价格,$P_{F,t}^*(j)$ 表示用外币计价的国外商品 j 的价格。在对称均衡下,我们有:

$$P_{F,t} = \varepsilon_t P_{F,t}^*$$

由于我们将国外经济体处理为一个近似的封闭经济体,因此有:$P_t^* = P_{F,t}^*$。于是,我们得到:

$$P_{F,t} = \varepsilon_t P_t^*$$

将上式围绕其稳态对数线性化得到:

$$\hat{p}_{F,t} = \hat{e}_t + \hat{p}_t^* \qquad (33)$$

其中,$\hat{e}_t \equiv \log(\varepsilon_t/\varepsilon)$。该式与前面的贸易条件相结合,可得到以下表达式:

$$\hat{s}_t = \hat{e}_t + \hat{p}_t^* - \hat{p}_{H,t} \qquad (34)$$

最后,我们将实际汇率定义为 $Q_t \equiv \varepsilon_t P_t^* / P_t$,其对数线性化为:

$$\hat{q}_t = \hat{e}_t + \hat{p}_t^* - \hat{p}_t \qquad (35)$$

其中,$\hat{q}_t \equiv \log(Q_t/Q)$。将 (34) 和 (35) 相结合,我们可得到:

$$\begin{aligned}
\hat{q}_t &= (\hat{e}_t + \hat{p}_t^*) - \hat{p}_t \\
&= (\hat{s}_t + \hat{p}_{H,t}) - \hat{p}_t \\
&= \hat{s}_t + (\hat{p}_{H,t} - \hat{p}_t) \\
&= (1 - \gamma)\hat{s}_t
\end{aligned} \qquad (36)$$

4.2.2 企业部门

遵从 Devereux 和 Lee (2001) 以及 Jaimovich 和 Floetotto (2008) 做法,我们假定在生产部门分别存在一种两个层级的生产结构:一级为行业产品的生产,而另一级则是中间产品的生产。我们同时假定经济由大量差别化的行业构成,这些行业通过指标 $i \in (0, 1)$ 实现指数化。并且每个行业内部又分别由 $N_{f,t}$ 个中间品生产企业构成,每个中间品生产企业分别生产一种差别化的中间产品,这些中间产品分别通过指标 $j \in (0, N_{f,t})$ 实现指数化。

每个行业内,各个中间产品生产企业的中间产品按照弹性为 θ_j 的不变替代弹性(CES)加总算子组装成为一种行业产品,而这些来自不同行业的行业产品又分别按照弹性为 θ_i 的不变替代弹性(CES)加总算子组装成为一种最终产品。我们假定每一个行业就是一个垄断市场。由于企业数量较小,以至于每个企业都要考虑其定价策略对行业价格的影响。企业 (i,j) 视同一行业内其他企业的价格,以及其他行业的价格水平为给定。

4.2.2.1 最终产品

经济中的最终产品 $Y_{h,t}$ 通过利用各个差别化贸易行业产品 $Y_{h,t}(i)$,并按照下列 CES 生产函数而得到:

$$Y_t = (\int_0^1 Y_t(i)^{(\theta_i-1)/\theta_i} di)^{\theta_i/(\theta_i-1)}, \quad (\theta_i > 1) \tag{37}$$

其中,$Y_t(i)$ 表示行业 i 的产出,而 θ_i 表示行业内各个行业产品之间的替代弹性。最终产品生产企业在视其价格水平 $P_{H,t}(i)$ 为给定的条件下,将行业内部各个行业产品 $Y_t(i)$ 组装成为最终产品 Y_t,并分别以竞争价格 $P_{h,t}$ 出售。最终产品生产企业的最优化问题是选择投入数量 $Y_t(i)$,以最大化其利润,即:

$$\underset{\{Y_t(i),\, i \in (0,1)\}}{\text{Max}} \left\{ P_{H,t} Y_t - \int_0^1 P_{H,t}(i) Y_t(i) di \right\} \tag{38}$$

并服从生产函数(37)。最终产品生产企业最优问题的一阶条件给出了产品的行业产品需求函数:

$$Y_t(i) = \left(\frac{P_{H,t}(i)}{P_{H,t}}\right)^{-\theta_i} Y_t \tag{39}$$

将(39)式分别带入生产函数(37)式中以替换掉 $Y_t(i)$,我们得到总价格指数 P_t 为:

$$P_{H,t} = (\int_0^1 P_{H,t}(i)^{1-\theta_i} di)^{1/(1-\theta_i)} \tag{40}$$

在对称均衡下,所有行业都是相同的,因此,行业价格和价格指数也是一致的,即:$P_{h,t} = P_{h,t}(i)$。

4.2.2.2 行业产品

差别化的中间产品按照下列最优化问题被加总成为一种行业产品:

$$\underset{\langle y_t(i,j),\, j\in(0,\,N_{f,t}(i))\rangle}{\text{Max}} \left\{ P_{H,t}(i)Y_t(i) - \sum_{j=0}^{N_{f,t}(i)} p_{H,t}(i,j)y_t(i,j) \right\}$$

(41)

并分别服从行业产品生产函数:

$$Y_t(i) = \left[N_{f,t}(i)^{-1/\theta_j} \sum_{j=1}^{N_{f,t}(i)} y_t(i,j)^{(\theta_j-1)/\theta_j} \right]^{\theta_j/(\theta_j-1)} \quad (42)$$

其中,$y_t(i,j)$为行业i中企业j的产出,而θ_j则分别表示同一行业内各个中间产品之间的替代弹性。行业产品生产函数的这种设定是为了消除产品品种的偏好。在不存在产品品种偏好的模型环境中,价格水平会随可获取产品品种数量的增加而降低。行业产品生产最优问题的一阶条件分别给出了中间产品的下列需求函数:

$$y_t(i,j) = \frac{1}{N_{f,t}(i)} \left(\frac{p_{H,t}(i,j)}{P_{H,t}(i)} \right)^{-\theta_j} Y_t(i) \quad (43)$$

将(43)式带入行业产品生产函数(42)式中替换掉$y_t(i,j)$,我们分别得到行业价格指数$P_{H,t}(i)$为:

$$P_{H,t}(i) = \left[\frac{1}{N_{f,t}(i)} \sum_{j=1}^{N_{f,t}(i)} p_{H,t}(i,j)^{1-\theta_j} \right]^{1/1-\theta_j} \quad (44)$$

将(39)式与(43)式相结合,我们还可将中间产品需求函数表示为:

$$y_t(i, j) = \frac{1}{N_{f, t}(i)} \left(\frac{p_{H, t}(i, j)}{P_{H, t}(i)} \right)^{-\theta_j} \left(\frac{P_{H, t}(i)}{P_{H, t}} \right)^{-\theta_i} Y_t \quad (45)$$

4.2.2.3 中间产品

4.2.2.3.1 需求弹性

行业 i 的价格 $P_{H, t}(i)$ 关于中间品价格 $p_{H, t}(i, j)$ 的弹性 $\varepsilon_t^{Pp}(i, j)$ 定义为：

$$\varepsilon_t^{Pp}(i, j) \equiv \frac{\partial P_{H, t}(i)}{\partial p_{H, t}(i, j)} \frac{p_{H, t}(i, j)}{P_{H, t}(i)} \quad (46)$$

通过行业价格指数(46)关于中间产品价格 $p_{H, t}(i, j)$ 的微分，我们得到：

$$\frac{\partial P_{H, t}(i)}{\partial p_{H, t}(i, j)} = P_{H, t}(i) (p_{H, t}(i, j)^{-\theta_j} \Big/ \sum_{j=1}^{N_{f, t}(i)} p_{H, t}(i, j)^{1-\theta_j})$$

$$(47)$$

于是，行业弹性可重新写为：

$$\varepsilon_t^{Pp}(i, j) \equiv p_{H, t}(i, j)^{1-\theta_j} \Big/ \sum_{j=1}^{N_{f, t}(i)} p_{H, t}(i, j)^{1-\theta_j} \quad (48)$$

在对称均衡下，贸易行业 i 内各企业的价格将一致，即 $p_{H, t}(i, j) = P_{H, t}(i)$，于是

$$\varepsilon_t^{Pp}(i) = 1/N_{f, t}(i) \quad (49)$$

通过中间产品需求函数(47)分别关于中间产品价格 $p_{H, t}(i, j)$ 的微分，我们得到：

$$\frac{\partial y_t(i, j)}{\partial p_{H, t}(i, j)} = -\frac{y_t(i, j)}{p_{H, t}(i, j)} \big[\theta_j - (\theta_j - \theta_i) \varepsilon_t^{Pp}(i, j) \big]$$

$$(50)$$

中间品产出 $y_t(i,j)$ 关于中间产品价格 $p_{H,t}(i,j)$ 的弹性 $\varepsilon_t(i,j)$ 定义为：

$$\varepsilon_t(i,j) \equiv -\frac{\partial y_t(i,j)}{\partial p_{H,t}(i,j)}\frac{p_{H,t}(i,j)}{y_t(i,j)} \tag{51}$$

该式与(50)式相结合，弹性 $\varepsilon_t(i,j)$ 可重新分别写为：

$$\varepsilon_t(i,j) = \theta_j - (\theta_j - \theta_i)\varepsilon_t^{Pp}(i,j) \tag{52}$$

对称均衡下，弹性可表示为：

$$\varepsilon_t = \theta_j - (\theta_j - \theta_i)/N_{f,t} \tag{53}$$

4.2.2.3.2　生产技术、要素价格及边际成本

行业 i 中的每个企业 j 按照下列生产函数各自只生产一种单一产品 $y_{h,t}(i,j)$：

$$y_t(i,j) = A_t n_t(i,j)^{1-\alpha_h} g_t(i,j)^{\alpha_h}, (0 < \alpha_h < 1) \tag{54}$$

其中，A_t 为行业的全要素生产率，而 $l_t(i,j)$ 则是行业 i 中企业 j 生产所需的劳动投入，并且有：

$$N_t(i) \equiv \sum_{j=0}^{N_{f,t}(i)} n_t(i,j) = N_{f,t}(i)n_t(i,j)$$

同时

$$G_t(i) \equiv \sum_{j=0}^{N_{f,t}(i)} g_t(i,j) = N_{f,t}(i)g_t(i,j)$$

中间产品企业在服从上述各自生产技术约束下最小化其下列目标成本函数：

$$\underset{\langle l_t(i,j)\rangle}{Min}\ W_t n_t(i,j) + P_{h,t}g_t(i,j)\quad s.t.$$

$$y_t(i,j) = A_t n_t(i,j)^{1-\alpha_h} g_t(i,j)^{\alpha_h} \tag{55}$$

该最优化问题的一阶条件为：

$$MC_t(i, j) = \left(\frac{w_t}{1-\alpha_h}\right)\left(\frac{P_t}{P_{H,t}}\right)\frac{n_t(i, j)}{y_t(i, j)} \tag{56}$$

其中，w_t、$MC_t \equiv MC_t^n/P_{H,t}$ 分别是实际工资、行业实际边际成本。由于存在全国性统一的劳动市场，因此，实际工资在跨企业和跨行业之间是一致，进而实际边际成本在行业内部的跨企业之间，以及跨行业之间也是一致的。（56）中两式变为：

$$MC_t = \left(\frac{w_t}{1-\alpha_h}\right)\left(\frac{P_t}{P_{H,t}}\right)\frac{n_t}{y_t} \tag{57}$$

4.2.2.3.3 定价策略

t 期每个中间产品企业利润 $d_t(i, j)$ 为：

$$d_t(i, j) \equiv p_{H,t}(i, j)y_t(i, j) - MC_t y_t(i, j) \tag{58}$$

在灵活价格环境下，行业 i 的中间产品企业 j 的最优价格（$\partial d_t(i, j)/\partial p_{H,t}(i, j) = 0$）为：

$$p_{H,t}(i, j) = \left(\frac{\theta_j - (\theta_j - \theta_i)/N_{f,t}(i)}{\theta_j - (\theta_j - \theta_i)/N_{f,t}(i) - 1}\right)MC_t$$

$$= \left(\frac{\varepsilon_t(i)}{\varepsilon_t(i) - 1}\right)MC_t$$

其中，MC_t 为中间产品名义边际成本。由于中间产品价格加成比率为 $\mu_t(i) \equiv \varepsilon_t(i)/(\varepsilon_t(i)-1)$，于是，弹性价格下，行业 i 的中间产品企业 j 的最优价格可写为：

$$p_{H,t}(i, j) = \mu_t(i)MC_t \tag{59}$$

这里，μ_t 可表示为：

$$\mu_t = (\varepsilon_t - 1)/\varepsilon_t$$
$$= ((\theta_j - 1)N_{f,t} - (\theta_j - \theta_i))/(\theta_j N_{f,t} - (\theta_j - \theta_i))$$

在黏性价格环境下,为了看清总价格水平动态,我们假定企业并非频繁调价。具体地,行业 i 的中间产品企业 j 在服从生产函数(56),以及需求函数(47)下,最大化其下列预期利润贴现总和:

$$\max_{\langle p_{H,t}^*(i,j)\rangle} E_t \sum_{s=0}^{\infty} (\beta\theta_p)^s \frac{\lambda_{t+s}}{\lambda_t} \left[p_{H,t}^*(i,j) - MC_{t+s}(i) \right] y_{t+s}(i,j)$$

其中,$\Lambda_{t,t+s} \equiv (\beta\alpha_{h,p})^s \dfrac{\lambda_{t+s}}{\lambda_t}$ 为中间产品企业的随机贴现因子。尽管行业中有着不同的决策,但我们假定同一行业内所有企业在同一时间调价。因此,在 Cavlo 定价环境下,遵从 Kim(2018)的做法,我们假定行业中每个行业每时期均分别以概率 $\alpha_{h,p}$ 收到其重新最优化其价格的信号便足以。于是,当行业 i 收到调价信号时,行业中每一个企业均选择价格 $p_{H,t}^*(i,j)$,以最大化其预期实际利润贴现总和,直至其下一次重新调价之时。在同一行业中所有企业同时调价的假设即 $p_{H,t}^*(i) = p_{H,t}^*(i,j)$ 下,最优化问题的一阶条件为:

$$\sum_{s=0}^{\infty} \Lambda_{t,t+s} y_{t+s}(i) + \sum_{s=0}^{\infty} \theta_p^s \Lambda_{t,t+s} (p_{H,t}^*(i)$$
$$- MC_{t+s})((\theta_j - \theta_i)\left(\frac{p_{H,t}^*(i)}{P_{H,t+s}}\right)^{1-\theta_i} - \theta_j)\frac{y_{t+s}(i)}{p_{H,t}^*(i)} = 0 \quad (60)$$

其中,θ_j 和 θ_i 分别表示同一行业内和跨行业之间的各中间产品替代弹性。在 Cavlo 环境下,(44)式中的总价格指数 $P_{H,t}$ 可写为:

$$P_{H,t} = ((1-\alpha_{h,p})(P_{H,t-1})^{1-\theta_j} + \alpha_{h,p} N_{f,t} (p_{H,t}^*)^{1-\theta_j})^{1/(1-\theta_j)}$$
$$(61)$$

将(60)式的线性化与(61)式的线性化相结合,我们得到行业的菲利普斯曲线方程为:

$$\hat{\pi}_{H,t} = \beta E_t \hat{\pi}_{H,t+1} + \frac{(1-\alpha_p)(1-\beta\alpha_p)}{\alpha_p} \kappa \widehat{mc}_t$$
$$- \frac{\beta(1-\alpha_p)}{1-\theta_j} E_t \hat{N}_{t+1} + \frac{1-\alpha_p}{\alpha_p(1-\theta_j)} \hat{N}_t$$

其中,$\kappa \equiv \dfrac{\theta_j(\theta_j-1)N^2 - (2\theta_j-1)(\theta_j-\theta_i)N + (\theta_j-\theta_i)^2}{\theta_j(\theta_j-1)N^2 - \theta_j(\theta_j-\theta_i)N + (\theta_j-\theta_i)^2}$。

4.2.3　经济均衡

4.2.3.1　国内产品市场均衡

在代表性的小型经济体中,商品市场的出清需满足:

$$Y_t(i) = nC_{H,t}(i) + (1-n)C_{H,t}^*(i) + G_t(i) \qquad (62)$$

由于 $Y_t(i) = \left(\dfrac{P_{H,t}(i)}{P_{H,t}}\right)^{-\varepsilon} Y_t$,则有:

$$Y_t = \left(\frac{P_{H,t}}{P_t}\right)^{-\eta} \Big[(1-\gamma)C_t$$
$$+ \gamma^* \left(\frac{1-n}{n}\right) \Big(\Big(\frac{P_{H,t}}{\varepsilon_t P_{H,t}^*}\Big)\Big(\frac{\varepsilon_t P_t^*}{P_t}\Big)\Big)^{\eta} C_t^* + \left(\frac{P_{H,t}}{P_t}\right)^{\eta} G_t\Big] \quad (63)$$

对(63)对数线性化,并且在国内外贸易开放度的对称性假设下,即 $\alpha^* = \alpha$ 下,可得:

$$\hat{Y}_t = \frac{C}{Y}((1-\gamma)\hat{C}_t + \gamma\hat{C}_t^* + (2-\gamma)\eta\gamma\hat{s}_t) + \frac{G}{Y}\hat{G}_t \quad (64)$$

其中，$\omega_s \equiv (2-\gamma)\eta > 0$。

当世界市场出清时：

$$\hat{Y}_t^* = \hat{C}_t^* \tag{65}$$

其中，$\hat{Y}_t^*$ 和 $\hat{C}_t^*$ 分别表示国外产出与国外消费的对数化形式。

4.2.3.2　贸易平衡

国外净资产演化方程：

$$\varepsilon_t NFA_t = (1+r_{t-1}^*)\phi(\hat{nfa}_{t-1})\varepsilon_{t-1}NFA_{t-1} + P_t NX_t \tag{66}$$

线性化：

$$\hat{nfa}_t = (1/\beta)\hat{nfa}_{t-1} + \hat{nx}_t \tag{67}$$

其中，$\hat{nfa}_t \equiv \dfrac{\varepsilon_t NFA_t}{P_t Y}$。我们将净出口定义为国内产出与国内居民消费之差：

$$
\begin{aligned}
NX_t &\equiv \frac{P_{H,t}}{P_t}Y_t - \left(\frac{P_{H,t}}{P_t}C_{H,t} + \frac{P_{F,t}}{P_t}C_{F,t} + \frac{P_{H,t}}{P_t}G_t\right) \\
&= \frac{P_{H,t}}{P_t}Y_t - C_t - \frac{P_{H,t}}{P_t}G_t
\end{aligned} \tag{68}
$$

其中，NX_t 为实际净出口，C_t 为居民实际消费，$(P_{H,t}/P_t)Y_t$ 和 $(P_{H,t}/P_t)G_t$ 分别为经过消费价格指数（CPI）与国内生产价格指数（PPI）的相对数折算后的国内实际产出和实际政府支出。

我们令 $\hat{nx}_t \equiv NX_t/Y$，于是，式（68）的线性化形式为：

$$\hat{nx}_t = \frac{C}{Y}\gamma(((2-\gamma)\eta-1)\hat{s}_t + \hat{C}_t^* - \hat{C}_t) \tag{69}$$

4.2.4　政府部门

在本文,政府部门通过实施货币政策和财政政策来管理宏观经济。遵从刘斌(2008),我们将货币政策设置成一个含货币增长率的扩展的泰勒规则形式,其表达式为:

$$\hat{r}_t = \rho_r \hat{r}_{t-1} + (1-\rho_r)(\varphi_\pi \hat{\pi}_t + \varphi_y \hat{Y}_t) + \hat{\varepsilon}_{r,t} \tag{70}$$

其中,$\varphi_\pi > 0$, $\varphi_y > 0$, $\varphi_q > 0$,而 $\hat{\varepsilon}_{r,t}$ 则是利率的外生冲击。货币当局主要通过相关的货币政策工具来管理通胀、产出,从而使宏观经济平稳增长,以实现经济目标。

财政政策方面,政府预算约束的稳态为:

$$\frac{B_t}{(1+r_t)P_t} + \tau_t \left(\frac{C_t}{P_t} + \frac{W_t N_t}{P_t}\right) = \frac{B_{t-1}}{P_t} + \left(\frac{P_{H,t}}{P_t}\right)G_t$$

线性化政府预算约束,并整理得到:

$$\frac{b}{Y}\hat{b}_t = (1+r)\Big[\frac{b}{Y}\hat{b}_{t-1} + \frac{1}{1+r}\frac{b}{Y}\hat{r}_t - \frac{b}{Y}\hat{\pi}_t + \frac{G}{Y}(\hat{G}_t - \gamma \hat{s}_t)$$
$$- \tau \frac{C}{Y}(\hat{\tau}_t + \hat{c}_t) - \tau w \frac{N}{Y}(\hat{\tau}_t + \hat{w}_t + \hat{N}_t)\Big]$$

这里,关于总的政府支出 G_t($G_t = N_{f,t}g_t$) 和税收 τ_t 之间的关系,本文参考卞志村、杨源源(2016),设定为:

$$\hat{G}_t = h_g \hat{G}_t + (1-h_g)(-\psi_g \hat{Y}_t - \phi_g \hat{b}_{t-1}) + \hat{u}_{gt},$$
$$\hat{u}_{gt} = \rho_g \hat{u}_{gt-1} + \hat{\varepsilon}_{gt}, \ \hat{\varepsilon}_{gt} \sim i.i.d - N(0,1)$$
$$\hat{\tau}_t = \psi_\tau \hat{Y}_t + \phi_\tau \hat{b}_{t-1} + \hat{u}_{\tau t},$$
$$\hat{u}_{\tau t} = \rho_\tau \hat{u}_{\tau t-1} + \hat{\varepsilon}_{\tau t}, \ \hat{\varepsilon}_{\tau t} \sim i.i.d - N(0,1)$$

其中,$\hat{g}_t \equiv \frac{G}{G}(\hat{g}_t - h^g \hat{g}_{t-1}) = \frac{1}{1-h^g}(\hat{g}_t - h^g \hat{g}_{t-1})$ 为政府有效

支出,$\hat{\tau}_t$ 为税率,$\hat{b}_t$ 为政府债券,$\hat{Y}_t$ 为产出,这里,有稳态 $\tilde{G} \equiv G(1-h^g)$。

4.2.5　外生冲击过程

本文所构建的小型开放经济的 DSGE 模型除了财政和货币政策的三种冲击外,还包括下列外生冲击过程,即国内需求冲击 $\hat{\mu}_{c,t}$,国内技术冲击 $\hat{a}_t$,国外产出冲击 $\hat{y}_t^*$,国外通胀冲击 $\hat{\pi}_t^*$,国外利率冲击 $\hat{r}_t^*$,其外生冲击的表达式为:

国内需求冲击:　$\hat{\mu}_{c,t} = \rho_c \hat{\mu}_{c,t-1} + \hat{\epsilon}_{\mu,t}$ 　　　(71)

国内技术冲击:　　$\hat{a}_t = \rho_a \hat{a}_{t-1} + \hat{\epsilon}_{a,t}$ 　　　(72)

国外产出冲击:　$\hat{y}_t^* = \rho_{y^*} \hat{y}_{t-1}^* + \hat{\epsilon}_{y^*,t}$ 　　　(73)

国外通胀冲击:　$\hat{\pi}_t^* = \rho_{\pi^*} \hat{\pi}_{t-1}^* + \hat{\epsilon}_{\pi^*,t}$ 　　　(74)

国外利率冲击:　$\hat{r}_t^* = \rho_{r^*} \hat{r}_{t-1}^* + \hat{\epsilon}_{r^*,t}$ 　　　(75)

4.3　参数校准与模型估计

4.3.1　数据

本文选取的观测数据包括实际的产出、消费、政府支出、通货膨胀、实际汇率与名义利率共六个,时间范围从 1996 年第二季度到 2012 年第三季度。数据来源为中经网统计数据库和 wind 数据库。产出为国内生产总值,消费为全社会消费品零售总额,政府支出就是数据库中的财政支出,通货膨胀为定基 CPI 指数的对数差分,实际汇率为实际有效汇率,名义利率为七日银行间同业拆借利率。

首先,我们利用定基 CPI 指数对除利率、汇率和通胀之外的其他所有变量进行处理以得到相应的实际变量,并利用 Eviews 对具有明显季节特征的数据实施 Census X12 方法的处理以进行季节调整。然后,对所有数据取自然对数,并再次利用 Eviews 对取对数后的数据实施 HP 滤波以得到除去趋势后的波动数据。

4.3.2　参数校准

本文需要校准的参数大致分为家庭、企业、政府和市场均衡四部分。

首先,家庭部门参数校准。与国内大多数传统文献一样,我们将家庭的主观贴现因子 β 校准为 0.99,以对应于年平均实际利率为 4%。我们遵从刘斌(2008)将消费习惯参数 h、家庭工资调整粘性系数 θ_w 分别校准为 0.5 和 0.5;遵从马勇(2014)将消费跨期替代弹性倒数 σ 校准为 0.78;遵从 Gelain(2010)将未调整工资家庭的工资根据上期通胀进行指数化调整的参数 γ_w 校准为 0.5;遵从 Iwata(2009)将各种劳动之间的替代弹性 ε_w 校准为 4.0;遵从马勇和陈雨露(2014)将贸易开放度参数 γ 校准为 0.21;根据我国人口占世界总人口的比例将小型经济体大小 n 校准为 0.12;遵从 Bilbiie(2009)将劳动供给的 Frisch 弹性 θ 校准为 4.0;遵从 Monacelli 和 Perotti(2008)将消费的平滑系数 γ^x 校准为 0.25;遵从 Herz 和 Hohberger(2013)将国外净资产反应系数 κ 校准为 0.01,将劳动时间稳态值 N 校准为 1/3。

其次,企业部门参数校准。我们遵从刘斌(2008、2010)将进口产品之间的替代弹性 η、中间产品生产企业价格调整黏性系数 θ_h 分别校准为 1.5、0.5;遵从 Gelain(2010)将未调价中间产品生产企业的产品价格根据上期通胀进行指数化调整的参数 γ_p

校准为 0.5;遵从 Lewis 和 Stevens(2012)将需求价格弹性 ε 校准为 2.5;遵从 Berg,Portillo,Yang,Zanna(2013)将国内生产企业的政府支出的产出弹性 α_n 校准为 0.2。

然后,政府部门参数校准。我们遵从马勇和陈雨露(2014)将货币政策规则中利率平滑系数 ρ_R、利率对通货膨胀反应系数 ϕ_π、利率对产出波动反应系数 ϕ_y 分别校准为 0.5、1.5、0.5;遵从王国静和田国强(2014)将政府支出和税收对产出的反馈系数 ψ_g、ψ_τ 分别校准为 0.4、0.4,而将政府支出和税收对政府债券的反馈系数 ϕ_g、ϕ_τ 分别校准为 0.4、0.4。

最后,市场均衡参数校准。我们遵从马勇(2013)将政府债券、政府支出占总产出的稳态之比即 γ_b、γ_g 分别校准为 0.14、0.18。见表 4.1。

表 4.1　参数校准

参数	校准值	说明	参数	校准值	说明
α	0.21	贸易开放度参数	θ_H	0.5	国内产品生产企业价格调整黏性系数
n	0.12	小型经济体规模或本国人口占世界人口比例	γ_p	0.5	未调价国内产品生产企业的产品价格根据上期通胀进行指数化调整的参数
β	0.99	贴现因子	ε	2.5	中间品产出需求价格弹性
h	0.5	消费习惯	ρ_R	0.5	利率平滑系数
h_g	0.5	消费跨期替代弹性倒数	ϕ_π	1.5	利率对通货膨胀的反应

续 表

参数	校准值	说明	参数	校准值	说明
σ	0.78	消费跨期替代弹性	ϕ_y	0.5	利率对产出的反应
η	2.5	国内贸易品与进口贸易品之间的替代弹性	ψ_g	0.4	政府支出对产出的反应
θ	4.0	劳动供给弹性倒数	ϕ_g	0.4	政府支出对政府债券的反应
γ^x	0.25	消费的平滑系数	ψ_g	0.4	税收对产出的反应
κ	0.01	国外净资产反应系数	ϕ_g	0.4	税收对政府债券的反应
θ_w	0.5	家庭工资调整黏性系数	γ_b	0.14	稳态时政府债券与总产出之比
γ_w	0.5	未调整工资家庭的工资根据上期通胀进行指数化调整的参数	γ_g	0.18	稳态时政府支出与总产出之比
ε_w	4.0	各种劳动之间的替代弹性	α_n	0.2	中间品生产企业中政府支出的产出弹性
N	1/3	劳动时间的稳态值			

资料来源：作者编制。

4.3.3 贝叶斯估计

在参数的贝叶斯估计中，如果估计所有结构性参数，那么一些参数是无法识别的（Canova & Sala（2009））。因此，参照 DSGE 文献的标准做法，我们将不对一些较为明确的参数进行估计,如:贴现因子 β、产出弹性 α_n,以及资本折旧率 δ。

遵从 An & Schorfheide(2007),我们通常将介于 0 与 1 之间的参数设定为服从 Beta 分布,将介于 0 与 1 之间且其校准值取值不确定的参数设定为服从均匀分布,将大于 0 的参数设定为服从 Gamma 分布,将不必然介于 0 与 1 之间的参数设定为服从 Gamma 分布或正态分布,将校准值取值争议较大且其符号不确定的参数设定为服从正态分布,而将外生冲击过程中 AR(1)系数设定为服从 Beta 分布,将外生冲击过程中新息的标准差设定为服从 Inverse Gamma 分布。

估计通过 Matlab 的 Dyanre 工具包完成。在设定 MH 再抽样参数时,我们将跳跃参数设定为 0.81,以便接受率(Acceptance rate)位于 0.2—0.4 之间。估计结果中,众数检验(mode check)可判断参数的后验估计结果是否对其先验分布的设定敏感,不敏感则表明:对数后验似然函数(log-post)与对数似然核(log-lik-kernal)在后验众数(mode)附近几乎重合。Brooks & Gelman 检验表明:通过再抽样技术所得到的后验分布收敛,即组间方差趋于 0,而组内方差趋于稳定。先后验对比检验表明:先后验越接近,甚至重合说明该参数的识别较差,数据似然在先后验分布之间并未发挥明显的"桥梁"作用。

图 4.1 报告了收验性检验的多变量诊断结果。图中红线与蓝线分别代表各个 MCMC 链内部和各个 MCMC 链之间的参数向量的矩估计(上图为均值、中图为方差、下图为三阶矩)。当这些矩估计在各个 MCMC 链内部和之间趋于稳定时,上中下三图中的红线与蓝线则收敛,这表明参数估计的结果是稳健的。

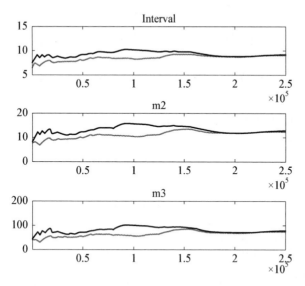

图 4.1 多变量的收敛诊断图

表 4.2 结构参数估计

参数	参数说明	先验分布	后验均值	95％置信区间
h	消费习惯	Beta[0.5，0.1]	0.2277	[0.1370，0.3144]
h^g	政府生产性支出平滑系数	Beta[0.5，0.1]	0.6521	[0.5487，0.7450]
σ	消费跨期替代弹性	Gamma[0.78，0.1]	1.0499	[0.9502，1.1512]
η	国内外产品之间的替代弹性	Gamma[2.5，0.1]	2.3735	[2.2734，2.4736]
θ	劳动与消费的替代弹性	Gamma[4.0，0.1]	4.1125	[3.9943，4.2339]

参数	参数说明	先验分布	后验均值	95％置信区间
γ_x	消费平滑系数	Beta[0.25, 0.1]	0.3247	[0.1737, 0.4791]
κ	国外净资产反应系数	Beta[0.01, 0.005]	0.0142	[0.0062, 0.0211]
θ_w	工资粘性系数	Beta[0.5, 0.1]	0.5072	[0.3646, 0.6765]
θ_H	国内中间产品价格粘性系数	Beta[0.5, 0.1]	0.3718	[0.2931, 0.4484]
γ_w	未调整工资家庭的工资根据上期通胀进行指数化调整的参数	Beta[0.5, 0.1]	0.5006	[0.4085, 0.6041]
γ_p	未调价国内产品生产企业的产品价格根据上期通胀进行指数化调整的参数	Beta[0.5, 0.1]	0.4815	[0.3531, 0.6122]
θ_i	不同产业间产品替代弹性	Beta[3, 0.2]	3.0891	[2.8312, 3.3217]
θ_j	同一产业内产品替代弹性	Beta[6, 0.2]	6.1793	[5.9075, 6.4949]
ε_w	不同劳动间替代弹性	Beta[4, 0.2]	4.1560	[3.9731, 4.3480]
ε	中间品产出关于中间产品价格的弹性	Beta[2.5, 0.2]	2.1308	[1.9539, 2.2932]
ψ_g	政府支出对产出的反应	Beta[0.4, 0.1]	0.5089	[0.3279, 0.6657]
ϕ_g	政府支出对政府债券的反应	Beta[0.4, 0.1]	0.3099	[0.2189, 0.4052]

参数	参数说明	先验分布	后验均值	95％置信区间
ψ_τ	税收对产出的反应	Beta[0.4，0.1]	0.4975	[0.3436，0.6413]
ϕ_τ	税收对政府债券的反应	Beta[0.4，0.1]	0.3440	[0.2337，0.4478]
ρ_r	利率平滑系数	Beta[0.5，0.1]	0.3357	[0.2464，0.4238]
ϕ_π	利率对通货膨胀反应	Gamma[1.5，0.1]	1.7502	[1.6520，1.8518]
ϕ_y	利率对产出波动反应	Beta[0.5，0.1]	0.4004	[0.3082，0.4918]

资料来源：作者编制。

表 4.3　外生冲击过程中自回归系数及冲击方差的估计

参数	参数说明	先验分布	后验均值	95％置信区间
ρ_a	生产技术冲击自回归系数	Beta[0.5，0.1]	0.4764	[0.3643，0.5931]
ρ_c	政府支出冲击自回归系数	Beta[0.5，0.1]	0.8145	[0.7807，0.8495]
ρ_g	政府支出冲击自回归系数	Beta[0.5，0.1]	0.4263	[0.3140，0.5422]
ρ_τ	税收冲击自回归系数	Beta[0.5，0.1]	0.6870	[0.6040，0.7644]
ρ_{π^*}	国外通胀冲击自回归系数	Beta[0.5，0.1]	0.2687	[0.1934，0.3459]
ρ_{r^*}	国外利率冲击自回归系数	Beta[0.5，0.1]	0.4961	[0.4358，0.5572]

续　表

参数	参数说明	先验分布	后验均值	95％置信区间
ρ_{c*}	国外消费冲击自回归系数	Beta[0.5, 0.05]	0.5355	[0.4876, 0.5821]
σ_r	利率冲击标准差	InvGamma[0.1, 2.0]	0.0123	[0.0118, 0.0130]
σ_a	生产技术冲击标准差	InvGamma[0.1, 2.0]	0.0156	[0.0121, 0.0188]
σ_c	需求冲击标准差	InvGamma[0.1, 2.0]	0.0246	[0.0186, 0.0305]
σ_g	政府支出冲击标准差	InvGamma[0.1, 2.0]	0.0275	[0.0198, 0.0350]
σ_τ	税收冲击标准差	InvGamma[0.1, 2.0]	0.0422	[0.0266, 0.0563]
σ_{c*}	国外消费冲击标准差	InvGamma[0.1, 2.0]	0.1138	[0.0953, 0.1315]
σ_{r*}	国外利率冲击标准差	InvGamma[0.1, 2.0]	0.0163	[0.0136, 0.0190]
$\sigma_{\pi*}$	国外通胀冲击标准差	InvGamma[0.1, 2.0]	0.0168	[0.0136, 0.0199]
$\sigma_{\hat{\mu}^\phi}$	国际金融风险冲击标准差	InvGamma[0.1, 2.0]	0.0183	[0.0147, 0.0218]
边际数据密度(Laplace approximation)			1232.189501	

资料来源：作者编制。

4.4　模型动态

4.4.1　利率上升对各个宏观经济变量的冲击

利率上升,由于收入效应,居民储蓄增加、消费减少,从而产出下降。另外,消费的下降,国内价格下降,通货紧缩。同时,国内价格关于国外价格相对下降,贸易条件得到改善,实际汇率上升。从图 4.2,我们发现,利率冲击导致消费减少,产出下降、通货紧缩、实际汇率上升。这与第一章中基于 SVAR 的实证结论基本相符。

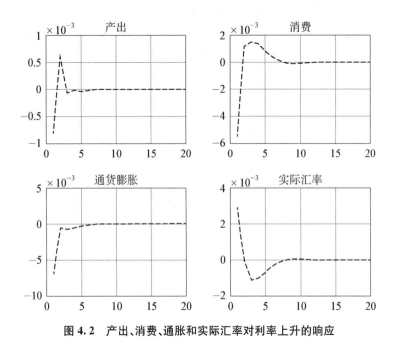

图 4. 2 产出、消费、通胀和实际汇率对利率上升的响应

4.4.2 政府支出增加对各个宏观经济变量的冲击

由于政府债券和税收是政府支出的两个融资渠道,因此,政府支出增加必然导致政府债券和税收的增加。首先,当货币供应不变的情况下,政府债券的增加相当于货币回笼增加,利率上升;其次,税收增加的预期导致家庭出现负财富效应,使得消费下降,利率上升;最后,政府支出增加,就业增加,实际工资上涨,家庭出现正财富效应,消费上升,利率下降。综合三方面的力量,政府支出导致的利率下降占主导,利率最终呈现下降。由于政府支出乘数大于税收乘数,政府支出导致的家庭正财富效应占主导,消费最终上升,国内价格相对国外价格上升,贸易条件恶化,实际汇率下降。同时,消费的增加导致产出增加。从图4.3,我们发现,政府支出冲击导致利率下降、消费增加、产出增加、实际汇率下降。这与第一章中基于 SVAR 的实证结论基本相符。

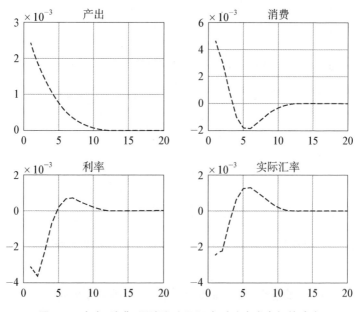

图 4.3　产出、消费、通胀和实际汇率对政府支出加的响应

4.4.3　内生价格加成下货币与财政政策的变化

当行业内产品替代弹性 θ_j 与行业间产品替代弹性 θ_i 相同时,即 $\theta_j = \theta_i$ 时,竞争为非 Bertrand 竞争,即垄断竞争,此时,生

产企业数量 N_t 增加对动态价格加成 μ_t 的负面影响消失,并退化到 Dixit 和 Stiglitz(1977)所介绍的不变替代弹性(CES)环境,即垄断竞争环境。因此,内生价格加成下,产品价格黏性增加,价格调整迟缓。

　　内生价格加成下,当利率上升时,消费下降,价格下滑,但由于价格黏性相对固定加成下有所增加,因此价格下滑幅度相对固定加成时有所收紧,相反消费数量下降幅度就相对有所扩大,从而产出下降幅度也就相对扩大。尽管国内产品消费价格下滑幅度收紧,但消费数量下降幅度却扩大,即国内价格在总价格水平中的影响力扩大,最终国内价格下降幅度扩大,致使贸易条件改善相对固定加成时加强,实际汇率大幅上升。

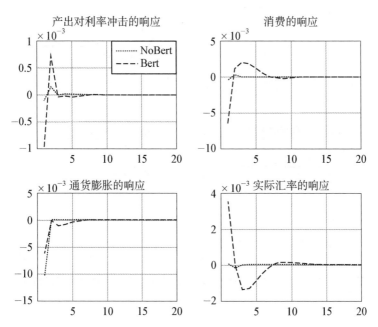

图 4.4　内生价格加成下,产出、消费、通胀和实际汇率对利率上升的响应

内生价格加成下,当政府支出增加时,产品价格黏性增加放大了税收的乘数效应和政府支出的乘数效应,由于政府支出乘数大于税收乘数,也就是说,政府支出导致的家庭正财富效应占主导,最终导致利率下降扩大,消费上升扩大,产出增加扩大。由于利率下降扩大,资本外逃扩大,国内价格相对国外价格上升扩大,贸易条件进一步恶化,实际汇率下降扩大。从图4.5,我们发现,内生价格加成对财政政策效果有着放大效应,尤其对利率、实际汇率和消费尤为显著。

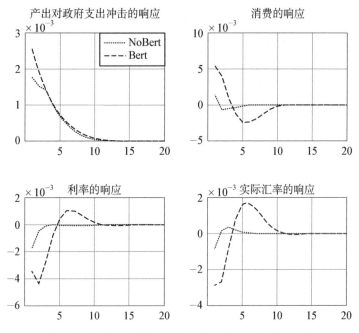

图4.5 内生价格加成下,产出、消费、利率和实际汇率对政府支出的响应

4.5 结论

本文基于 Faia 和 Monacelli(2008)及 Etro 和 Rossi(2015b)进行了拓展：引入了不可分离偏好、黏性工资、不完全竞争的国际资本市场、内生价格加成、生产性政府支出、扭曲税及政府债券；并基于中国 1996Q1—2015Q4 的数据对模型进行了贝叶斯估计，最终发现基于估计结果的模拟脉冲响应与基于结构 VAR 的脉冲响应基本相符。

本文的主要结论是：（1）利率上升，消费减少，产出下降，通货膨胀下降，实际汇率上升。（2）政府支出增加，利率下降，消费增加，产出上升，实际汇率下降。（3）在内生价格加成下，货币和财政政策的政策效果被放大。

5 非贸易品、实际汇率与货币及财政政策

——基于含有资本累积的模型分析

5.1 引言

一直以来,人们认为,在政府支出对产品和服务的冲击下,非贸易品相对价格上升背后的主要机制是,政府支出主要用在服务等非贸易品的购买上,而很少用于贸易品的购买。因此,这样的政府支出实质上便成为了对非贸易品部门的冲击。

为了研究利率及政府支出冲击效应,本文建立了一个含有贸易品与非贸易品两部门的开放经济周期模型。该模型中,贸易品与非贸易品两部门在中间产品生产阶段具有各自不同的垄断定价特征,但是,家庭部门针对这两个部门却提供了相同的劳动,因此只有一种共同的工资设定权限。经分析,我们发现,政府支出冲击对贸易条件和贸易品相对非贸易品的相对价格影响较为明显:

本章组织如下:第一节为理论模型设定;第二节为模型稳态与线性化方程;第三节为参数校准与矩匹配;第四节为模拟分

析;最后第五节为主要结论。

5.2 模型设定

我们构建了一个小型开放经济模型。模型包含了完全竞争的最终产品生产企业和垄断竞争的中间产品生产企业。最终产品生产企业利用最终贸易品和最终非贸易品分别生产最终消费品、最终投资品,以及最终政府购买品;这里,最终贸易品由国内中间贸易品和进口中间贸易品生产而来,最终非贸易品仅由国内中间非贸易品生产而来。而中间产品生产企业则利用劳动、资本和公共服务分别生产中间贸易品和中间非贸易品。

为了简化,我们将模型的均衡条件表示为一个将世界经济视为一个整体的均衡条件。这样的经济体结构要么拥有一个小型国家连续统,要么拥有两个人口相对规模分别为 n 和 $1-n$ 的两个国家,并且小型经济体的规模 n 缩小近 0,正如 De Fiore 和 Liu(2005), De Paoli(2009),以及 Faia 和 Monacelli(2008)。

5.2.1 企业部门

5.2.1.1 最终产品生产企业

遵从 Rabanal & Tuesta(2013)的做法,本文中的最终产品包括最终消费品、最终投资品,以及最终政府购买品三类。最终产品 X_t 由一个完全竞争的最终产品生产企业通过利用下列 CES 函数将贸易品 $X_{T,t}$ 和非贸易品 $X_{N,t}$ 组合而成, $X_t = \{C_t, I_t, G_t\}$ 包含了最终消费品、最终投资品,以及最终政府购买品：

$$X_t = \left[(1-\omega_X)^{\frac{1}{\rho}} X_{N,t}^{\frac{\rho-1}{\rho}} + (\omega_X)^{\frac{1}{\rho}} X_{T,t}^{\frac{\rho-1}{\rho}} \right]^{\frac{\rho}{\rho-1}} \tag{1}$$

其中，$\rho > 0$ 是贸易品与非贸易品之间的替代弹性，而 ω_X 则是最终品中各贸易品所占的份额。当 $X = C$ 时，ω_c 为最终消费品中贸易消费品 $C_{T,t}$ 所占的份额；当 $X = I$ 时，ω_i 为最终投资品中贸易投资品 $I_{T,t}$ 所占的份额；当 $X = G$ 时，ω_g 为最终政府购买品中贸易政府购买品 $G_{T,t}$ 所占的份额。这里，$\omega_i > \omega_c > \omega_g$。

最终产品生产企业利润最大化意味着：

$$X_{T,t} = \omega_X \left(\frac{P_{T,t}}{P_{X,t}} \right)^{-\rho} X_t$$

$$X_{N,t} = (1-\omega_X) \left(\frac{P_{N,t}}{P_{X,t}} \right)^{-\rho} X_t \tag{2}$$

其中，

$$P_{X,t} \equiv \left[(1-\omega_X) P_{N,t}^{1-\rho} + (\omega_X) P_{T,t}^{1-\rho} \right]^{\frac{1}{1-\rho}}$$

这里，$P_{X,t}$ 是最终产品价格，即，在零利润条件下最终产品的价格。当 $X = C$ 时，$P_{X,t}$ 为消费价格指数 P_t；当 $X = I$ 时，$P_{X,t}$ 为投资价格指数 $P_{i,t}$；当 $X = G$ 时，$P_{X,t}$ 为政府采购价格指数 $P_{g,t}$。由于 $\omega_g > \omega_c > \omega_i$，因此，$P_{i,t}$、$P_{g,t}$、$P_t$ 是互不相同的价格水平。

5.2.1.1.1 贸易产品

竞争性贸易品企业同样利用 CES 函数将国内贸易品 $X_{h,t}$ 与进口贸易品 $X_{f,t}$ 组合以得到贸易品 $X_{T,t}$，这里，$X = \{C, I, G\}$：

$$X_{T,t}=\left[(1-\gamma)^{\frac{1}{\eta}}X_{h,t}^{\frac{\eta-1}{\eta}}+\gamma^{\frac{1}{\eta}}X_{f,t}^{\frac{\eta-1}{\eta}}\right]^{\frac{\eta}{\eta-1}} \tag{3}$$

其中, $\eta > 0$ 是国内贸易品与进口贸易品之间的替代弹性,而 γ 则是贸易品中进口品所占的份额。由于国内经济是小型经济,所以 $\gamma < 1$ 则意味着产品的本国偏好。

贸易品企业的利润最大化得到下列需求函数:

$$X_{h,t}=(1-\gamma)\left(\frac{P_{h,t}}{P_{T,t}}\right)^{-\eta}X_{T,t}$$

$$X_{f,t}=\gamma\left(\frac{P_{f,t}}{P_{T,t}}\right)^{-\eta}X_{T,t} \tag{4}$$

其中,

$$P_{T,t}\equiv\left[(1-\gamma)(P_{h,t})^{1-\eta}+\gamma(P_{f,t})^{1-\eta}\right]^{\frac{1}{1-\eta}}$$

这里, $P_{T,t}$ 是贸易品价格,即,在零利润条件下贸易品的价格。

在初始生产阶段,国内进口品企业是完全竞争企业,它们按照下列生产函数组装国外生产的各种差别化进口贸易品 j:

$$X_{f,t}=\left(\int_0^1 X_{f,t}(j)^{\frac{\varepsilon_{hp}-1}{\varepsilon_{hp}}}dj\right)^{\frac{\varepsilon_{hp}}{\varepsilon_{hp}-1}} \tag{5}$$

国内进口品企业的利润最大化可得到下列各种差别化进口贸易品 i 的最优需求函数:

$$X_{f,t}(j)=\left(\frac{P_{f,t}(j)}{P_{f,t}}\right)^{-\varepsilon_{hp}}X_{f,t} \tag{6}$$

其中, $P_{f,t}(j)$ 进口产品 j 的国内市场价,而 $P_{f,t}\equiv\left(\int_0^1 P_{f,t}(j)^{1-\varepsilon_{hp}}dj\right)^{\frac{1}{1-\varepsilon_{hp}}}$ 则是所有进口产品的总价格,它即是国内

进口企业零利润条件下的进口品价格。

国内产品生产企业也是完全竞争企业，它们按照下列生产函数组装国内生产的各种差别化中间贸易品 j：

$$X_{h,t} = \left(\int_0^1 X_{h,t}(j)^{\frac{\epsilon_{hp}-1}{\epsilon_{hp}}} dj \right)^{\frac{\epsilon_{hp}}{\epsilon_{hp}-1}} \tag{7}$$

国内贸易品生产企业的利润最大化可得到下列各种差别化中间贸易品 j 的最优需求函数：

$$X_{h,t}(j) = \left(\frac{P_{h,t}(j)}{P_{h,t}} \right)^{-\epsilon_{hp}} X_{h,t} \tag{8}$$

其中，$P_{h,t}(j)$ 是国内生产的中间贸易品 j 的市场价，而 $P_{h,t} \equiv \left(\int_0^1 P_{h,t}(j)^{1-\epsilon_{hp}} dj \right)^{\frac{1}{1-\epsilon_{hp}}}$ 则是国内贸易品的总价格，它即是国内贸易品企业零利润条件下的中间品价格。

出口方面：国内贸易品的出口 $EX_{h,t}$ 就是国外贸易品进口 $X_{f,t}^*$，因此有（假定国内外经济结构对称，即 $\gamma = \gamma^*$，$\omega_X = \omega_X^*$）：

$$EX_{h,t} = X_{f,t}^* = \gamma \left(\frac{P_{f,t}^*}{P_{T,t}^*} \right)^{-\eta} X_{T,t}^* \tag{9}$$

该式从国外贸易消费品进口企业关于其消费品进口的最优化问题推导而来。而国外贸易消费品 $X_{T,t}^*$ 与国外非贸易品 $X_{N,t}^*$ 按照与国内相同的 CES 方式构成了国外的总消费品 X_t^*，于是我们得到国外贸易消费品 $X_{T,t}^*$ 的需求函数为：

$$X_{T,t}^* = \omega_c \left(\frac{P_{T,t}^*}{P_t^*} \right)^{-\rho} X_t^* \tag{10}$$

国内出口品企业也是完全竞争企业，它们按照下列生产函数组装国内生产的各种差别化出口品 j：

$$EX_{h,t} = \left(\int_0^1 EX_{h,t}(j)^{\frac{\varepsilon_{hp}-1}{\varepsilon_{hp}}} dj\right)^{\frac{\varepsilon_{hp}}{\varepsilon_{hp}-1}} \tag{11}$$

因此，国内出口品企业的利润最大化可得到下列各种差别化国内出口品 j 的最优需求函数：

$$EX_{h,t}(j) = \left(\frac{P_{h,t}(j)}{P_{h,t}}\right)^{-\varepsilon_{hp}} EX_{h,t} \tag{12}$$

另外，我们假定一价定律成立，这意味着：对于所有 $j \in [0, 1]$，我们有

$$P_{f,t}(j) = \varepsilon_t P_{f,t}^*(j)$$

这里，$P_{f,t}(i)$ 是国外生产国内消费的产品 i 的价格，即国内进口消费品价格；$P_{f,t}^*(i)$ 是国外生产国外消费的产品 i 的价格，即国外本国消费品价格；而 ε_t 则是名义汇率。

5.2.1.1.2 非贸易产品

非贸易品企业也是完全竞争企业，它购买各种差别化中间非贸易品 j，并按照下列生产函数生产非贸易品 $X_{N,t}$，但遵从 Monacelli 和 Perotti(2010) 做法，此处 $X = \{C, G\}$，即不包括非贸易投资品，而只包括非贸易消费品和非贸易政府购买品：

$$X_{N,t} = \left(\int_0^1 X_{N,t}(j)^{\frac{\varepsilon_{Np}-1}{\varepsilon_{Np}}} dj\right)^{\frac{\varepsilon_{Np}}{\varepsilon_{Np}-1}} \tag{13}$$

非贸易品企业的利润最大化可得到下列各种差别化中间非贸易品 j 的最优需求函数：

$$X_{N,t}(j) = \left(\frac{P_{N,t}(j)}{P_{N,t}}\right)^{-\varepsilon_{Np}} X_{N,t} \tag{14}$$

这里，$P_{N,t}(j)$ 是国内生产的中间非贸易品 i 的市场价，而 $P_{N,t} \equiv \left(\int_0^1 P_{N,t}(j)^{1-\varepsilon_{Np}} dj\right)^{\frac{1}{1-\varepsilon_{Np}}}$ 则是国内生产的非贸易品的总价格，它即是国内非贸易品企业零利润条件下的非贸易品价格。

5.2.1.2　中间产品生产

国内贸易品与非贸易品中间生产企业按照下列生产函数进行生产：

$$Y_{m,t}(j) = A_{m,t}(K_{m,t}(j)^{\alpha_m} L_{m,t}(j)^{1-\alpha_m})^{1-\phi_m} G_{m,t}(j)^{\phi_m} \tag{15}$$

且 $j \in (0,1)$，$m = h, N$。其中，$L_{m,t}(j)$ 是 m 部门的中间产品生产企业 j 的劳动需求，$K_{m,t}(j)$ 是 m 部门的中间产品生产企业 i 的资本需求，$G_{m,t}(j)$ 是 m 部门的中间产品生产企业 j 的政府支出。$A_{m,t}$ 是 m 部门的技术冲击，其对数线性化变量服从一个 $AR(1)$ 的外生冲击过程：

$$\hat{a}_{m,t} = \rho_{ma}\hat{a}_{m,t-1} + \hat{\varepsilon}_{m,t}$$

5.2.1.2.1　生产边际成本

贸易中间产品企业和非贸易中间产品企业在分别服从上述各自生产技术约束下最小化其下列目标成本函数：

$$\min_{\langle K_{h,t}(j), L_{h,t}(j)\rangle} W_t L_{h,t}(j) + R_t^k K_{h,t}(j) + P_{h,t} G_{h,t}(j)$$

$$s.t. Y_{h,t}(j) = A_{h,t}(K_{h,t}(j)^{\alpha_h} L_{h,t}(j)^{1-\alpha_h})^{1-\phi_h} G_{h,t}(j)^{\phi_h}$$

$$\min_{\langle K_{N,t}(j), L_{N,t}(j)\rangle} W_t L_{N,t}(j) + R_t^k K_{N,t}(j) + P_{N,t} G_{N,t}(j)$$

$$s.t. Y_{N,t}(j) = A_{N,t}(K_{N,t}(j)^{\alpha_N} L_{N,t}(j)^{1-\alpha_N})^{1-\phi_N} G_{N,t}(j)^{\phi_N}$$

$$\tag{16}$$

该最优化问题的一阶条件为：

$$MC_{h,t}(j) = \left(\frac{1}{1-\phi_h}\right)\left(\frac{1}{A_{h,t}}\right)^{\frac{1}{1-\phi_h}}\left(\frac{1}{\alpha_h}\right)^{\alpha_h}\left(\frac{1}{1-\alpha_h}\right)^{1-\alpha_h}$$

$$\left(\frac{W_t}{P_{h,t}(j)}\right)^{1-\alpha_h}\left(\frac{R_t^k}{P_{h,t}(j)}\right)^{\alpha_h}\left(\frac{G_{h,t}(j)}{Y_{h,t}(j)}\right)^{-\frac{\phi_h}{1-\phi_h}}$$

$$MC_{N,t}(j) = \left(\frac{1}{1-\phi_N}\right)\left(\frac{1}{A_{N,t}}\right)^{\frac{1}{1-\phi_N}}\left(\frac{1}{\alpha_N}\right)^{\alpha_N}\left(\frac{1}{1-\alpha_N}\right)^{1-\alpha_N}$$

$$\left(\frac{W_t}{P_{N,t}(j)}\right)^{1-\alpha_N}\left(\frac{R_t^k}{P_{N,t}(j)}\right)^{\alpha_N}\left(\frac{G_{N,t}(j)}{Y_{N,t}(j)}\right)^{-\frac{\phi_N}{1-\phi_N}} \tag{17}$$

其中，w_t、r_t^k、$MC_{h,t}^R(\equiv MC_{h,t}/P_{h,t})$、$MC_{N,t}^R(\equiv MC_{N,t}/P_{N,t})$ 分别是实际工资、实际资本租金率、贸易品生产实际边际成本和非贸易品生产实际边际成本。由于存在全国性统一的劳动市场和资本市场，因此，实际工资在跨企业之间是一致，进而实际边际成本在贸易和非贸易企业之间也是一致。对称均衡处，上述两种边际成本的对数线性化方程分别为：

$$\hat{mc}_{h,t} = (1-\alpha_h)\hat{w}_t + \alpha_h\hat{r}_t^k - \frac{\phi_h}{1-\phi_h}(\hat{g}_{h,t} - \hat{y}_{h,t})$$

$$+ (\omega_c - 1)\hat{q}_t + \gamma\hat{s}_t - \frac{1}{1-\phi_h}\hat{a}_{h,t} \tag{18}$$

$$\hat{mc}_{N,t} = (1-\alpha_N)\hat{w}_t + \alpha_N\hat{r}_t^k - \frac{\phi_N}{1-\phi_N}(\hat{g}_{N,t} - \hat{y}_{N,t})$$

$$+ \omega_c\hat{q}_t - \frac{1}{1-\phi_N}\hat{a}_{N,t} \tag{19}$$

5.2.1.2.2 价格设定

我们假定，每个时期 t，部门 $m(m=h,N)$ 内并非所有中间

品企业 j 都重新调整其产品价格。利用 $Calvo$(1983)框架,每个时期 t,有 $1-\theta_{mp}$ 部分企业可最优设定其产品价格,而其余 θ_{mp} 部分企业则按照下列方式针对上一期通货膨胀对其产品价格进行指数化调整:

$$P_{m,t}(j) = P_{m,t-1}(j)$$

面临这些约束,企业 i 重新设定其产品价格,并考虑未来许多时期内将不再重新设定该价格的概率。每个中间品企业 j 在服从最终品企业对其产品的需求,以及不设定价格时其产品价格的指数化调整公式下,以寻求其利润最大化问题:

$$\underset{\{P_{m,t}(i)\}}{\text{Max}} E_t \sum_{k=0}^{\infty} (\beta\theta_{mp})^k \frac{\lambda_{t+k}}{\lambda_t} \left\{ \left[\frac{P_{m,t+k}(j)}{P_{m,t+k}} - MC_{m,t+k} \right] Y_{m,t+k}(j) \right\}$$

(20)

$$\text{s. t.} \quad P_{m,t+k}(j) = P_{m,t+k-1}(j) = \cdots = P_{m,t}(j)$$

$$Y_{m,t+k}(j) = \left(\frac{P_{m,t+k}(j)}{P_{m,t+k}} \right)^{-\varepsilon_{mp}} Y_{m,t+k}$$

该最优问题的一阶条件 FOCs 为:

$$P_{m,t}(j) = \left(\frac{\varepsilon_{mp}}{\varepsilon_{mp}-1} \right) \frac{E_t \sum_{k=0}^{\infty} (\beta\theta_{mp})^k \lambda_{t+k} MC_{m,t+k} Y_{m,t+k}(j)}{E_t \sum_{k=0}^{\infty} (\beta\theta_{mp})^k \lambda_t \left(\frac{Y_{m,t+k}(j)}{P_{m,t+k}} \right)}$$

(21)

我们同样假定部门价格指数的演变法则为:

$$P_{m,t} = \left[\theta_{mp} \left(P_{m,t-1} \right)^{1-\varepsilon_{mp}} + \left(1 - \theta_{mp} \right) \left(P_{m,t}^* \right)^{1-\varepsilon_{mp}} \right]^{\frac{1}{1-\varepsilon_{mp}}}$$

在对称均衡处，$P_{m,t}(i) = P_{m,t}^*$。结合上述一阶条件和演变法则的对数线性方程，我们得到下列两个部门的菲利普斯方程（$m = h$, N）：

$$\hat{\pi}_{m,t} = \beta E_t \hat{\pi}_{m,t+1} + \frac{(1-\theta_{mp})(1-\beta\theta_{mp})}{\theta_{mp}} \hat{m}c_{m,t} \tag{22}$$

5.2.2 家庭部门

5.2.2.1 消费与储蓄决策

家庭部门分别为国内生产贸易品和非贸易品的两个生产部门提供劳动服务，并且家庭是每个部门中垄断企业的拥有者，它试图寻求下列终生效用函数的最大化：

$$\underset{\langle C_t(i), B_t(i) \rangle}{\mathrm{Max}} E_0 \left\{ \sum_{t=0}^{\infty} \beta^t U(C_t(i), L_t(i)) \right\} \tag{23}$$

这里，

$$U(C_t(i), L_t(i)) = \frac{e_t^c}{1-\sigma} \left((\widetilde{C}_t(i) - \psi L_t(i)^{\theta} X_t(i))^{1-\sigma} - 1 \right) \tag{24}$$

其中，$\widetilde{C}_t(i) \equiv C_t(i) - hC_{t-1}(i)$ 为有效消费，$X_t(i) \equiv \widetilde{C}_t(i)^{\gamma_x} X_{t-1}(i)^{1-\gamma_x}$ 为 $\widetilde{C}_t(i)$ 的平滑指数，而 e_t^c 则为需求冲击，且遵从一个对数线性的 $AR(1)$ 过程：

$$\hat{e}_t^c = \rho_{ec} \hat{e}_{t-1}^c + \hat{\varepsilon}_{c,t}$$

该最大化问题还服从下列家庭预算约束（实际变量表示）：

$$(1+\tau_t^c)C_t(i)+\frac{B_t(i)}{P_t}+\frac{e_t B_t^*(i)}{P_t}=(1-\tau_t^w)\frac{W_t(i)L_t(i)}{P_t}$$

$$+\frac{(1+r_{t-1})B_{t-1}(i)}{P_t}+\frac{(1+r_{t-1}^*)\phi(n\hat{f}a_{t-1})e_t B_{t-1}^*(i)}{P_t}$$

$$+(1-\tau_t^k)\frac{R_t^k}{P_t}K_t(i)-\frac{P_{Tt}I_{Tt}(i)}{P_t}+\frac{T_t(i)}{P_t}+\sum_m\Gamma_{mt}(i)$$

$$(25)$$

其中,$\tilde{C}_t(i)$ 是家庭 i 的有效消费,$C_t(i)$ 是家庭 i 的个人消费, $B_t(i)$ 是家庭 i 所持名义债券,$B_t^*(i)$ 是家庭 i 所持国外名义债券,$W_t(i)$ 是家庭 i 提供单位劳动所获的名义工资,$L_t(i)$ 是家庭 i 所提供的劳动,$K_t(i)$ 是家庭 i 所拥有的资本,$I_{T,t}(i)$ 是家庭 i 所进行的投资,$T_t(i)$ 是家庭 i 所获得的净的政府转移支付,而 $\Gamma_{mt}(i)$ 则表示家庭 i 在部门 $m=h$,N 所获得的利润。

并且,资本存量 $K_t(i)$ 按下列演变法则累积:

$$K_t(i)=(1-\delta)K_{t-1}(i)+e_{i,t}\phi\left(\frac{I_{T,t}(i)}{I_{T,t-1}(i)}\right)I_{T,t}(i)\quad(26)$$

其中,δ 是物质资本折旧率,而 $\phi(\cdot)$ 是投资调整成本,它是一个递增的凸函数。

此外,我们假定劳动在各部门之间是完全流动的,这表明:在各个部门之间拥有共同的名义工资率。但是,家庭对其劳动拥有垄断定价能力,即工资设定权利,见下一节关于家庭的工资决策。

建立拉格朗日函数:

$$L = E_0 \sum_{t=0}^{\infty} \beta^t \left\{ \begin{array}{l} \left[\dfrac{e_t^c}{1-\sigma} ((\tilde{C}_t(i) - \psi L_t(i)^\theta X_t(i))^{1-\sigma} - 1) \right] \\[2em] + \lambda_t \left[\begin{array}{l} (1-\tau_t^w) \dfrac{W_t(i) L_t(i)}{P_t} - (1+\tau_t^c) C_t(i) \\[1em] + (1-\tau_t^k) \dfrac{R_t^k}{P_t} K_t(i) - \dfrac{P_{T,t} I_{T,t}(i)}{P_t} \\[1em] + \dfrac{(1+r_{t-1}) B_{t-1}(i)}{P_t} - \dfrac{B_t(i)}{P_t} \\[1em] + \dfrac{(1+r_{t-1}^*) \phi(\hat{nfa}_{t-1}) e_t B_{t-1}^*(i)}{P_t} \\[1em] - \dfrac{e_t B_t^*(i)}{P_t} + \dfrac{T_t(i)}{P_t} + \sum_m \Gamma_{mt}(i) \end{array} \right] \\[6em] + Q_t \left[\begin{array}{l} (1-\delta) K_{t-1}(i) + \\[0.5em] e_{i,t} \phi \left(\dfrac{I_{T,t}(i)}{I_{T,t-1}(i)} \right) I_{T,t}(i) - K_t(i) \end{array} \right] \end{array} \right\}$$

上述最优问题中关于 $C_t(i)$、$B_t(i)$、$B_t^*(i)$、$K_t(i)$、$I_{T,t}(i)$ 的一阶条件分别为(FOCs):

$$\frac{\partial L}{\partial C_t(i)} = 0 : \beta^t e_t^c (\tilde{C}_t(i) - \psi N_t(i)^\theta X_{t-1}(i))^{-\sigma}$$

$$\left(\frac{\partial \tilde{C}_t(i)}{\partial C_t(i)} - \psi N_t(i)^\theta \frac{\partial X_t(i)}{\partial C_t(i)} \right) - \beta^t \lambda_t (1+\tau_t^c) = 0$$

$$\Rightarrow \lambda_t (1+\tau_t^c) = e_t^c (\tilde{C}_t(i) - \psi N_t(i)^\theta X_t(i))^{-\sigma}$$

$$(1 - \psi N_t(i)^\theta \gamma_x \tilde{C}_t(i)^{\gamma_x - 1} X_{t-1}(i)^{1-\gamma_x})$$

$$\Rightarrow \lambda_t (1+\tau_t^c) (\tilde{C}_t(i) - \psi N_t(i)^\theta X_t(i))^\sigma$$

$$= e_t^c (1 - \psi N_t(i)^\theta \gamma_x (X_{t-1}(i) / \tilde{C}_t(i))^{1-\gamma_x})$$

$$\frac{\partial L}{\partial B_t(i)} = 0 : -\beta^t \lambda_t \frac{1}{(1+r_t)P_t} + \beta^{t+1} E_t \left\{ \lambda_{t+1} \frac{1}{P_{t+1}} \right\} = 0$$

$$\Rightarrow \beta E_t \left\{ \frac{\lambda_{t+1}}{\lambda_t} \frac{(1+r_t)P_t}{P_{t+1}} \right\} = 1 \Rightarrow \beta E_t \left\{ \frac{\lambda_{t+1}}{\lambda_t} \frac{(1+r_t)}{\pi_{t+1}} \right\} = 1.$$

$$\frac{\partial L}{\partial B_t^*(i)} = 0 : -\beta^t \lambda_t + \beta^{t+1} E_t \left\{ \lambda_{t+1}(1+r_t^*)\phi_t(n\hat{f}a_t) \frac{1}{\pi_{t+1}} \frac{e_{t+1}}{e_t} \right\} = 0$$

$$\Rightarrow \beta E_t \left\{ \frac{\lambda_{t+1}}{\lambda_t} \phi_t(n\hat{f}a_t) \frac{(1+r_t^*)}{\pi_{t+1}} \frac{e_{t+1}}{e_t} \right\} = 1$$

$$\frac{\partial L}{\partial I_{T,t}(i)} = 0 : e_{i,t} Q_t^k \left(1 - \phi\left(\frac{I_{T,t}(i)}{I_{T,t-1}(i)} \right) \right)$$

$$- e_{i,t} Q_t^k \phi'\left(\frac{I_{T,t}(i)}{I_{T,t-1}(i)} \right) \frac{I_{T,t}(i)}{I_{T,t-1}(i)}$$

$$= -\beta \frac{\lambda_{t+1}}{\lambda_t} e_{i,t+1} Q_{t+1}^k \phi'\left(\frac{I_{T,t+1}(i)}{I_{T,t}(i)} \right) \frac{I_{T,t+1}^2(i)}{I_{T,t}^2(i)} + \frac{q_t}{h(q_t)}$$

$$\frac{\partial L}{\partial K_{t+1}(i)} = 0 : Q_t^k = \beta \frac{\lambda_{t+1}}{\lambda_t}(1-\delta)Q_{t+1}^k + \beta \frac{\lambda_{t+1}}{\lambda_t}(1-\tau_{t+1}^k)r_{t+1}^k$$

这里,利用了 $\frac{\partial \widetilde{C}_t(i)}{\partial C_t(i)} = 1$ 以及

$$\frac{\partial X_t(i)}{\partial C_t(i)} = \frac{\partial X_t(i)}{\partial \widetilde{C}_t(i)} \frac{\partial \widetilde{C}_t(i)}{\partial C_t(i)} = \gamma_x \widetilde{C}_t(i)^{\gamma_x - 1} X_{t-1}(i)^{1-\gamma_x}$$

$$= \gamma_x (X_{t-1}(i)/\widetilde{C}_t(i)),$$

并且 $Q_t^k \equiv \frac{Q_t}{\lambda_t}$ 是资产价格,即托宾 Q,而 Q_t 为资本演化方程约束的拉格朗日乘子,λ_t 为家庭预算约束的拉格朗日乘子,$\pi_t(\equiv P_t/P_{t-1})$ 为通货膨胀。

在对称性均衡处 $(C_t(i) = C_t$,$B_t(i) = B_t$,$B_t^*(i) = B_t^*)$,

令 $V_t \equiv \tilde{C}_t - \psi N_t^\theta X_t$，我们最终得到：

$$\hat{\tilde{c}}_t = \frac{1}{1-h}\hat{c}_t - \frac{h}{1-h}\hat{c}_{t-1}$$

$$\hat{x}_t = \gamma_x \left(\frac{1}{1-h}\hat{c}_t - \frac{h}{1-h}\hat{c}_{t-1}\right) + (1-\gamma_x)\hat{x}_{t-1}$$

$$\hat{v}_t = \left(\frac{1}{1-\psi N^\theta}\right)\hat{\tilde{c}}_t - \left(\frac{\psi N^\theta}{1-\psi N^\theta}\right)(\theta\hat{n}_t + \hat{x}_t)$$

$$\hat{\lambda}_t = \left(\frac{\psi\gamma_x N^\theta}{1-\psi\gamma_x N^\theta}\right)((1-\gamma_x)\hat{\tilde{c}}_t - (1-\gamma_x)\hat{x}_{t-1}$$

$$-\theta\hat{n}_t) - \left(\frac{\tau}{1+\tau}\right)\hat{\tau}_t - \sigma\hat{v}_t + \hat{\mu}_{c,t}$$

$$\hat{\lambda}_t = E_t\{\hat{\lambda}_{t+1}\} + (\hat{r}_t - E_t\{\hat{\pi}_{t+1}\})$$

$$\hat{s}_{t-1} = \hat{s}_t + (\hat{r}_{t-1}^* - \hat{\pi}_t^*) - (\hat{r}_{t-1} - \hat{\pi}_{H,t}) - \kappa n\hat{f}a_{t-1} + \hat{\mu}_t^\phi$$

$$\hat{i}_{T,t} = \frac{\beta}{1+\beta}E_t\hat{i}_{T,t+1} + \frac{1}{1+\beta}\hat{i}_{T,t-1}$$

$$+ \frac{1}{(1+\beta)\phi''(1)}[\hat{q}_t^k - (1-\omega_c)\hat{q}_t + \hat{e}_{i,t}]$$

$$\hat{q}_t^k = \beta(1-\delta)E_t\hat{q}_{t+1}^k$$

$$+ (1-\beta(1-\delta))E_t(\hat{r}_{t+1}^k - \frac{\tau^k}{1-\tau^k}\hat{\tau}_{t+1}^k) - (\hat{r}_t - E_t\hat{\pi}_{t+1})$$

此外、在对称性均衡处，资本演变方程为：

$$K_t = (1-\delta)K_{t-1} + e_{i,t}\phi\left(\frac{I_{T,t}}{I_{T,t-1}}\right)I_{T,t}$$

则有

$$\hat{k}_t = (1-\delta)\hat{k}_{t-1} + \delta(\hat{i}_{T,t} + \hat{e}_{i,t})$$

而 $I_{T,t} = \omega_i \left(\dfrac{P_{T,t}}{P_{i,t}}\right)^{-\rho} I_t = \omega_i \left(\dfrac{q_t}{k(q_t)}\right)^{-\rho} I_t$，其数线性化为：

$$\hat{i}_{T,t} = \hat{i}_t - \rho(\hat{q}_t - \hat{k}(q_t))$$
$$= \hat{i}_t - \rho(1-\omega_i)\hat{q}_t$$

5.2.2.2　工资决策与劳动供给

家庭 i 是国内贸易品与非贸易品中间生产商的劳动提供者，它拥有对这两部门劳动供给的垄断权，因此，它可在服从由参数 ε_w 所确定的各不同劳动之间的替代性下，设定其自身工资 $W_t(i)$。

我们假定存在一个劳动加总者，它利用下列技术将来自各个家庭所提供的劳动 $L_t(i)$ 加总为同质的总劳动 L_t，并提供给两个部门的中间品生产企业：

$$L_t = \left[\int_0^1 L_t(i)^{\frac{\varepsilon_w-1}{\varepsilon_w}} di\right]^{\frac{\varepsilon_w}{\varepsilon_w-1}}$$

其中，$L_t(i)$ 是家庭 i 提供的劳动，L_t 是总的劳动供给。

劳动加总者所面临的最大化问题如下：

$$\underset{\{L_t(i)\}}{\text{Max}} \left[W_t L_t - \int_0^1 W_t(i) L_t(i) di\right]$$

并服从上式。该最大化问题的一阶条件给出了中间企业对家庭 i 劳动的需求：

$$L_t(i) = \left(\frac{W_t(i)}{W_t}\right)^{-\varepsilon_w} L_t$$

并且

$$W_t = \left[\int_0^1 W_t(i)^{1-\varepsilon_w} di \right]^{\frac{1}{1-\varepsilon_w}}$$

我们还假定在每个时期 t，不是所有家庭都最优重新调整其工资。利用 Calvo(1983)框架，每个时期 t，有 $1-\theta_w$ 部分家庭可最优设定其工资，而其余 θ_w 部分家庭则按照下列方式针对上一期通货膨胀对其工资进行指数化调整：

$$W_t(i) = W_{t-1}(i)$$

面临这些约束，家庭 i 重新设定其工资，并考虑未来许多时期内将不再重新设定其工资的概率。每个家庭寻求下列最大化问题，并服从中间品企业对家庭 i 的劳动需求，以及不设定工资时家庭 i 的工资指数化调整公式：

$$\underset{\langle W_t(i) \rangle}{\text{Max}} E_t \sum_{k=0}^{\infty} (\beta\theta_w)^k \left[U(C_{t+k}(i), L_{t+k}(i)) \right] \qquad (27)$$

且

$$U(C_{t+k}(i), L_{t+k}(i)) =$$

$$\frac{e_{t+k}^c}{1-\sigma} \left((\tilde{C}_{t+k}(i) - \phi L_{t+k}(i)^\theta X_{t+k}(i))^{1-\sigma} - 1 \right) \qquad (28)$$

$$s.t. \quad \tilde{C}_{t+k}(i) \equiv C_{t+k}(i) - hC_{t+k-1}(i)$$

$$W_{t+k}(i) = W_{t+k-1}(i) = \cdots = W_t(i)$$

$$L_{t+k}(i) = \left(\frac{W_{t+k}(i)}{W_{t+k}} \right)^{-\varepsilon_w} L_{t+k} = \left(\frac{W_t(i)}{W_{t+k}} \right)^{-\varepsilon_w} L_{t+k}$$

$$(1+\tau_{t+k}^c)C_{t+k}(i) + \frac{B_{t+k}(i)}{P_{t+k}} + \frac{M_{t+k}(i)}{P_{t+k}} =$$

$$(1-\tau_{t+k}^w) \frac{W_{t+k}(i)L_{t+k}(i)}{P_{t+k}} + \frac{(1+r_{t+k-1})B_{t+k-1}(i)}{P_{t+k}} + \frac{M_{t+k-1}(i)}{P_{t+k}}$$

$$+ (1 - \tau_{t+k}^k) \frac{R_{t+k}^k}{P_{t+k}} K_{t+k}(i) - \frac{P_{T, t+k} I_{T, t+k}(i)}{P_{t+k}}$$

$$+ \frac{T_{t+k}(i)}{P_{t+k}} + \frac{1}{P_{t+k}} \sum_m \Gamma_{m, t+k}.$$

于是有一阶条件 FOCs：

$$\sum_{k=0}^{\infty} (\beta \theta_w)^k \left[U_{C, t+k} \frac{\partial C_{t+k}}{\partial W_t(i)} + U_{L, t+k} \frac{\partial L_{t+k}}{\partial W_t(i)} \right] = 0 \quad (29)$$

其中，

$$U_{C, t+k} \equiv \frac{\partial U_{t+k}(\cdot)}{\partial C_{t+1}(i)} = \frac{\partial U(C_{t+k}(i), L_{t+k}(i))}{\partial C_{t+k}(i)}$$

$$= \frac{e_{t+k}^c}{\widetilde{C}_{t+k}(i) - b\widetilde{C}_{t+k-1}}.$$

$$U_{L, t+k} \equiv \frac{\partial U_{t+k}(\cdot)}{\partial L_{t+1}(i)} = \frac{\partial U(C_{t+k}(i), L_{t+k}(i))}{\partial L_{t+k}(i)} = -e_{t+k}^l L_{t+k}^{\psi}(i).$$

$$\frac{\partial C_{t+k}(i)}{\partial W_t(i)} = \frac{1}{1+\tau_{t+k}^c} \left((1 - \tau_{t+k}^w) \frac{L_{t+k}(i)}{P_{t+k}} \frac{\partial W_{t+k}(i)}{\partial W_t(i)} \right.$$

$$\left. + (1 - \tau_{t+k}^w) \frac{W_{t+k}(i)}{P_{t+k}} \frac{\partial L_{t+k}(i)}{\partial W_t(i)} \right).$$

$$= \frac{1}{1+\tau_{t+k}^c} \left((1 - \tau_{t+k}^w) \frac{L_{t+k}(i)}{P_{t+k}} \right.$$

$$\left. + (1 - \tau_{t+k}^w)(-\varepsilon_w) \frac{W_{t+k}(i)}{P_{t+k}} \frac{L_{t+k}(i)}{W_t(i)} \right).$$

$$= (1 - \varepsilon_w) \left(\frac{1 - \tau_{t+k}^w}{1 + \tau_{t+k}^c} \right) \left(\frac{L_{t+k}(i)}{P_{t+k}} \right).$$

其中利用了

$$\frac{\partial W_{t+k}(i)}{\partial W_t(i)} = 1, \quad \frac{\partial L_{t+k}(i)}{\partial W_t(i)} = (-\varepsilon_w)\frac{L_{t+k}(i)}{W_t(i)}$$

最终得到下列一阶条件:

$$\sum_{k=0}^{\infty} (\beta\theta_w)^k \left\{ U_{C,\,t+k} L_{t+k}(i)\frac{1}{W_{t+K}(i)}\left[\begin{matrix}\left(\dfrac{1-\tau_{t+k}^w}{1+\tau_{t+k}^c}\right)\left(\dfrac{W_{t+K}(i)}{P_{t+k}}\right)\\ -M_s MRS_{t+k}(i)\end{matrix}\right]\right\} = 0$$

其中,$M_s \equiv \dfrac{\varepsilon_w}{\varepsilon_w - 1}$ 为工资加成率,而 $MRS_{t+k}(i) \equiv -\dfrac{U_{L,\,t+k}}{U_{C,\,t+k}} = e_{t+k}^l e_{t+k}^{-c}(\widetilde{C}_{t+k}(i) - h\widetilde{C}_{t+k-1}) L_{t+k}^{\psi}(i)$ 则是家庭 i 的劳动与消费的边际替代率。

我们假定名义总工资 W_t 的演变法则为:

$$W_t = \left[\theta_w(W_{t-1})^{1-\varepsilon_w} + (1-\theta_w)(W_t^*)^{1-\varepsilon_w}\right]^{\frac{1}{1-\varepsilon_w}}$$

由于对称性均衡下,$W_t(i) = W_t^*$。联合上述一阶条件和演变法则的对数线性方程,我们得到下列关于实际工资的动态方程:

$$\hat{w}_t = \frac{\beta}{1+\beta}E_t\hat{w}_{t+1} + \frac{1}{1+\beta}\hat{w}_{t-1} + \frac{\beta}{1+\beta}E_t\hat{\pi}_{t+1} - \frac{1}{1+\beta}\hat{\pi}_t$$

$$+ \lambda_w\left(m\hat{r}s_t - \hat{w}_t + \frac{\tau^w}{1-\tau^w}\hat{\tau}_t^w + \frac{\tau^c}{1+\tau^c}\hat{\tau}_t^c\right). \tag{30}$$

其中,$m\hat{r}s_t = \left((\theta-1) + \theta\dfrac{\psi\gamma_x N^\theta}{1-\psi\gamma_x N^\theta}\right)\hat{n}_t + \left(\dfrac{\psi\gamma_x N^\theta}{1-\psi\gamma_x N^\theta}\right)((1-\gamma_x)\hat{x}_{t-1} - (1-\gamma_x)\hat{\tilde{c}}_t)$,$\lambda_w \equiv \dfrac{(1-\theta_w)(1-\theta_w\beta)}{\theta_w(1+\beta)}$。

5.2.3　相对价格

5.2.3.1　贸易条件、实际汇率与贸易消费品相对价格

我们将进口品与国内贸易品的相对价格定义为贸易条件（terms of trade）s_t：

$$s_t \equiv \frac{P_{f,t}}{P_{h,t}}$$

其线性化,得到:

$$\hat{s}_t = \hat{p}_{f,t} - \hat{p}_{h,t} \tag{31}$$

同时,我们将贸易品与国内贸易品的相对价格定义为 $g(s_t)$：

$$\frac{P_{T,t}}{P_{h,t}} = \left[(1-\gamma) + \gamma s_t^{1-\eta} \right]^{\frac{1}{1-\eta}} \equiv g(s_t) \tag{32}$$

并且, $g'(s_t) > 0$。我们还将贸易品与国内非贸易品的相对价格定义为 q_t：

$$q_t \equiv \frac{P_{T,t}}{P_{N,t}} = g(s_t) q_{h,t} \tag{33}$$

其中, $q_{h,t} \equiv \dfrac{P_{h,t}}{P_{N,t}}$ 是国内贸易品与国内非贸易品的相对价格,即部门相对价格。我们将消费品与非贸易品的相对价格 $h(q_t)$ 定义为:

$$\frac{P_t}{P_{N,t}} = \left[(1-\omega_c) + \omega_c q_t^{1-\rho} \right]^{\frac{1}{1-\rho}} \equiv h(q_t) \tag{34}$$

并且, $h'(q_t) > 0$。我们将政府购买品与非贸易品的相对价格 $f(q_t)$ 定义为:

$$\frac{P_{g,t}}{P_{N,t}} = \left[(1-\omega_g)+\omega_g q_t^{1-\rho}\right]^{\frac{1}{1-\rho}} \equiv f(q_t) \tag{35}$$

并且，$f'(q_t)>0$。我们将投资品与非贸易品的相对价格 $k(q_t)$ 定义为：

$$\frac{P_{i,t}}{P_{N,t}} = \left[(1-\omega_i)+\omega_i q_t^{1-\rho}\right]^{\frac{1}{1-\rho}} \equiv k(q_t) \tag{36}$$

并且，$k'(q_t)>0$。我们将实际汇率(real exchange rate) e_t^r 定义为国内外私人消费品的相对价格：

$$e_t^r \equiv \frac{e_t P_t^*}{P_t} \tag{37}$$

其中，e_t 为名义汇率。对数线性化该式，得到：

$$\hat{e}_t^r = \hat{e}_t + \hat{p}_t^* - \hat{p}_t \tag{38}$$

本文还假定一价定律成立，即是：

$$P_{T,t}=e_t P_{T,t}^*, \ P_{h,t}=e_t P_{h,t}^*, \ P_{f,t}=e_t P_{f,t}^*$$

对数线性化该式，得到：

$$\hat{e}_t = \hat{p}_{T,t} - \hat{p}_{T,t}^* = \hat{p}_{f,t} - \hat{p}_{f,t}^* = \hat{p}_{h,t} - \hat{p}_{h,t}^*$$

于是有：

$$\hat{e}_t^r = \hat{e}_t + \hat{p}_t^* - \hat{p}_t = (1-\omega_c)(\hat{q}_t - \hat{q}_t^*). \tag{39}$$

通过上述定义与定律，我们将实际汇率 e_t^r 与国内外消费贸易品的相对价格 q_t 和 q_t^*，以及贸易条件 s_t 联系起来：

$$e_t^r = \frac{e_t P_t^*}{P_t} = e_{T,t}^r \times e_{N,t}^r \tag{40}$$

其中，$e^r_{T,t}$ 和 $e^r_{N,t}$ 分别为贸易品实际汇率和非贸易品的跨国相对价格之比，它们的定义分别是：

$$e^r_{T,t} \equiv \frac{e_t P^*_{T,t}}{P_{T,t}} = \frac{s_t}{g(s_t)}$$

$$e^r_{N,t} \equiv \frac{P_{T,t}/P_t}{P^*_{T,t}/P^*_t} = \frac{q_t/h(q_t)}{q^*_t/h(q^*_t)} \tag{41}$$

这里，$h(q^*_t)$ 定义为：

$$h(q^*_t) \equiv [(1-\omega^*_c) + \omega^*_c (q^*_t)^{1-\rho}]^{\frac{1}{1-\rho}} = \frac{P^*_t}{P^*_{N,t}}$$

我们通常假定 $\omega^*_c = \omega_c$。而 q^*_t 则定义为：

$$q^*_t \equiv P^*_{T,t}/P^*_{N,t} = q^*_{f,t} \frac{g(s_t)}{s_t}$$

其中，$q^*_{f,t} \equiv P^*_{f,t}/P^*_{N,t}$ 是外币所表示的国外进口贸易与非贸易品之间的相对价格（类似国内的 $q_{h,t}$）。该式线性化后得到：

$$\hat{q}^*_t = \hat{q}^*_{f,t} + \hat{g}(s_t) - \hat{s}_t$$
$$= (\gamma-1)\hat{s}_t + \hat{q}^*_{f,t} \tag{42}$$

我们假定 q^*_{ft} 是外生演变的，服从一个 AR(1) 的外生过程。

$$\ln q^*_{f,t} = (1-\rho_f)\ln q^*_f + \rho_f \ln q^*_{f,t-1} + \hat{\varepsilon}_{f,t}$$

5.2.3.2 通货膨胀与相对价格

我们可以将贸易品与非贸易品的相对通货膨胀表示为：

$$\frac{q_t}{q_{t-1}} = \frac{\pi_{T,t}}{\pi_{N,t}}$$

其中，$\pi_{T,t} \equiv P_{T,t}/P_{T,t-1}$，$\pi_{N,t} \equiv P_{N,t}/P_{N,t-1}$。接下来，贸易品

通货膨胀可将贸易条件与国内贸易品通货膨胀联系起来：

$$\pi_{T,\,t} = \frac{g(s_t)}{g(s_{t-1})}\pi_{h,\,t} \tag{43}$$

最后，我们可以将 CPI 通胀写为：

$$\pi_t = \frac{h(q_t)}{h(q_{t-1})}\pi_{N,\,t} \tag{44}$$

5.2.4　政府部门

政府部门主要是指实施宏观经济政策的财政部门和货币权力机构。财政政策主要包括：政府预算约束、政府支出，以及税收。而货币政策则主要指央行所实施的政策规则。

5.2.4.1　财政政策

财政当局的流动性预算约束可表示为：

$$G_t + \frac{(1+r_{t-1})B_{t-1}}{P_{g,\,t}} = \tau_t^c \frac{P_t C_t}{P_{g,\,t}} + \tau_t^k \frac{P_t r_t^k K_t}{P_{g,\,t}} + \tau_t^w \frac{W_t L_t}{P_{g,\,t}} + \frac{B_t}{P_{g,\,t}} \tag{45}$$

于是有

$$G_t + \frac{(1+r_{t-1})B_{t-1}}{P_{t-1}}\frac{P_{t-1}}{P_t}\frac{P_t}{P_{gt}}$$

$$= \tau_t^c \frac{P_t}{P_{gt}}C_t + \tau_t^k r_t^k \frac{P_t}{P_{gt}}K_t + \tau_t^w \frac{W_t}{P_t}\frac{P_t}{P_{gt}}L_t + \frac{B_t}{P_t}\frac{P_t}{P_{gt}}$$

令 $b_t \equiv \dfrac{B_t}{P_t}, w_t \equiv \dfrac{W_t}{P_t}, \pi_t \equiv \dfrac{P_t}{P_{t-1}}$，并且

$$\frac{P_t}{P_{gt}} = \frac{P_t}{P_{Nt}}\frac{P_{Nt}}{P_{gt}} = h(q_t)\frac{1}{f(q_t)}$$

其中

$$f(q_t) \equiv \frac{P_{gt}}{P_{Nt}} = \left[(1-\omega_g) + \omega_g q_t^{1-\rho}\right]^{\frac{1}{1-\rho}}, f'(q_t) > 0.$$

我们得到：

$$G_t + b_{t-1} \frac{1+r_{t-1}}{\pi_t} \frac{h(q_t)}{f(q_t)} = \tau_t^c C_t \frac{h(q_t)}{f(q_t)}$$

$$+ \tau_t^k r_t^k K_t \frac{h(q_t)}{f(q_t)} + \tau_t^l w_t L_t \frac{h(q_t)}{f(q_t)} + b_t \frac{h(q_t)}{f(q_t)}$$

整理后为：

$$\frac{f(q_t)}{h(q_t)} G_t + \frac{1+r_{t-1}}{\pi_t} b_{t-1} = \tau_t^c C_t + \tau_t^k r_t^k K_t + \tau_t^l w_t L_t + b_t$$

线性化为：

$$\frac{b}{Y}\hat{b}_t = \frac{1}{\beta}\frac{b}{Y}(\hat{b}_{t-1} + \hat{r}_{t-1} - \hat{\pi}_t) + \frac{G}{Y}(\hat{g}_t + (\omega_g - \omega_c)\hat{q}_t)$$

$$- \frac{\tau^c C}{Y}(\hat{c}_t + \hat{\tau}_t^c) - \frac{\tau^k r^k K}{Y}(\hat{\tau}_t^k + \hat{r}_t^k + \hat{k}_t) \qquad (46)$$

$$- \frac{\tau^l w L}{Y}(\hat{w}_t + \hat{l}_t + \hat{\tau}_t^l)$$

其中，b，C，w，L，K，G，τ^c，τ^l，τ^k，r^k 分别为各自对应变量的稳态值，并且政府总支出 G_t 为：

$$P_{g,t} G_t = P_{N,t} G_{N,t} + P_{T,t} G_{T,t}$$

$$G_t = \left(\frac{P_{N,t}}{P_{g,t}}\right) G_{N,t} + \left(\frac{P_{T,t}}{P_{g,t}}\right) G_{T,t} \qquad (47)$$

$$= \left(\frac{P_{N,t}}{P_{g,t}}\right) G_{N,t} + \frac{1}{1-\gamma}\left(\frac{P_{T,t}}{P_{g,t}}\right)\left(\frac{P_{h,t}}{P_{T,t}}\right)^{\eta} G_{h,t}$$

其中，$G_{h,t} = (1-\gamma)\left(\dfrac{P_{h,t}}{P_{T,t}}\right)^{-\eta}\omega_g\left(\dfrac{P_{T,t}}{P_{g,t}}\right)^{-\rho}G_t$，$G_{N,t} = (1-\omega_g)$
$\left(\dfrac{P_{N,t}}{P_{g,t}}\right)^{-\rho}G_t$

围绕其稳态：$G = G_N + G_T = G_N + (1/(1-\gamma))G_h$，线性化为：

$$\hat{g}_t = (1-\omega_g)\hat{g}_{N,t} + \omega_g\hat{g}_{h,t} - \omega_g\hat{q}_t + (1-\eta)\gamma\omega_g\hat{s}_t + \omega_g\hat{q}_{h,t} \tag{48}$$

其中，政府支出 $\hat{g}_{N,t}$ 和 $\hat{g}_{h,t}$ 分别服从下列对数线性化内生法则：

$$\hat{g}_{h,t} = h_{hg}\hat{g}_{h,t-1} + (1-h_{hg})(-\psi_{hg}\hat{y}_t - \phi_{hg}\hat{b}_{t-1} + \hat{u}_{hg,t}),$$
$$\hat{u}_{hg,t} = \rho_{hg}\hat{u}_{hg,t-1} + \hat{\varepsilon}_{hg,t}, \quad \hat{\varepsilon}_{hg,t} \sim i.i.d - N(0,1)$$
$$\hat{g}_{N,t} = h_{Ng}\hat{g}_{N,t-1} + (1-h_{Ng})(-\psi_{Ng}\hat{y}_t - \phi_{Ng}\hat{b}_{t-1} + \hat{u}_{Ng,t}),$$
$$\hat{u}_{Ng,t} = \rho_{Ng}\hat{u}_{Ng,t-1} + \hat{\varepsilon}_{Ng,t}, \quad \hat{\varepsilon}_{Ng,t} \sim i.i.d - N(0,1) \tag{49}$$

消费税税率、资本收入税税率和工资收入税税率则均服从一个内生随机过程：

$$\hat{\tau}_t^c = \psi_{\tau_c}\hat{y}_t + \phi_{\tau_c}\hat{b}_{t-1} + \hat{e}_{\tau ct}, \quad \hat{e}_{\tau ct} = \rho_{\tau c}\hat{e}_{\tau ct-1} + \hat{\varepsilon}_{\tau c,t}$$
$$\hat{\tau}_t^k = \psi_{\tau_k}\hat{y}_t + \phi_{\tau_k}\hat{b}_{t-1} + \hat{e}_{\tau kt}, \quad \hat{e}_{\tau kt} = \rho_{\tau k}\hat{e}_{\tau kt-1} + \hat{\varepsilon}_{\tau k,t}$$
$$\hat{\tau}_t^w = \psi_{\tau_w}\hat{y}_t + \phi_{\tau_w}\hat{b}_{t-1} + \hat{e}_{\tau wt}, \quad \hat{e}_{\tau wt} = \rho_{\tau_w}\hat{e}_{\tau wt-1} + \hat{\varepsilon}_{\tau w,t}$$

这里，$\hat{\varepsilon}_{hg,t}$，$\hat{\varepsilon}_{Ng,t}$，$\hat{\varepsilon}_{\tau c,t}$，$\hat{\varepsilon}_{\tau k,t}$，$\hat{\varepsilon}_{\tau wt}$ 分别是对政府贸易品支出、政府非贸易品支出、消费税税率、资本收入税税率和工资收入税税率的一种外生冲击，它们都分别服从一个 $i.i.d.$ 的正态分布。

5.2.4.2 货币政策

根据刘斌(2010)的做法，货币当局按照对数线性形式遵从一个简单的反馈法则设定名义利率 $\hat{r}_t$：

$$\hat{r}_t = \rho_R \hat{r}_{t-1} - (1-\rho_R)(\phi_\pi \hat{\pi}_{t+1} + \phi_y \hat{y}_t) + \hat{\varepsilon}_{r,t} \qquad (50)$$

其中,$\hat{\varepsilon}_{r,t}$ 是对利率的一种冲击,它服从一个独立同分布的正态分布。货币当局主要通过相关的货币政策工具来管理 CPI 通胀以及产出,从而使宏观经济平稳增长,以实现经济目标。

5.2.5 市场出清条件

5.2.5.1 劳动市场出清条件

劳动市场均衡要求来自贸易与非贸易品两个部门的劳动需求 $L_{h,t}$,$L_{N,t}$ 恰好就是家庭部门所提供的总的劳动量 L_t:

$$L_t = L_{h,t} + L_{N,t}$$

其中,$L_{m,t} \equiv \int_0^1 L_{m,t}(j)dj$,$m=h$,$N$。该方程的线性化方程为:

$$\hat{l}_t = \left(\frac{L_h}{L}\right)\hat{l}_{h,t} + \left(1 - \frac{L_h}{L}\right)\hat{l}_{N,t} \qquad (51)$$

5.2.5.2 资本市场出清条件

资本市场均衡要求贸易与非贸易品两个部门的资本需求 K_{ht},K_{Nt} 恰好就是家庭部门所持有的总的资本存量 K_t:

$$K_t = K_{h,t} + K_{N,t}$$

其中,$K_{m,t} \equiv \int_0^1 K_{m,t}(j)dj$,$m=h$,$N$。该方程的线性化方程为:

$$\hat{k}_t = \left(\frac{K_h}{K}\right)\hat{k}_{h,t} + \left(1 - \frac{K_h}{K}\right)\hat{k}_{N,t} \qquad (52)$$

5.2.5.3 贸易品市场出清条件

贸易品市场出清条件为：

$$Y_{h,t}(j) = C_{h,t}(j) + I_{h,t}(j) + G_{h,t}(j) + EX_{h,t}(j) \quad (53)$$

其中，$Y_{h,t}(j) = \left(\dfrac{P_{h,t}(j)}{P_{h,t}}\right)^{-\varepsilon_p} Y_{h,t}$，$C_{h,t}(i) = \omega_c(1-\gamma)$

$\left(\dfrac{P_{h,t}(i)}{P_{h,t}}\right)^{-\varepsilon_p} \left(\dfrac{P_{h,t}}{P_{T,t}}\right)^{-\eta} \left(\dfrac{P_{T,t}}{P_t}\right)^{-\rho} C_t$，$I_{h,t}(i) = \omega_i(1-\gamma)$

$\left(\dfrac{P_{h,t}(i)}{P_{h,t}}\right)^{-\varepsilon_p} \left(\dfrac{P_{h,t}}{P_{T,t}}\right)^{-\eta} \left(\dfrac{P_{T,t}}{P_t}\right)^{-\rho} I_t$，$G_{h,t}(i) = \omega_g(1-\gamma)$

$\left(\dfrac{P_{h,t}(i)}{P_{h,t}}\right)^{-\varepsilon_p} \left(\dfrac{P_{h,t}}{P_{T,t}}\right)^{-\eta} \left(\dfrac{P_{T,t}}{P_{g,t}}\right)^{-\rho} G_t$，$EX_{h,t}(i) = \omega_c\gamma$

$\left(\dfrac{P_{h,t}(i)}{P_{h,t}}\right)^{-\varepsilon_p} \left(\dfrac{P^*_{f,t}}{P^*_{T,t}}\right)^{-\eta} \left(\dfrac{P^*_{T,t}}{P^*_t}\right)^{-\rho} C^*_t$

线性化贸易品市场出清条件，并利用对称性假设：$\omega^*_c = \omega_c$，我们整理并得到：

$$
\begin{aligned}
\hat{y}_{h,t} = &(1-\gamma)\omega_c\left(\frac{C}{Y_h}\right)\hat{c}_t + (1-\gamma)\omega_i\left(\frac{I}{Y_h}\right)\hat{i}_t \\
&+ (1-\gamma)\omega_g\left(\frac{G}{Y_h}\right)\hat{g}_t + \gamma\omega_c\left(\frac{C^*}{Y_h}\right)\hat{c}^*_t - \left(\omega_c(1-\omega_c)\left(\frac{C}{Y_h}\right)\right. \\
&\left. + \omega_i(1-\omega_i)\left(\frac{I}{Y_h}\right) + \omega_g(1-\omega_g)\left(\frac{G}{Y_h}\right)\right)(1-\gamma)\rho\hat{q}_t \\
&- \omega_c(1-\omega_c)\left(\frac{C^*}{Y_h}\right)\gamma\rho\hat{q}^*_t + \left((1-\gamma)\left(\omega_c\left(\frac{C}{Y_h}\right) + \omega_i\left(\frac{I}{Y_h}\right)\right.\right. \\
&\left.\left. + \omega_g\left(\frac{G}{Y_h}\right)\right) + (1+\gamma)\omega_c\left(\frac{C^*}{Y_h}\right)\right)\eta\gamma\hat{s}_t.
\end{aligned}
$$

$$(54)$$

5.2.5.4 非贸易品市场出清条件

非贸易品市场出清条件为:

$$Y_{N,t}(j) = C_{N,t}(j) + G_{N,t}(j) \tag{55}$$

同样,我们有:

$$Y_{N,t}(j) = (1-\omega_c)\left(\frac{P_{N,t}(j)}{P_{N,t}}\right)^{-\varepsilon_p}\left(\frac{P_{N,t}}{P_t}\right)^{-\rho}C_t$$
$$+ (1-\omega_g)\left(\frac{P_{N,t}(j)}{P_{N,t}}\right)^{-\varepsilon_p}\left(\frac{P_{N,t}}{P_{g,t}}\right)^{-\rho}G_t$$

并且:

$$Y_{N,t}(j) = \left(\frac{P_{N,t}(j)}{P_{N,t}}\right)^{-\varepsilon_p}Y_{N,t}$$

线性化非贸易品市场出清条件,我们得到:

$$\hat{y}_{N,t} = (1-\omega_c)\left(\frac{C}{Y_N}\right)\hat{c}_t + (1-\omega_g)\left(\frac{G}{Y_N}\right)\hat{g}_t$$
$$+ \left((1-\omega_c)\omega_c\left(\frac{C}{Y_N}\right) + (1-\omega_g)\omega_g\left(\frac{G}{Y_N}\right)\right)\rho\hat{q}_t. \tag{56}$$

5.2.5.5 总产出

我们将总产出定义为贸易品产出与非贸易品产出之和:

$$Y_t = \left(\frac{P_{h,t}}{P_t}\right)Y_{h,t} + \left(\frac{P_{N,t}}{P_t}\right)Y_{N,t} \tag{57}$$

其稳态为:

$$Y_t = Y_h + Y_N$$

围绕该稳态线性化上式,我们有:

$$\hat{y}_t = \left(\frac{Y_h}{Y}\right)\hat{y}_{h,t} + \left(\frac{Y_N}{Y}\right)\hat{y}_{N,t} + \left(\frac{Y_h}{Y}\right)(\hat{q}_t - \gamma\hat{s}_t) - \omega_c\hat{q}_t \quad (58)$$

5.2.5.6 贸易平衡条件

我们将净出口定义为国内产出与国内居民消费之差:

$$NX_t \equiv \frac{P_{h,t}}{P_t}Y_{h,t} - \left(\frac{P_{T,t}}{P_t}C_{T,t} + \frac{P_{T,t}}{P_t}I_{T,t} + \frac{P_{T,t}}{P_t}G_{T,t}\right).$$

$$= \frac{q_t}{h(q_t)}\left(\frac{1}{g(s_t)}Y_{h,t} - (C_{T,t} + I_{T,t} + G_{T,t})\right).$$

$$(59)$$

其中,NX_t 为实际净出口,$Y_{h,t}$ 为国内实际贸易品产出,$C_{T,t}$,$I_{T,t}$,$G_{T,t}$ 为贸易品的实际消费、实际投资与实际政府支出,并且有:

$$X_{Tt} = \omega_X \left(\frac{P_{Tt}}{P_{Xt}}\right)^{-\rho} X_t, \; X \in (C, I, G)$$

我们令 $\hat{nx}_t \equiv NX_t/Y$,于是,上式的线性化形式为:

$$\begin{aligned}
\hat{nx}_t &= \left(\frac{Y_h}{Y}\right)\hat{y}_{h,t} - \omega_c\left(\frac{C}{Y}\right)\hat{c}_t - \omega_i\left(\frac{I}{Y}\right)\hat{i}_t - \omega_g\left(\frac{G}{Y}\right)\hat{g}_t \\
&\quad + \left((1-\omega_c)\omega_c\left(\frac{C}{Y}\right) + (1-\omega_i)\omega_i\left(\frac{I}{Y}\right)\right. \\
&\quad + \left.(1-\omega_g)\omega_g\left(\frac{G}{Y}\right)\right)\rho\hat{q}_t - \left(\frac{Y_h}{Y}\right)\gamma\hat{s}_t.
\end{aligned} \quad (60)$$

5.2.5.7 国外净资产演化方程

我们将国外净资产演化方程写为:

$$\varepsilon_t NFA_t = (1+r^*_{t-1})\phi(n\hat{fa}_{t-1})\varepsilon_{t-1}NFA_{t-1} + P_t NX_t$$

则有

$$\frac{\varepsilon_t NFA_t}{P_t} = \frac{(1+r_{t-1}^*)}{\pi_t} \phi(n\hat{f}a_{t-1}) \frac{\varepsilon_{t-1} NFA_{t-1}}{P_{t-1}} + NX_t$$

其中，$NX_t \equiv \frac{P_{h,t}}{P_t} Y_{h,t} - \left(\frac{P_{T,t}}{P_t} C_{T,t} + \frac{P_{T,t}}{P_t} G_{T,t}\right)$

定义 $n\hat{f}a_t \equiv \frac{\varepsilon_t NFA_t}{YP_t}$，则有

$$Yn\hat{f}a_t = Y \frac{(1+r_{t-1}^*)}{\pi_t} \phi(n\hat{f}a_{t-1}) n\hat{f}a_{t-1} + NX_t$$

其中，$NX = 0$。线性化：

$$n\hat{f}a_t = (1+r^*)n\hat{f}a_{t-1} + \hat{nx}_t$$

又因为 $r = r^*$，$1 + r = 1/\beta$

$$n\hat{f}a_t = (1/\beta)n\hat{f}a_{t-1} + \hat{nx}_t \tag{61}$$

5.3 参数校准与矩匹配

5.3.1 参数校准

本文需要校准的参数大致分为家庭、企业、政府和市场均衡四部分。

首先，家庭部门参数校准。与国内大多数传统文献一样，我们将家庭的主观贴现因子 β 校准为 0.99，以对应于年平均实际利率为 4%。我们遵从刘斌（2008）将资本折旧率 δ 校准为 0.025，遵从 Monacelli & Perotti(2008)将 θ 校准为 1.25，遵从马勇和陈雨露(2014)将贸易开放度参数 γ 校准为 0.21，遵从梁红

梅和刘宇(2016)将消费税税率稳态 τ^c、劳动收入税税率稳态 τ^w、资本收入税税率稳态 τ^k 分别校准为 0.1299、0.0788、0.2463，根据 Monacelli & Perotti(2010)将贸易品与非贸易品替代弹性 ρ、私人消费品中贸易品所占的份额 ω_c、政府购买品中贸易品所占的份额 ω_g、私人投资品中贸易品所占的份额 ω_i 分别校准为 0.74、0.44、0.18、0.5，我们根据第一章的估计结果将消费习惯参数 h 校准为 0.5463。

其次，企业部门参数校准。我们遵从刘斌(2008、2010)将投资成本函数的二阶导数 $\phi''(1)$、国内贸易品与进口贸易品之间的替代弹性 η、贸易品生产企业价格调整黏性系数 θ_{hp}、非贸易品生产企业价格调整黏性系数 θ_{Np}、家庭工资调整黏性系数 θ_w 分别校准为 2.09、3.5、0.85、0.85、0.6，遵从李春吉和孟晓宏(2006)将各中间贸易品之间的替代弹性 ε_{hp} 和各中间非贸易品之间的替代弹性 ε_{Np} 均校准为 3.7，遵从 Iwata(2009)将各种劳动之间的替代弹性 ε_w 校准为 4，遵从 Berg，Portillo，Yang，Zanna(2013)将贸易品生产企业的资本产出弹性 α_h 和非贸易品生产企业的资本产出弹性 α_N 分别校准为 0.65、0.45，遵从 Linnemann and Schabert(2006)将政府支出的贸易品产出弹性 ϕ_h 和政府支出的非贸易品产出弹性 ϕ_N 均校准为 0.4。

然后，政府部门参数校准。我们遵从马勇(2013)将货币政策规则中利率平滑系数 ρ_R、利率对通货膨胀反应系数 ϕ_π、利率对产出波动反应系数分别校准为 0.722、0.968、0.190，遵从王国静和田国强(2014)将政府贸易品及非贸易品支出分别对产出和政府债券的反馈系数 ψ_{gh}、ψ_{gN}、ϕ_{gh}、ϕ_{gN} 均校准为 0.4，而将消费税、劳动收入税及资本税分别对产出和政府债券的反馈系数 ψ_{τ_c}、ψ_{τ_w}、ψ_{τ_k}、ϕ_{τ_c}、ϕ_{τ_w}、ϕ_{τ_k} 均校准为 0.2，我们根据第一章估计结果将政府贸易品支出平滑系数 h_{hg} 和非贸易品支出平滑系数 h_{Ng} 均校准为 0.3736。

第四,市场均衡参数校准。我们首先遵从李春吉和孟晓宏(2006)将 GDP 稳态值校准为 1.0,即 $Y = 1.0$。然后遵从马勇(2013)将投资、消费、政府支出占总产出的稳态之比即 $\frac{I}{Y}$、$\frac{C}{Y}$、$\frac{G}{Y}$ 分别校准为 0.35、0.47、0.18。利用 $\frac{I}{Y}$,我们又得到 $I = Y(I/Y) = 0.35$。我们最后根据贸易品与非贸易品的划分 —— 第一产业产值加上第二产业中的工业产值为贸易品产值,而第二产业中的建筑业产值加上第三产业产值为非贸易品产值,并利用 1996—2015 年期间的数据计算得到贸易品产值占总产值的比重 $\frac{Y_h}{Y}$ 和非贸易品产值占总产值的比重 $\frac{Y_N}{Y}$ 分别为 0.36 和 0.64。于是利用上述各个已校准参数之值,我们可得到 $\frac{I}{Y_h}$、$\frac{C}{Y_h}$、$\frac{G}{Y_h}$、$\frac{C}{Y_N}$、$\frac{G}{Y_N}$ 分别为 0.972、1.306、0.50、0.734、0.281。见表 5.1。

最后,我们将外生冲击过程中的平滑系数和冲击变量标准差分别校准为 0.6 和 0.1。

表 5.1　参数校准

参数	校准值	说明	参数	校准值	说明
β	0.99	贴现因子	η	3.5	国内贸易品与进口贸易品之间的替代弹性

续　表

参数	校准值	说明	参数	校准值	说明
γ_x	0.25	有效消费平滑值	κ	0.40	国外净资产反应系数
σ	0.779	消费跨期替代弹性	ρ_R	0.722	利率平滑系数
θ	1.25	劳动供给的 Frisch 弹性	ϕ_π	0.968	利率对通货膨胀的反应系数
γ	0.21	贸易开放度参数	ϕ_y	0.190	利率对产出得的反应系数
ω_c	0.44	私人消费品中贸易品所占的份额	ψ_{gh}	0.40	政府贸易品支出对产出的反应系数
ω_g	0.18	政府购买品中贸易品所占的份额	ψ_{gN}	0.40	政府非贸易品支出对产出的反应系数
ω_i	0.50	私人投资品中贸易品所占的份额	ψ_{τ_c}	0.20	消费税对产出的反应系数
$\phi''(1)$	2.09	投资成本函数的二阶导数	ψ_{τ_w}	0.20	劳动收入税对产出的反应系数
h	0.5463	消费习惯	ψ_{τ_k}	0.20	资本税对产出的反应系数
h_{hg}	0.3736	政府贸易品支出平滑值	ϕ_{gh}	0.40	政府贸易品支出对政府债券的反应系数
h_{Ng}	0.3736	政府非贸易品支出平滑值	ϕ_{gN}	0.40	政府非贸易品支出对政府债券的反应系数
δ	0.025	折旧率	ϕ_{τ_c}	0.20	消费税对政府债券的反应系数
ρ	0.74	贸易品与非贸易品替代弹性	ϕ_{τ_w}	0.20	劳动收入税对政府债券的反应系数

参数	校准值	说明	参数	校准值	说明
α_h	0.65	贸易品生产企业的资本产出弹性	ϕ_{τ_k}	0.20	资本税对政府债券的反应系数
α_N	0.45	非贸易品生产企业的资本产出弹性	τ^c	0.1299	消费税税率稳态值
ϕ_h	0.40	贸易品生产企业中政府支出占比	τ^w	0.0788	劳动收入税税率稳态值
ϕ_N	0.40	非贸易品生产企业中政府支出占比	τ^k	0.2463	资本收入税税率稳态值
θ_{hp}	0.85	贸易品生产企业价格调整黏性系数	Y_h/Y	0.36	贸易品产值占国内总产值的比重
θ_{Np}	0.85	非贸易品生产企业价格调整黏性系数	Y	1.00	GDP稳态值
θ_w	0.60	家庭工资调整黏性系数	I/Y	0.35	稳态时投资与总产出之比
ε_{hp}	3.7	各中间贸易品之间的替代弹性	C/Y	0.47	稳态时消费与总产出之比
ε_{Np}	3.7	各中间非贸易品之间的替代弹性	G/Y	0.18	稳态时政府支出与总产出之比
ε_w	4.0	各种劳动之间的替代弹性			

资料来源：作者编制。

5.3.2 模型与实际经济的匹配

我们比较了模型模拟值的标准差和相关系数与实际数据的标准差和相关系数。从表5.2我们发现：(1)对于变量之间的同期相关系数，模拟值显示出了和真实值完全相同的波动方向，只是投资、政府支出和实际汇率三变量与实际产出的相关性强弱

程度与实际数据不一致。(2)模拟值与真实值的标准差除政府
支出和实际汇率外,其他变量也非常接近。综合二阶矩比较分
析来看,该模型能较好模拟实际经济波动,因此可以用来对中国
的宏观经济运行进行模拟研究。

表 5.2 模拟经济与实际经济的二阶矩比较

	Data		*Model*	
	Std. Dev.	*Corr*(*y*,·)	*Std. Dev.*	*Corr*(*y*,·)
y_t	0.003	1.00	0.0031	1.00
c_t	0.006	0.25	0.0075	0.44
i_t	0.006	0.0006	0.0068	0.57
g_t	0.011	0.082	0.0056	0.36
q_t	0.034	−0.091	0.0062	−0.09

资料来源:作者编制。

5.4 模型模拟结果分析

5.4.1 方差分解

为了观察国内各冲击变量对于各主要宏观变量波动的贡献,
我们遵从 Gali 和 Monacelli(2005)做法,将国外各冲击变量保持恒
定不变,即其对数为零,于是得到下列方差分解,见表 5.3。

表 5.3 方差分解(%)

	$\hat{\varepsilon}_{r,t}$	$\hat{\varepsilon}_{c,t}$	$\hat{\varepsilon}_{h,t}$	$\hat{\varepsilon}_{N,t}$	$\hat{\varepsilon}_{hg,t}$	$\hat{\varepsilon}_{Ng,t}$	$\hat{\varepsilon}_{i,t}$	$\hat{\varepsilon}_{\pi,t}$	$\hat{\varepsilon}_{\tau k,t}$
$\hat{y}_t$	24.63	30.72	31.36	9.23	1.72	0.47	1.45	0.43	0.00
$\hat{c}_t$	5.73	40.14	36.50	12.82	1.92	0.40	1.92	0.57	0.00

续　表

	$\hat{\varepsilon}_{r,t}$	$\hat{\varepsilon}_{c,t}$	$\hat{\varepsilon}_{h,t}$	$\hat{\varepsilon}_{N,t}$	$\hat{\varepsilon}_{hg,t}$	$\hat{\varepsilon}_{Ng,t}$	$\hat{\varepsilon}_{i,t}$	$\hat{\varepsilon}_{\pi c,t}$	$\hat{\varepsilon}_{\pi k,t}$
$\hat{i}_t$	17.73	19.88	46.75	9.30	3.09	0.48	2.51	0.25	0.00
$\hat{g}_t$	41.02	11.94	26.24	15.33	1.77	0.73	2.78	0.18	0.00
$\hat{\pi}_t$	33.52	13.60	31.60	16.60	1.50	0.52	2.47	0.18	0.01
$\hat{r}_t$	74.10	5.66	10.65	7.80	0.41	0.39	0.90	0.09	0.00
$\hat{nx}_t$	76.66	6.34	13.34	1.64	0.75	0.09	1.12	0.08	0.00
$\hat{e}_t^r$	10.01	18.53	48.05	16.45	2.66	0.63	3.40	0.26	0.00
$\hat{e}_{T,t}^r$	56.74	11.87	23.75	4.43	1.37	0.21	1.46	0.16	0.00
$\hat{e}_{N,t}^r$	9.11	18.35	48.82	16.81	2.72	0.64	3.28	0.26	0.00

资料来源：作者编制。

从表 5.3,我们可以得出一个重要结论:贸易品部门技术冲击、需求冲击、利率冲击以及非贸易品部门技术冲击是我国经济周期性波动的主要驱动力量。产出波动中 31.36%、30.72%、24.63%、9.23%分别来自贸易品部门技术冲击、需求冲击、利率冲击以及非贸易品部门技术冲击的贡献;消费波动中 40.14%、36.50%、12.82%、5.73%分别来自需求冲击、贸易品部门技术冲击、非贸易品部门技术冲击以及利率冲击的贡献;投资波动中 46.75%、19.88%、17.73%、9.30%分别来自贸易品部门技术冲击、需求冲击、利率冲击以及非贸易品部门技术冲击的贡献;通货膨胀波动中 33.52%、31.60%、16.60%、13.60%分别来自利率冲击、贸易品部门技术冲击、非贸易品部门技术冲击以及需求冲击的贡献;实际汇率波动中 48.05%、18.53%、16.45%、10.01%分别来自贸易品部门技术冲击、需求冲击、非贸易品部门技术冲击以及利率冲击的贡献;贸易品实际汇率波动中 56.74%、23.75%、11.87%、4.43%分别来自利率冲击、贸易品部门技术冲击、需求冲

击以及非贸易品部门技术冲击的贡献;非贸易品相对价格波动中
48.82%、18.35%、16.81%、9.11%分别来自贸易品部门技术冲
击、需求冲击、非贸易品部门技术冲击以及利率冲击的贡献。

从实际汇率波动看,对其波动贡献由大到小的冲击分别是:
贸易品部门技术冲击、需求冲击、非贸易品部门技术冲击、利率
冲击、投资冲击、政府对贸易部门支出冲击、政府对非贸易部门
支出冲击、消费税冲击。其中,贸易和非贸易部门的技术冲击解
释了实际汇率波动的64.50%,利率冲击解释了10.01%,政府对
贸易和非贸易部门支出冲击仅解释了3.29%。从贸易品实际汇
率波动看,对其波动贡献由大到小的冲击分别是:利率冲击、贸
易品部门技术冲击、需求冲击、非贸易品部门技术冲击、投资冲
击、政府对贸易部门支出冲击、政府对非贸易部门支出冲击、消
费税冲击。其中,利率冲击解释了贸易品实际汇率波动的
56.74%,贸易和非贸易部门的技术冲击解释了28.18%,政府对
贸易和非贸易部门支出冲击解释了1.58%。从非贸易品相对价
格波动看,对其波动贡献由大到小的冲击分别是:贸易品部门技
术冲击、需求冲击、非贸易品部门技术冲击、利率冲击、投资冲
击、政府对贸易部门支出冲击、政府对非贸易部门支出冲击、消
费税冲击。其中,贸易和非贸易部门的技术冲击解释了非贸易
品相对价格波动的65.63%,利率冲击解释了9.11%,政府对贸
易和非贸易部门支出冲击解释了3.36%。

5.4.2　脉冲响应分析

5.4.2.1　利率上升对各个宏观经济变量的冲击

利率上升,首先,投资成本增加,投资减少;其次,由于收入效
应,居民储蓄增加、消费减少,从而产出下降;第三,投资和消费下

降,国内价格下降,通货紧缩。最后,国内价格关于国外价格相对下降,贸易条件得到改善,实际汇率上升。从图 5.1,我们发现,利率冲击导致投资下降、消费减少、产出下降、通货紧缩、实际汇率上升。这与第一章中基于 SVAR 的实证结论基本相符。

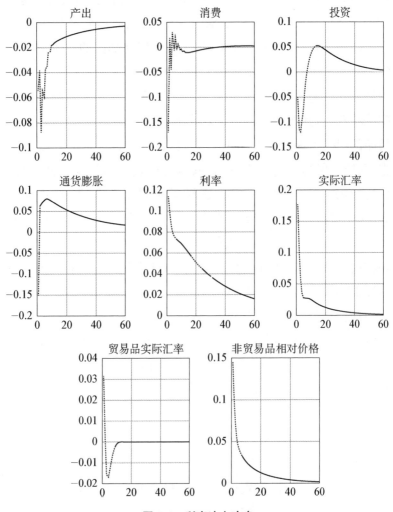

图 5.1 利率冲击响应

5.4.2.2 政府支出增加对各个宏观经济变量的冲击

政府支出主要通过政府债券和税收的两个渠道进行融资,因此,政府支出增加必然导致政府债券和税收的增加。首先,当货币供应不变的情况下,政府债券的增加相当于货币回笼增加,利率上升;其次,税收增加的预期导致家庭出现负财富效应,使得消费下降,利率上升;最后,政府支出增加,就业增加,实际工资上涨,家庭出现正财富效应,消费上升,利率下降,但当政府支出分属于贸易品和非贸易品两个部门时,其各自的政策效果则迥然不同。

当政府在贸易品部门的支出增加时,综合政府债券发行及税收增加所导致的利率上升与政府在贸易品上的支出所导致的利率下降这两方面因素,最终利率呈现下降。同时,由于税收及利率下降导致的家庭负财富效应大于政府在贸易品上的支出所导致的家庭正财富效应,因此,最终消费下降。利率下降导致资本流出、本币需求减少、外币需求增加,最终实际汇率下降,其中非贸易相对价格下降幅度大于贸易品实际汇率下降幅度。最后,利率下降导致投资上升。在消费下降和投资上升的共同作用下,产出呈现先降后升。从图 5.2,我们发现,政府在贸易品部门的支出冲击导致利率下降、消费下降、投资上升、产出先降后升、实际汇率下降。这里,利率和实际汇率与第一章中 SVAR 的实证结论相符,产出则仅在初期略有不同,之后的各期与第一章中 SVAR 的实证结论基本相符,而消费与投资与第一章中 SVAR 的实证结论不符。

当政府在非贸易品部门的支出增加时,综合政府债券发行及税收增加所导致的利率上升与政府在非贸易品上的支出所导致的利率下降这两方面因素,最终利率呈现上升。由于政府在非

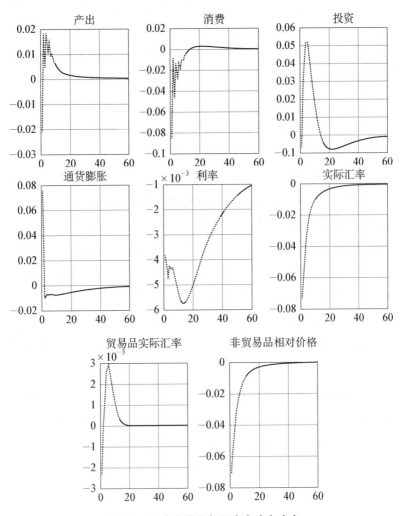

图 5.2　政府贸易品部门支出冲击响应

贸易品上的支出所导致的家庭正财富效应大于税收及利率下降导致的家庭负财富效应,因此,最终消费上升。利率上升导致资本流入、本币需求增加、外币需求减少,最终实际汇率上升,其中非贸易相对价格上升幅度大于贸易品实际汇率上升幅度。最后,利率上升导致投资下降。在消费上升和投资下降的共同作用下,产出呈现上升。从图5.3,我们发现,政府在非贸易品部门的支出冲击导致利率上升、消费上升、投资下降、产出上升、实际汇率上升。这里,消费、投资及产出与第一章中 SVAR 的实证结论相符,而利率和实际汇率则与第一章中 SVAR 的实证结论不符。

此外,我们从脉冲响应的幅度和响应路径还发现:非贸易品相对价格的变化主导了实际汇率的变化。

5.4.2.3 贸易品产值在 GDP 中的不同占比下货币与财政政策的变化

随着贸易品产值在 GDP 中占比的不断上升,各变量对利率上升的响应呈现不同程度的放大。其中,以产出和投资最为明显,实际汇率和非贸易品相对价格次之,贸易品实际汇率和消费再其次。总之,贸易品产值在 GDP 中占比的升高,有助于货币政策效果的强化,见图5.4。

随着贸易品产值在 GDP 中占比的不断上升,各变量对政府贸易部门支出冲击的响应呈现不同程度的紧缩。其中,以消费、非贸易品相对价格和实际汇率最为明显,产出次之,贸易品实际汇率和投资再其次。总之,贸易品产值在 GDP 中占比的升高,弱化了政府贸易品部门支出的政策效果,见图5.5。

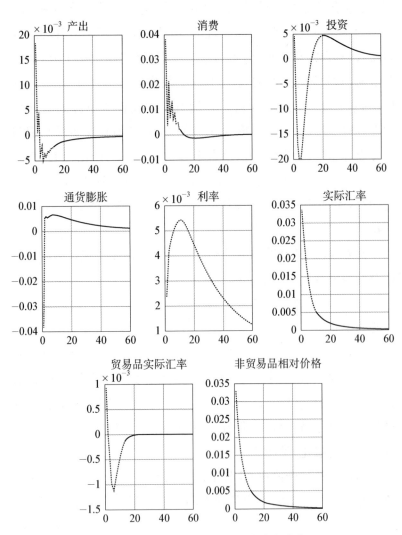

图 5.3 政府非贸易品部门支出冲击响应

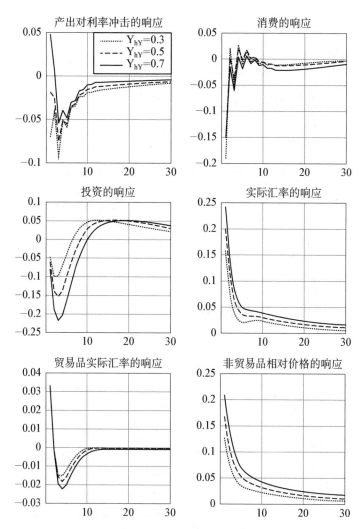

图 5.4 贸易品产值/GDP 的不同比值下,利率冲击的响应

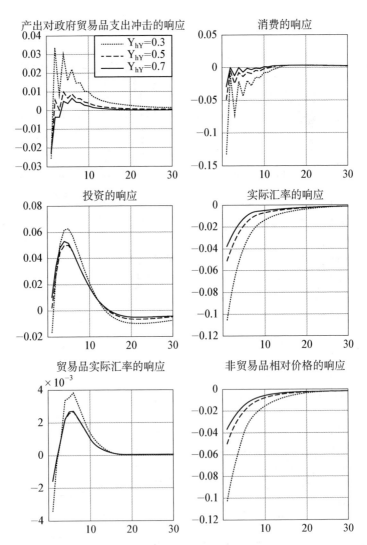

图 5.5 贸易品产值/GDP 的不同比值下，政府贸易品部门支出冲击的响应

随着贸易品产值在 GDP 中占比的不断上升,各变量对政府非贸易品部门支出冲击的响应也呈现不同程度的紧缩。其中,以消费、非贸易品相对价格和实际汇率最为明显,产出次之,贸易品实际汇率和投资再其次。总之,贸易品产值在 GDP 中占比的升高,同样弱化了政府非贸易品部门支出的政策效果,见图 5.6。

5.4.2.4　不同的政府贸易品支出占比下货币与财政政策的变化

随着政府支出中贸易品部门所占比的不断增加,各变量对利率冲击的响应呈现不同程度的紧缩。其中,以投资、实际汇率和非贸易品相对价格最为明显,产出次之,贸易品实际汇率和消费再其次。总之,政府支出中贸易品部门所占比的不断增加,弱化了利率冲击的政策效果,见图 5.7。

随着政府支出中贸易品部门所占比的不断增加,各变量对政府贸易部门支出冲击的响应呈现不同程度的紧缩。其中,以消费、实际汇率和非贸易品相对价格最为明显,产出次之,贸易品实际汇率和投资再其次。总之,政府支出中贸易品部门所占比的不断增加,弱化了政府贸易品部门支出冲击的政策效果,见图 5.8。

随着政府支出中贸易品部门所占比的不断增加,各变量对政府非贸易部门支出冲击的响应呈现不同程度的放大。其中,以消费、实际汇率和非贸易品相对价格最为明显,产出次之,贸易品实际汇率和投资再其次。总之,政府支出中贸易品部门所占比的不断增加,强化了政府非贸易品部门支出冲击的政策效果,见图 5.9。

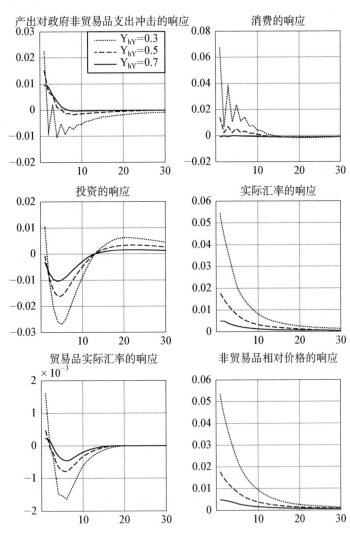

图 5.6　贸易品产值/GDP 不同比值下，政府非贸易品部门支出冲击的响应

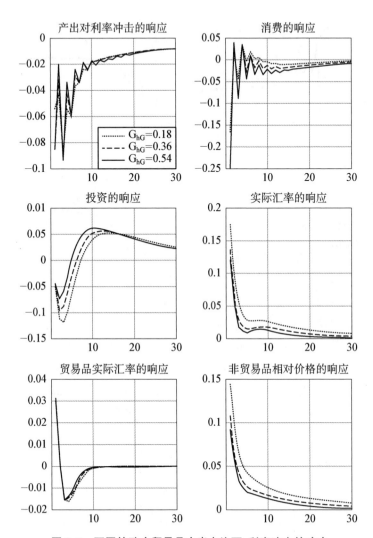

图 5.7 不同的政府贸易品支出占比下,利率冲击的响应

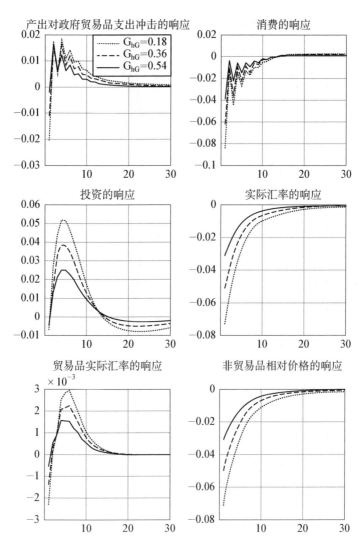

图 5.8 不同的政府贸易品支出占比下, 政府贸易部门支出冲击的响应

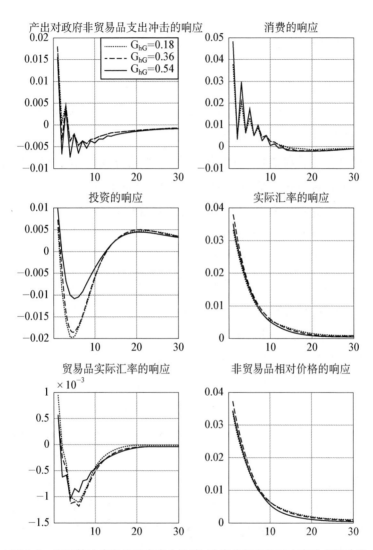

图 5.9   不同的政府贸易品支出占比下,政府非贸易部门支出冲击的响应

5.5 结论

本文基于 Monacelli 和 Perotti(2010)进行了下列拓展:引入资本累积、不可分离偏好、黏性工资、不完全竞争国际资本市场、政府生产性支出、扭曲税及政府债券。此外,本文基于参数校准对模型进行了数值模拟,发现主要宏观经济变量基于校准的模拟脉冲响应与基于结构 VAR 的脉冲响应大致相符。

本文主要结论为:(1)从预测方差分解看,利率冲击、贸易品部门技术冲击、需求冲击以及非贸易品部门技术冲击是我国经济周期性波动的主要驱动力量。此外,贸易和非贸易部门的技术冲击解释了实际汇率波动的 67.97%,利率冲击解释了 13.17%,政府对贸易和非贸易部门支出冲击仅解释了 0.87%。(2)利率冲击导致投资下降、消费减少、产出下降、通货紧缩、实际汇率上升。(3)政府在贸易品部门的支出冲击导致利率下降、消费下降、投资上升、产出先小幅下降而后大幅上升、实际汇率下降。(4)政府在非贸易品部门的支出冲击导致利率上升、消费上升、投资下降、产出上升、实际汇率上升。(5)贸易品产值在 GDP 中占比的升高,增强了货币政策效果,同时,减弱了政府在贸易品和非贸易品部门的支出的政策效果。(6)政府支出中贸易品部门所占比的增加,减弱了货币政策效果和政府在贸易品部门的支出的政策效果,同时,增强了政府在非贸易品部门的支出的政策效果。(7)从脉冲响应的幅度和路径,我们发现:非贸易品相对价格的变化主导了实际汇率的变化。

参考文献

［1］卞志村,杨源源.结构性财政调控与新常态下财政工具选择[J].经济研究,2016,3,66－80.

［2］陈蕾.境内个人直接对外证券投资对A股市场的影响——以资金"本土偏好"为视角[J].福建行政学院福建经济管理干部学院学报,2007,(5)：90－92.

［3］李春吉和孟晓宏.中国经济波动——基于新凯恩斯主义垄断竞争模型的分析[J].经济研究,2006(10)：72－82.

［4］梁红梅和刘宇.有效税率结构的动态效应研究[J].山西大学学报(哲学社会科学版),2016,39(4),100－108.

［5］刘斌.我国DSGE模型的开发及在货币政策分析中的应用[J].金融研究,2008(10)：1－21.

［6］刘斌.动态随机一般均衡模型及其应用[B].中国金融出版社,2010.

［7］刘凤根,张敏.本土偏好投资的引致因素探析[J].湖南商学院学报,2009,(3)：78－82.

［8］马勇,陈雨露.经济开放度与货币政策有效性：微观基础与实证分析[J].经济研究,2014,49(3)：335－46.

［9］马勇.植入金融因素的DSGE模型与宏观审慎货币政策规则[J].世界经济,2013,7,68－92.

［10］王国静,田国强.金融冲击和中国经济波动[J].经济研究,2014,49(3)：20－34.

[11] 王君斌. 通货膨胀惯性、产出波动与货币政策冲击: 基于刚性价格模型的通货膨胀和产出的动态分析[J]. 世界经济, 2010, 33 (03): 71 - 94.

[12] 王胜, 郭汝飞. 不完全汇率传递与最优货币政策[J]. 经济研究, 2012, 2: 131 - 133.

[13] 吴立广, 黄珍. 国际分散化投资与本土偏好行为——基于 QDII 对外投资基金的实证分析[J]. 产经评论, 2012, (1): 138 - 146.

[14] 许伟, 陈斌开. 银行信贷与中国经济波动: 1993—2005[J]. 经济学(季刊), 2009, 8(03): 969 - 994.

[15] An & Schorfheide. Bayesian Analysis of DSGE Models [J]. Econometric Reviews, 2007, 26(2 - 4), 113 - 172.

[16] Auer and Schoenl. Market structure and exchange rate pass-through [J]. Journal of International Economics, 2016, 98, 60 - 77.

[17] Backus and Smith. Consumption and real exchange rates in dynamic economies with non-traded goods [J]. Journal of International Economics, 1993, 35, 297 - 316.

[18] Benigno. Price stability with imperfect financial integration [J]. Journal of Money, Credit and Banking, 2009, 41, 121 - 149.

[19] Benigno and Thoenissen. Consumption and real exchange rates with incomplete markets and non-traded goods [J]. Journal of International Money and Finance, 2008, 27, 926 - 948.

[20] Berg, Portillo, Yang, Zanna. Public investment in resource-abundant developing countries [J]. IMF Economic Review, 2013, 61(1), 92 - 129.

[21] Bergin and Corsetti. The Extensive Margin and Monetary Policy [J]. Journal Monetary Economy, 2008, 55, 1222 - 1237.

[22] Bilbiie. Nonseparable Preferences, Fiscal Policy Puzzles, and Inferior Goods [J]. Journal of Money, Credit and Banking, 2009, 41(2 - 3), 443 - 450.

[23] Blanchard and Kiyotaki. Monopolistic competition and the effects of aggregate demand [J]. American Economic Review, 1987, 77, 647 - 666.

[24] Bowman and Doyle. New Keynesian, open-economy models and their implications for monetary policy [WP]. International

Finance Discussion Papers 762,2003, Board of Governors of the Federal Reserve System (U. S.).

[25] Calvo. Staggered prices in a utility maximizing framework [J]. Journal of Monetary Policy, 1983,12.

[26] Campa and Goldberg. Exchange Rate Pass-through into Import Prices: A Macro or Micro Phenomenon [WP]. Mimeo, Federal Reserve Bank of New York, 2002.

[27] Canova, Fabio, and Luca Sala. Back to Square One: Identification Issues in DSGE Models [J]. Journal of Monetary Economics, 2009,56(4), 431 – 449.

[28] Chung-Fu Lai. Fiscal Policy, Consumption Home Bias and Macroeconomic Dynamics [J]. Journal of Applied Economics and Business Research, 2016,6(3): 194 – 217.

[29] Cooke. Consumption Home Bias and Exchange Rate Behavior [J]. Journal of Macroeconomics, 2010,32: 1,415 – 425.

[30] Corsetti, Dedola, Leduc. High Exchange-Rate Volatility and Low Pass-Through [J]. Journal of Monetary Economics, 2008,12(3), 1113 – 1128.

[31] Cravino. Exchange rates, aggregate productivity and the currency of invoicing of international trade [WP]. 2014, Working Paper.

[32] DeFiore and Liu. Does Trade Openness Matter for Aggregate Instability? [J]. Journal of Economic Dynamics and Control, 2005,29,1165 – 92.

[33] DePaol. Monetary policy and welfare in a small open economy [J]. Journal of International Economics, 2009,77,11 – 22.

[34] Devereux and Lee. Dynamic gains from trade with imperfect competition and market power [J]. Review of Development Economics, 2001,5(2), 239 – 255.

[35] Devereux, Engel, Storgaard. Endogenous exchange rate pass-through when nominal prices are set in advance [J]. Journal of International Economic, 2004. 63(2), 263 – 291.

[36] Dixit and Stiglitz. Monopolistic competition and optimum product diversity [J]. American Economic Review, 1977,67(3), 297 – 308.

[37] Etro and Colciago. Endogenous market structures and the

business cycle [J]. The Economic Journal, 2010. 120 (549), 1201 -1233.

[38] Etro and Rossi. Optimal monetary policy under Calvo pricing with Bertrand competition [J]. Journal of Macroeconomics, 2015a, 45,423 - 440.

[39] Etro and Rossi. New-Keynesian phillips curve with Bertrand competition and endogenous entry [J]. Journal of Economic Dynamics and Control, 2015b, 51(3), 318 - 340.

[40] Faia, Ester. Ramsey monetary policy with labor market frictions [J]. Journal of Monetary Economics, 2009,56,570 - 581.

[41] Faia and Monacelli. Optimal monetary policy in a small open economy with home bias [J]. Journal of Money, Credit and Banking, 2008,40(4), 721 - 750.

[42] Fitzgerald and Haller. Pricing-to-market: evidence from plant-level prices [J]. Review of Economic Studies, 2013,81(2), 761 - 786.

[43] Froot and Klemperer. Exchange rate pass-through when market share matters [J]. American Economic Review, 1989,79 (4), 637 - 654.

[44] Gali. Monetary Policy, Inflation and the Business Cycle: An Introduction to the New Keynesian Framework [B]. Princeton: Princeton University Press, 2008.

[45] Gali, Monacelli. Monetary Policy and Exchange Rate Volatility in a Small Open Economy [J]. Review of Economic Studies, 2005, 72(3): 707 - 34.

[46] Gali and Monacelli. Optimal Monetary and Fiscal Policy in a Currency Union [J]. Journal of International Economics, 2008, 76: 1,116 - 132.

[47] Gelain, Paolo. The external finance premium in the Euro area: A dynamic stochastic general equilibrium analysis [J]. The North American Journal of Economics and Finance, 2010,21(1), 49 - 71.

[48] Gopinath and Rigobon. Sticky borders [J]. Quarterly Journal of Economics, 2008. 123(2), 531 - 575.

[49] Gopinath, Itskhoki, Rigobon. Currency choice and exchange rate

pass-through [J]. American Economic Review, 2010, 100 (1), 306 –336.

[50] Goldberg and Tille. Vehicle currency use in international trade [J]. Journal of International Economic, 2008, 76(2), 177 – 192.

[51] Gust, Leduc and Vigfusson. Trade integration, competition, and the decline in exchange rate pass-through [WP]. International Finance Discussion Papers 864, 2006, Board of Governors of the Federal Reserve System.

[52] Hau. Real Exchange Rate Volatility and Economic Openness: Theory and Evidence [J]. Journal of Money, Credit and Banking, 2002, 34, 611 – 630.

[53] Herz and Hohberger. Fiscal Policy, Monetary Regimes and Current Account Dynamics [J]. Review of International Economics, 2013, 21(1), 118 – 136.

[54] Hillberry and Hummels. Explaining Home Bias in Consumption: The Role of Intermediate Input Trade [WP]. 2002, NBER Working Paper, No. 9020.

[55] Iwata. Fiscal Policy in an Estimated DSGE Model of the Japanese Economy: Do Non-Ricardian Households Explain All? [WP]. WorkingPaper, 2009.

[56] Jaimovich and Floetotto. Firm dynamics, markup variations, and the business cycle [J]. Journal of Monetary Economics, 2008, 55 (7), 1238 – 1252.

[57] Jondeau and Sahuc. Optimal Monetary Policy in an Estimated DSGE Model of the Euro Area with Cross-Country Heterogeneity [J]. International Journal of Central Banking, 2008, 4, 23 – 72

[58] Kim. The Welfare Effect of Input Price Discrimination with Horizontally Differentiated Final Products [WP]. WorkingPaper, 2018.

[59] Kim. Does the New Keynesian Phillips curve need countercyclical markuos? [J]. Economic Modelling, 2017, 63, 262 – 282.

[60] Kimball. The quantitative analytics of the basic neomonetarist model [J]. Journal of Money, Credit and Banking, 1995, 27, 1241 –1277.

[61] Kollmann. Welfare Effects of a Monetary Union: The Role of

Trade Openness [J]. Journal of the European Economic Association, 2004,2,289 - 301.

[62] Krugman. Pricing to market when the exchange rate changes. In: Arndt and Richardson. (Eds.), Real Financial Linkages among Open Economies [B]. MIT Press, Cambridge, 1987, pp. 49 -70.

[63] Lane. The new open economy macroeconomics: a survey [J]. Journal of International Economics, 2001,54,235 - 266.

[64] Leith and Wren-Lewis. The Optimal Monetary Policy Response to Exchange Rate Misalignment [WP]. 2006, Center for Dynamic Macroeconomic Analysis Conference Papers.

[65] Lewis and Poilly. Firm entry, markups and the monetary transmission mechanism [J]. Journal of Monetary Economics, 2012,59(7), 670 - 685.

[66] Lewis and Stevens. The competition effect in business cycles [WP]. IMFS Working Paper Series 51,2012, Goethe University Frankfurt, Institute for Monetary and Financial Stability (IMFS).

[67] Linnemann and Schabert. Productive Government Expenditure In Monetary Business Cycle Models [J]. Scottish Journal of Political Economy, 2006,53(1), 28 - 46.

[68] Monacelli. Monetary Policy in a Low Pass-Through Environment [J]. Journal of Money, Credit, and Banking, 2005, 37 (6): 1047 -66.

[69] Monacelli & Perotti. Fiscal Policy, Wealth Effects, and Markups [WP]. NBER Working Paper, 2008, No. 14584.

[70] Monacelli & Perotti. Fiscal Policy, the Real Exchange Rate and Traded Goods [J]. Economic Journal, 2010, 120 (544), 437 - 461.

[71] Nestor Azcona. Non-Traded Goods and Real Exchange Rate Volatility in a Two-Country DSGE Model [J]. International Journal of Economics and Finance, 2015,7,2,36 - 50.

[72] Obstfeld and Rogoff. Exchange Rate Dynamics Redux [J]. Journal of Political Economy, 1995,103: 624 - 660.

[73] Obstfeld and Rogoff. The Six Major Puzzles in International Macroeconomics: Is There A Common Cause? [B]. NBER

Macroeconomics Annual, 2000a, 15,339 - 390.

[74] Obstfeld and Rogoff. New directions for stochastic open economy models [J]. Journal Of International Economics, 2000b, 50, 117 -153.

[75] Pennings. Pass-through of competitors' exchange rates to U. S import and producer prices [J]. Journal of International Economics, 2016.

[76] Pesenti and Van Wincoop. Can Nontradables Generate Substantial Home Bias? [J]. Journal of Money, Credit, and Banking, 2002, 34: 1,25 - 50.

[77] Pierdzioch. Home-Product Bias, Capital Mobility, and the Effects of Monetary Policy Shocks in Open Economies [WP]. 2004, Kiel Working Paper, No. 1141.

[78] Pitterle and Steffen. Fiscal Policy in a Monetary Union Model with Home Bias in Consumption [WP]. 2004a. Mimeo, University of Frankfurt.

[79] Pitterle and Steffen. Spillover Effects of Fiscal Policy under Flexible Exchange Rate [WP]. 2004b. Working Paper, University of Frankfurt.

[80] Rabanal & Tuesta. Nontradable Goods and the Real Exchange Rate [J]. Open Economies Review, 2013,24(3), 495 - 535.

[81] Ravn, Schmitt-Grohe, Uribe. Pricing to habits and the law of one price [J]. American Economic Review, 2007 97(2), 232 - 238.

[82] Ravn, Schmitt-Grohe, Uribe. Incomplete cost pass-through under deep habits [J]. Review of Economic Dynamics, 2010 13 (2), 317 - 332.

[83] Ried. Putting Up a Good Fight: The Galí-Monacelli Model versus "The Six Major Puzzles in International Macroeconomics"[WP]. SFB 649 Discussion Papers, 2009, Humboldt University, Berlin, Germany.

[84] Rotemberg. Monopolistic price adjustment and aggregate output [J]. The Review of Economic Studies, 1982,49(4), 517 - 531.

[85] Sarno. Toward a New Paradigm in Open Economy Modeling: Where Do We Stand? [WP]. Federal Reserve Bank of St. Louis Review, 2001, 83 (3): 21 - 36. Analysis Conference

Papers, 2006.

[86] Schmitt-Grohe, Uribe. Closing small open economy models [J]. Journal of International Economics, 2003,61,163 – 185.

[87] Stockman and Dellas. International Portfolio Nondiversification and Exchange Rate Variability [J]. Journal of International Economics, 1989,26,271 – 289.

[88] Stockman and Tesar. Tastes and technology in a two-country model of the business cycle: explaining international comovements [J]. American Economic Review, 1995, 85 (1), 168 – 185.

[89] Sutherland. Incomplete Pass-Throughand the Welfare Effects of Exchange Rate Variability [J]. Journal of International Economics, 2005,65,375 – 99.

[90] Wang Jian. Home Bias, Exchange Rate Disconnect, and Optimal Exchange Rate Policy [J]. Journal of International Money and Finance, 2010,29,55 – 78.

附录1: 方程推导

一、家庭部门

（一）期内最优配置

1. 国内产品最优消费

$$\underset{\langle C_{H,t}(i)\rangle}{\text{Max}} \left\{ P_{H,t}C_{H,t} - \int_0^1 P_{H,t}(i)C_{H,t}(i)di \right\}$$

$$s.t. \quad C_{H,t} \equiv \left(\frac{1}{n}\right)^{\frac{1}{\epsilon}} \left[\int_0^n C_{H,t}(i)^{\frac{\epsilon-1}{\epsilon}} di\right]^{\frac{\epsilon}{\epsilon-1}}$$

建立拉格朗日函数: $L = P_{H,t} \left(\frac{1}{n}\right)^{\frac{1}{\epsilon}} \left[\int_0^n C_{H,t}(i)^{\frac{\epsilon-1}{\epsilon}} di\right]^{\frac{\epsilon}{\epsilon-1}} - \int_0^1 P_{H,t}(i)C_{H,t}(i)di$, 得到:

$$\frac{\partial L}{\partial C_{H,t}(i)} = 0 \Rightarrow C_{H,t}(i) = \left(\frac{1}{n}\right) \left(\frac{P_{H,t}(i)}{P_{H,t}}\right)^{-\epsilon} C_{H,t}$$

2. 进口产品最优消费

$$\underset{\langle C_{F,t}(i)\rangle}{\text{Max}} \left\{ P_{F,t}C_{F,t} - \int_0^1 P_{F,t}(i)C_{F,t}(i)di \right\}$$

$$s.t. \quad C_{F,t} \equiv \left(\frac{1}{1-n}\right)^{\frac{1}{\epsilon}} \left[\int_n^1 C_{F,t}(i)^{\frac{\epsilon-1}{\epsilon}} di\right]^{\frac{\epsilon}{\epsilon-1}}$$

建立拉格朗日函数：$L = P_{F,t} \left(\frac{1}{1-n}\right)^{\frac{1}{\epsilon}} \left[\int_n^1 C_{F,t}(i)^{\frac{\epsilon-1}{\epsilon}} di\right]^{\frac{\epsilon}{\epsilon-1}} -$

$\int_0^1 P_{F,t}(i) C_{F,t}(i) di$，得到：

$$\frac{\partial L}{\partial C_{F,t}(i)} = 0 \Rightarrow C_{F,t}(i) = \left(\frac{1}{1-n}\right)\left(\frac{P_{F,t}(i)}{P_{F,t}}\right)^{-\epsilon} C_{F,t}$$

3. 最优总消费

$$\underset{\langle C_{H,t}, C_{F,t} \rangle}{\text{Max}} \{P_t C_t - P_{H,t} C_{H,t} - P_{F,t} C_{F,t}\}$$

$$s.t. \quad C_t \equiv \left[(1-\gamma)^{1/\eta} C_{H,t}^{(\eta-1)/\eta} + \gamma^{1/\eta} C_{F,t}^{(\eta-1)/\eta}\right]^{\eta/(\eta-1)}$$

建立拉格朗日函数：

$$L = P_t \left[(1-\gamma)^{1/\eta} C_{H,t}^{(\eta-1)/\eta} + \gamma^{1/\eta} C_{F,t}^{(\eta-1)/\eta}\right]^{\eta/(\eta-1)} - P_{H,t} C_{H,t} -$$

$P_{F,t} C_{F,t}$，得到：

$$\frac{\partial L}{\partial C_{H,t}} = 0 \Rightarrow C_{H,t} = (1-\gamma)(P_{H,t}/P_t)^{-\eta} C_t$$

$$\frac{\partial L}{\partial C_{F,t}} = 0 \Rightarrow C_{F,t} = \gamma(P_{F,t}/P_t)^{-\eta} C_t$$

将 $C_{F,t}$、$C_{H,t}$ 代入 $C_t \equiv \left[(1-\gamma)^{1/\eta} C_{H,t}^{(\eta-1)/\eta} + \gamma^{1/\eta} C_{F,t}^{(\eta-1)/\eta}\right]^{\eta/(\eta-1)}$

得到：

$$P_t = \left[(1-\gamma) P_{H,t}^{1-\eta} + \gamma P_{F,t}^{1-\eta}\right]^{\frac{1}{1-\eta}}$$

（二）跨期最优决策——消费与储蓄决策

遵从 Troy Matheson(2010)的做法，我们引入消费习惯。

$$\operatorname*{Max}_{\langle C_t, M_t, B_t \rangle} U(C_t, N_t) \equiv \frac{\mu_{c,t}(\widetilde{C}_t - \psi N_t^\theta X_t)^{1-\sigma} - 1}{1-\sigma}$$

$$\widetilde{C}_t \equiv C_t - hC_{t-1}$$

$$s.t. \quad X_t \equiv \widetilde{C}_t^{\gamma_x} X_{t-1}^{1-\gamma_x}$$

$$(1+\tau_t)C_t + \frac{B_t}{(1+r_t)P_t} + \frac{\varepsilon_t B_t^*}{P_t} \leqslant$$

$$(1-\tau_t)\frac{W_t}{P_t}N_t + \frac{B_{t-1}}{P_t} + \frac{(1+r_{t-1}^*)\phi(\widehat{nfa}_{t-1})\varepsilon_t B_{t-1}^*}{P_t} + \frac{\Gamma_t}{P_t}$$

建立拉格朗日函数：

$$L = E_0 \sum_{t=0}^{\infty} \beta^t \left\{ \begin{array}{l} \dfrac{\mu_{c,t}}{1-\sigma}((\widetilde{C}_t - \psi N_t^\theta X_t)^{1-\sigma} - 1) \\[2mm] -\lambda_t \left[\begin{array}{l} (1+\tau_t)C_t + \dfrac{B_t}{(1+r_t)P_t} + \dfrac{\varepsilon_t B_t^*}{P_t} \\[2mm] -(1-\tau_t)\dfrac{W_t}{P_t}N_t - \dfrac{B_{t-1}}{P_t} - \\[2mm] \dfrac{(1+r_{t-1}^*)\phi(\widehat{nfa}_{t-1})\varepsilon_t B_{t-1}^*}{P_t} - \dfrac{\Gamma_t}{P_t} \end{array} \right] \end{array} \right\}$$

我们得到一阶条件：

$$\frac{\partial \widetilde{C}_t}{\partial C_t} = 1.$$

$$\frac{\partial X_t}{\partial C_t} = \frac{\partial X_t}{\partial \widetilde{C}_t}\frac{\partial \widetilde{C}_t}{\partial C_t} = \gamma_x \widetilde{C}_t^{\gamma_x-1} X_{t-1}^{1-\gamma_x} = \gamma_x (X_{t-1}/\widetilde{C}_t)^{1-\gamma_x}$$

$$\frac{\partial L}{\partial C_t} = 0 \Rightarrow \beta^t \mu_{c,t}(\widetilde{C}_t - \psi N_t^\theta X_t)^{-\sigma}\left(\frac{\partial \widetilde{C}_t}{\partial C_t} - \psi N_t^\theta \frac{\partial X_t}{\partial C_t}\right) - \beta^t \lambda_t(1+\tau_t) = 0$$

$$\Rightarrow \lambda_t(1+\tau_t)$$

$$= \mu_{c,t}(\widetilde{C}_t - \psi N_t^\theta X_t)^{-\sigma}(1 - \psi N_t^\theta \gamma_x \widetilde{C}_t^{\gamma_x-1} X_{t-1}^{1-\gamma_x})$$

$$\Rightarrow \lambda_t (1 + \tau_t) (\tilde{C}_t - \psi N_t^\theta X_t)^\sigma$$
$$= \mu_{c,t} (1 - \psi N_t^\theta \gamma_x (X_{t-1}/\tilde{C}_t)^{1-\gamma_x}).$$

$$\frac{\partial L}{\partial B_t} = 0 \Rightarrow -\beta^t \lambda_t \frac{1}{(1+r_t) P_t} + \beta^{t+1} E_t \left\{ \lambda_{t+1} \frac{1}{P_{t+1}} \right\} = 0$$

$$\Rightarrow \beta E_t \left\{ \frac{\lambda_{t+1}}{\lambda_t} \frac{(1+r_t) P_t}{P_{t+1}} \right\} = 1 \Rightarrow \beta E_t \left\{ \frac{\lambda_{t+1}}{\lambda_t} \frac{(1+r_t)}{\pi_{t+1}} \right\} = 1.$$

$$\frac{\partial L}{\partial B_t^*} = 0 \Rightarrow -\lambda_t + \beta E_t \left\{ \lambda_{t+1} (1+r_t^*) \phi_t (n\hat{f}a_t) \frac{1}{\pi_{t+1}} \frac{\varepsilon_{t+1}}{\varepsilon_t} \right\} = 0$$

$$\Rightarrow \beta E_t \left\{ \frac{\lambda_{t+1}}{\lambda_t} \phi_t (n\hat{f}a_t) \frac{(1+r_t^*)}{\pi_{t+1}} \frac{\varepsilon_{t+1}}{\varepsilon_t} \right\} = 1$$

令 $V_t \equiv \tilde{C}_t - \psi N_t^\theta X_t$，最终得到为：

$$\tilde{C}_t \equiv C_t - h C_{t-1}$$

$$X_t \equiv \tilde{C}_t^{\gamma_x} X_{t-1}^{1-\gamma_x}$$

$$V_t \equiv \tilde{C}_t - \psi N_t^\theta X_t$$

$$\lambda_t (1 + \tau_t) V_t^\sigma = \mu_{c,t} (1 - \psi \gamma_x N_t^\theta (X_{t-1}/\tilde{C}_t)^{1-\gamma_x})$$

$$\beta E_t \left\{ \frac{\lambda_{t+1}}{\lambda_t} \frac{(1+r_t) P_t}{P_{t+1}} \right\} = 1$$

$$E_t \left(\frac{\varepsilon_t}{\varepsilon_{t+1}} \right) = \phi_t (n\hat{f}a_t) \left(\frac{1+r_t^*}{1+r_t} \right) = e^{-\kappa n\hat{f}a_t + \hat{\mu}_t^\phi} \left(\frac{1+r_t^*}{1+r_t} \right)$$

五式的稳态分别为：

$$\tilde{C} \equiv (1-h) C$$

$$X \equiv \tilde{C} = (1-h) C$$

$$V \equiv \tilde{C} - \psi N^\theta X = (1 - \psi N^\theta) \tilde{C}$$

$$= (1 - \psi N^\theta) \tilde{C} = (1-h)(1 - \psi N^\theta) C$$

$$\lambda = (1 - \psi \gamma_x N^\theta) / ((1+\tau)((1-h)(1-\psi N^\theta)C)^\sigma)$$
$$= (1 - \psi \gamma_x N^\theta) / ((1+\tau)V^\sigma)\beta(1+r) = 1$$
$$r = r^*$$

上面五式围绕各自稳态线性化后，分别得到：

$$\tilde{C}_t \equiv C_t - hC_{t-1}$$
$$\Rightarrow \tilde{C}e^{\hat{\tilde{c}}_t} = Ce^{\hat{c}_t} - hCe^{\hat{c}_{t-1}}$$
$$\Rightarrow \tilde{C}(1 + \hat{\tilde{c}}_t) = C(1 + \hat{c}_t) - hC(1 + \hat{c}_{t-1})$$
$$\Rightarrow \tilde{C}\hat{\tilde{c}}_t = C\hat{c}_t - hC\hat{c}_{t-1}$$
$$\Rightarrow \hat{\tilde{c}}_t = \frac{C}{(1-h)C}\hat{c}_t - \frac{hC}{(1-h)C}\hat{c}_{t-1}$$
$$\Rightarrow \hat{\tilde{c}}_t = \frac{1}{1-h}\hat{c}_t - \frac{h}{1-h}\hat{c}_{t-1}$$

$$X_t \equiv \tilde{C}_t^{\gamma_x} X_{t-1}^{1-\gamma_x}$$
$$\Rightarrow Xe^{\hat{x}_t} = (\tilde{C}e^{\hat{\tilde{c}}_t})^{\gamma_x}(Xe^{\hat{x}_{t-1}})^{1-\gamma_x}$$
$$\Rightarrow Xe^{\hat{x}_t} = \tilde{C}^{\gamma_x} X^{1-\gamma_x} e^{\gamma_x \hat{\tilde{c}}_t} e^{(1-\gamma_x)\hat{x}_{t-1}}$$
$$\Rightarrow e^{\hat{x}_t} = e^{\gamma_x \hat{\tilde{c}}_t + (1-\gamma_x)\hat{x}_{t-1}}$$
$$\Rightarrow \hat{x}_t = \gamma_x \hat{\tilde{c}}_t + (1-\gamma_x)\hat{x}_{t-1}$$
$$\Rightarrow \hat{x}_t = \gamma_x \left(\frac{1}{1-h}\hat{c}_t - \frac{h}{1-h}\hat{c}_{t-1} \right) + (1-\gamma_x)\hat{x}_{t-1}$$

$$V_t \equiv \tilde{C}_t - \psi N_t^\theta X_t$$
$$\Rightarrow Ve^{\hat{v}_t} = \tilde{C}e^{\hat{\tilde{c}}_t} - \psi(Ne^{\hat{n}_t})^\theta (Xe^{\hat{x}_t})$$
$$\Rightarrow Ve^{\hat{v}_t} = \tilde{C}e^{\hat{\tilde{c}}_t} - \psi N^\theta X e^{\theta \hat{n}_t + \hat{x}_t}$$
$$\Rightarrow V(1 + \hat{v}_t) = \tilde{C}(1 + \hat{\tilde{c}}_t) - \psi N^\theta X(1 + \theta \hat{n}_t + \hat{x}_t)$$
$$\Rightarrow V\hat{v}_t = \tilde{C}\hat{\tilde{c}}_t - \psi N^\theta X(\theta \hat{n}_t + \hat{x}_t)$$

$$\Rightarrow \hat{v}_t = \left(\frac{\widetilde{C}}{V} \right) \hat{\tilde{c}}_t - \left(\frac{\psi N^\theta X}{V} \right) (\theta \hat{n}_t + \hat{x}_t)$$

$$\Rightarrow \hat{v}_t = \left(\frac{1}{1 - \psi N^\theta} \right) \hat{\tilde{c}}_t - \left(\frac{\psi N^\theta}{1 - \psi N^\theta} \right) (\theta \hat{n}_t + \hat{x}_t)$$

$$\lambda_t (1 + \tau_t) V_t^\sigma = \mu_{c,t} (1 - \psi N_t^\theta \gamma_x (X_{t-1}/\widetilde{C}_t)^{1-\gamma_x})$$

$$\Rightarrow \lambda_t V_t^\sigma + \tau_t \lambda_t V_t^\sigma$$

$$= \mu_{c,t} - \psi \gamma_x \mu_{c,t} N_t^\theta (X_{t-1}/\widetilde{C}_t)^{1-\gamma_x}$$

$$\Rightarrow \lambda e^{\hat{\lambda}_t} (V e^{\hat{v}_t})^\sigma + \tau e^{\hat{\tau}_t} \lambda e^{\hat{\lambda}_t} (V e^{\hat{v}_t})^\sigma$$

$$= e^{\hat{\mu}_{c,t}} - \psi \gamma_x e^{\hat{\mu}_{c,t}} (N e^{\hat{n}_t})^\theta (X e^{\hat{x}_{t-1}} / (\widetilde{C} e^{\hat{\tilde{c}}_t}))^{1-\gamma_x}$$

$$\Rightarrow \lambda V^\sigma e^{\hat{\lambda}_t + \sigma \hat{v}_t} + \tau \lambda V^\sigma e^{\hat{\tau}_t + \hat{\lambda}_t + \sigma \hat{v}_t}$$

$$= e^{\hat{\mu}_{c,t}} - \psi \gamma_x N^\theta X^{1-\gamma_x} \widetilde{C}^{-(1-\gamma_x)} e^{\theta \hat{n}_t + (1-\gamma_x)\hat{x}_{t-1} - (1-\gamma_x)\hat{\tilde{c}}_t + \hat{\mu}_{c,t}}$$

$$\Rightarrow \lambda V^\sigma (1 + \hat{\lambda}_t + \sigma \hat{v}_t) + \tau \lambda V^\sigma (1 + \hat{\lambda}_t + \hat{\tau}_t + \sigma \hat{v}_t)$$

$$= (1 + \hat{\mu}_{c,t}) - \psi \gamma_x N^\theta \begin{pmatrix} 1 + \theta \hat{n}_t + (1-\gamma_x)\hat{x}_{t-1} \\ - (1-\gamma_x)\hat{\tilde{c}}_t + \hat{\mu}_{c,t} \end{pmatrix}$$

$$\Rightarrow \lambda V^\sigma \hat{\lambda}_t + \tau \lambda V^\sigma \hat{\lambda}_t + \lambda V^\sigma \sigma \hat{v}_t + \tau \lambda V^\sigma \sigma \hat{v}_t + \tau \lambda V^\sigma \hat{\tau}_t$$

$$= (1 - \psi \gamma_x N^\theta) \hat{\mu}_{c,t} - \psi \gamma_x N^\theta \begin{pmatrix} \theta \hat{n}_t + (1-\gamma_x)\hat{x}_{t-1} \\ - (1-\gamma_x)\hat{\tilde{c}}_t \end{pmatrix}$$

$$\Rightarrow (1 + \tau) \lambda V^\sigma \hat{\lambda}_t + (1 + \tau) \lambda V^\sigma \sigma \hat{v}_t + \tau \lambda V^\sigma \hat{\tau}_t$$

$$= (1 - \psi \gamma_x N^\theta) \hat{\mu}_{c,t} - \psi \gamma_x N^\theta (\theta \hat{n}_t$$
$$+ (1-\gamma_x)\hat{x}_{t-1} - (1-\gamma_x)\hat{\tilde{c}}_t)$$

$$\Rightarrow (1 + \tau) \lambda V^\sigma \hat{\lambda}_t$$

$$= (1 - \psi \gamma_x N^\theta) \hat{\mu}_{c,t} - \psi \gamma_x N^\theta (\theta \hat{n}_t + (1-\gamma_x)\hat{x}_{t-1}$$
$$- (1-\gamma_x)\hat{\tilde{c}}_t) - (1 + \tau) \lambda V^\sigma \sigma \hat{v}_t - \tau \lambda V^\sigma \hat{\tau}_t$$

$$\hat{\lambda}_t = \left(\frac{\psi \gamma_x N^\theta}{1 - \psi \gamma_x N^\theta} \right) ((1-\gamma_x)\hat{\tilde{c}}_t - (1-\gamma_x)\hat{x}_{t-1} - \theta \hat{n}_t)$$

$$-\left(\frac{\tau}{1+\tau}\right)\hat{\tau}_t - \sigma\hat{\upsilon}_t + \hat{\mu}_{c,t}$$

$$\beta E_t\left\{\frac{\lambda_{t+1}}{\lambda_t}\frac{(1+r_t)P_t}{P_{t+1}}\right\} = 1$$

$$\Rightarrow \beta(1+r_t)E_t\{\lambda_{t+1}\} = \lambda_t E_t\{\pi_{t+1}\}$$

$$\Rightarrow \beta(1+r)e^{\hat{r}_t}\lambda e^{E_t\{\hat{\lambda}_{t+1}\}} = \lambda e^{\hat{\lambda}_t}e^{E_t\{\hat{\pi}_{t+1}\}}$$

$$\Rightarrow e^{\hat{r}_t+E_t\{\hat{\lambda}_{t+1}\}} = e^{\hat{\lambda}_t+E_t\{\hat{\pi}_{t+1}\}}$$

$$\Rightarrow (1+\hat{r}_t + E_t\{\hat{\lambda}_{t+1}\}) = (1+\hat{\lambda}_t + E_t\{\hat{\pi}_{t+1}\})$$

$$\Rightarrow \hat{\lambda}_t = E_t\{\hat{\lambda}_{t+1}\} + (\hat{r}_t - E_t\{\hat{\pi}_{t+1}\})$$

$$E_t\left(\frac{\varepsilon_t}{\varepsilon_{t+1}}\right) = e^{-\kappa n\hat{f}a_t+\hat{\mu}_t^\phi}\left(\frac{1+r_t^*}{1+r_t}\right)$$

$$\Rightarrow e^{\hat{\varepsilon}_t}e^{-E_t\hat{\varepsilon}_{t+1}} = e^{-\kappa n\hat{f}a_t+\hat{\mu}_t^\phi}(1+r^*)e^{\hat{r}_t^*}(1+r)^{-1}e^{-\hat{r}_t}$$

$$\Rightarrow e^{\hat{\varepsilon}_t-E_t\hat{\varepsilon}_{t+1}} = e^{-\kappa n\hat{f}a_t+\hat{\mu}_t^\phi+\hat{r}_t^*-\hat{r}_t}$$

$$\Rightarrow \hat{\varepsilon}_t - E_t\hat{\varepsilon}_{t+1} = -\kappa n\hat{f}a_t + \hat{\mu}_t^\phi + \hat{r}_t^* - \hat{r}_t$$

$$\Rightarrow \hat{\varepsilon}_t = E_t\hat{\varepsilon}_{t+1} + \hat{r}_t^* - \hat{r}_t - \kappa n\hat{f}a_t + \hat{\mu}_t^\phi$$

or

$$\Rightarrow \hat{\varepsilon}_{t-1} = \hat{\varepsilon}_t + \hat{r}_{t-1}^* - \hat{r}_{t-1} - \kappa n\hat{f}a_{t-1} + \hat{\mu}_t^\phi$$

由于 $\hat{s}_t = \hat{\varepsilon}_t + \hat{p}_t^* - \hat{p}_{H,t}$，则有：

$$\hat{\varepsilon}_t = \hat{s}_t - \hat{p}_t^* + \hat{p}_{H,t}$$
$$\hat{\varepsilon}_{t+1} = \hat{s}_{t+1} - \hat{p}_{t+1}^* + \hat{p}_{H,t+1}$$

带入上式

$$\hat{s}_t = E_t\hat{s}_{t+1} + (\hat{r}_t^* - \hat{\pi}_{t+1}^*) - (\hat{r}_t - \hat{\pi}_{H,t+1}) - \kappa n\hat{f}a_t + \hat{\mu}_t^\phi$$

或有

$$\hat{s}_{t-1} = \hat{s}_t + (\hat{r}_{t-1}^* - \hat{\pi}_t^*) - (\hat{r}_{t-1} - \hat{\pi}_{H,t}) - \kappa n\hat{f}a_{t-1} + \hat{\mu}_t^\phi$$

（三）最优工资决策

在有效劳动需求约束和家庭预算约束条件，以及 $W_{t+k}(i) = \pi_{t+k-1}^{\gamma_w} W_{t+k-1}(i) = \cdots = \left(\prod\limits_{s=0}^{k} \pi_{t+s-1}^{\gamma_w}\right) W_t^{new}(i)$ 的条件下，家庭在 t 期重新设定新工资 $W_t^{new}(i)$ 以最大化其效用：

$$\underset{\langle W_t^{new} \rangle}{\text{Max}} E_t \left\{ \sum_{k=0}^{\infty} (\beta\vartheta_w)^k U(C_{t+k}(i), N_{t+k}(i)) \right\}$$

$$N_{t+k}(i) = \left(\frac{W_{t+k}(i)}{W_{t+k}}\right)^{-\varepsilon_w} N_{t+k} = \left(\frac{\left(\prod\limits_{s=0}^{k} \pi_{t+s-1}^{\gamma_w}\right) W_t^{new}(i)}{W_{t+k}}\right)^{-\varepsilon_w} N_{t+k}$$

$s.t.$

$$(1+\tau_{t+k}) P_{t+k} C_{t+k}(i) + E_{t+k}\{Q_{t+k,t+k+1} B_{t+k+1}(i)\}$$

$$\leqslant (1-\tau_{t+k})\left(\prod_{s=0}^{k} \pi_{t+s-1}^{\gamma_w}\right) W_t^{new}(i) N_{t+k}(i) + B_{t+k}(i) + \Gamma_{t+k}(i)$$

首先，针对有效劳动需求，求 $N_{t+k}(i)$ 关于 $W_t^{new}(i)$ 的偏导：

$$\frac{\partial N_{t+k}(i)}{\partial W_t^{new}(i)} = (-\varepsilon_w) \left(\frac{\left(\prod\limits_{s=0}^{k} \pi_{t+s-1}^{\gamma_w}\right) W_t^{new}(i)}{W_{t+k}}\right)^{-\varepsilon_w - 1} \frac{\left(\prod\limits_{s=0}^{k} \pi_{t+s-1}^{\gamma_w}\right) N_{t+k}}{W_{t+k}}$$

$$= (-\varepsilon_w) \left(\frac{\left(\prod\limits_{s=0}^{k} \pi_{t+s-1}^{\gamma_w}\right) W_t^{new}(i)}{W_{t+k}}\right)^{-\varepsilon_w} \frac{N_{t+k}}{W_t^{new}(i)}$$

$$= (-\varepsilon_w) \frac{N_{t+k}(i)}{W_t^{new}(i)}$$

其次，针对预算约束，求 $C_{t+k}(i)$ 关于 $W_t^{new}(i)$ 的偏导

$$\because (1+\tau_{t+k}) P_{t+k} \frac{\partial C_{t+k}(i)}{\partial W_t^{new}(i)} = (1-\tau_{t+k})\left(\prod_{s=0}^{k} \pi_{t+s-1}^{\gamma_w}\right) N_{t+k}(i) +$$

$$(1-\tau_{t+k})\left(\prod_{s=0}^{k}\pi_{t+s-1}^{\gamma_w}\right)W_t^{new}(i)\frac{\partial N_{t+k}(i)}{\partial W_t^{new}(i)}$$

$$\therefore \frac{\partial C_{t+k}(i)}{\partial W_t^{new}(i)}=\frac{1-\tau_{t+k}}{1+\tau_{t+k}}\left\{\left(\prod_{s=0}^{k}\pi_{t+s-1}^{\gamma_w}\right)\frac{N_{t+k}(i)}{P_{t+k}}+\left(\prod_{s=0}^{k}\pi_{t+s-1}^{\gamma_w}\right)\right.$$

$$\left.\frac{W_t^{new}(i)}{P_{t+k}}(-\varepsilon_w)\frac{N_{t+k}(i)}{W_t^{new}(i)}\right\}=\frac{(1-\tau_{t+k})(1-\varepsilon_w)}{1+\tau_{t+k}}\left(\prod_{s=0}^{k}\pi_{t+s-1}^{\gamma_w}\right)$$

$$\frac{N_{t+k}(i)}{P_{t+k}}.$$

最后，令 $L\equiv\underset{\langle W_t^{new}(i)\rangle}{\text{Max}}E_t\left\{\sum_{k=0}^{\infty}(\beta\theta_w)^k U(C_{t+k}(i),N_{t+k}(i))\right\}$，则有：

$$\frac{\partial L}{\partial W_t^{new}(i)}=E_t\left\{\sum_{k=0}^{\infty}(\beta\theta_w)^k U(C_{t+k}(i),N_{t+k}(i))\right\}$$

$$=E_t\left\{\sum_{k=0}^{\infty}(\beta\theta_w)^k\left[\frac{\partial U(C_{t+k}(i),N_{t+k}(i))}{\partial C_{t+k}(i)}\frac{\partial C_{t+k}(i)}{\partial W_t^{new}(i)}\right.\right.$$

$$\left.\left.+\frac{\partial U(C_{t+k}(i),N_{t+k}(i))}{\partial N_{t+k}(i)}\frac{\partial N_{t+k}(i)}{\partial W_t^{new}(i)}\right]\right\}$$

$$=E_t\left\{\sum_{k=0}^{\infty}(\beta\theta_w)^k\left[U_c(C_{t+k}(i),N_{t+k}(i))\frac{\partial C_{t+k}(i)}{\partial W_t^{new}(i)}\right.\right.$$

$$\left.\left.+U_n(C_{t+k}(i),N_{t+k}(i))\frac{\partial N_{t+k}(i)}{\partial W_t^{new}(i)}\right]\right\}$$

$$=E_t\left\{\sum_{k=0}^{\infty}(\beta\theta_w)^k U_c(C_{t+k}(i),N_{t+k}(i))\right.$$

$$\left[\frac{(1-\tau_{t+k})(1-\varepsilon_w)}{1+\tau_{t+k}}\left(\prod_{s=0}^{k}\pi_{t+s-1}^{\gamma_w}\right)\frac{N_{t+k}(i)}{P_{t+k}}\right.$$

$$\left.\left.+\frac{U_n(C_{t+k}(i),N_{t+k}(i))}{U_c(C_{t+k}(i),N_{t+k}(i))}(-\varepsilon_w)\frac{N_{t+k}(i)}{W_t^{new}(i)}\right]\right\}=0$$

我们令 $MRS_{t+k}(i)\equiv-\dfrac{U_n(C_{t+k}(i),N_{t+k}(i))}{U_c(C_{t+k}(i),N_{t+k}(i))}$，它表示在第 t 期

重新设定工资的家庭在 $t+k$ 期的消费与劳动的边际替代率,于是上式可写为:

$$E_t\Big\{\sum_{k=0}^{\infty}(\beta\theta_w)^k U_c(C_{t+k}(i),N_{t+k}(i))\Big[\frac{(1-\tau_{t+k})(1-\varepsilon_w)}{1+\tau_{t+k}}$$

$$(\prod_{s=0}^{k}\pi_{t+s-1}^{\gamma_w})\frac{N_{t+k}(i)}{P_{t+k}}-MRS_{t+k}(i)(-\varepsilon_w)\frac{N_{t+k}(i)}{W_t^{new}(i)}\Big]\Big\}=0$$

$$\Rightarrow E_t\Big\{\sum_{k=0}^{\infty}(\beta\theta_w)^k(1-\varepsilon_w)\frac{N_{t+k}(i)}{W_t^{new}(i)}U_c(C_{t+k}(i),N_{t+k}(i))$$

$$\Big[\Big(\frac{1-\tau_{t+k}}{1+\tau_{t+k}}\Big)(\prod_{s=0}^{k}\pi_{t+s-1}^{\gamma_w})\frac{W_t^{new}(i)}{P_{t+k}}-\Big(\frac{\varepsilon_w}{\varepsilon_w-1}\Big)MRS_{t+k}(i)\Big]\Big\}=0$$

$$\Rightarrow E_t\Big\{\sum_{k=0}^{\infty}(\beta\theta_w)^k N_{t+k}(i)U_c(C_{t+k}(i),N_{t+k}(i))$$

$$\Big[\Big(\frac{1-\tau_{t+k}}{1+\tau_{t+k}}\Big)(\prod_{s=0}^{k}\pi_{t+s-1}^{\gamma_w})\frac{W_t^{new}(i)}{P_{t+k}}-\Big(\frac{\varepsilon_w}{\varepsilon_w-1}\Big)MRS_{t+k}(i)\Big]\Big\}=0$$

$$\Rightarrow E_t\Big\{\sum_{k=0}^{\infty}(\beta\theta_w)^k N_{t+k}(i)U_c(C_{t+k}(i),N_{t+k}(i))$$

$$\Big[\Big(\frac{1-\tau_{t+k}}{1+\tau_{t+k}}\Big)\frac{W_{t+k}(i)}{P_{t+k}}-\Big(\frac{\varepsilon_w}{\varepsilon_w-1}\Big)MRS_{t+k}(i)\Big]\Big\}=0$$

这里,我们令 $z_{t+k}\equiv\dfrac{1-\tau_{t+k}}{1+\tau_{t+k}}$。

1. 线性化 $W_{t+k}(i)=\pi_{t+k-1}^{\gamma_w}W_{t+k-1}(i)=\cdots=(\prod_{s=0}^{k}\pi_{t+s-1}^{\gamma_w})W_t^{new}(i)$,我们得到:

$$\hat{W}_{t+k}(i)=\hat{W}_t^{new}(i)+\gamma_w(\hat{p}_{t+k-1}-\hat{p}_{t-1}).$$

$$\Rightarrow(\hat{w}_{t+k}(i)+\hat{p}_{t+k})=(\hat{w}_t^{new}(i)+\hat{p}_t)+\gamma_w(\hat{p}_{t+k-1}-\hat{p}_{t-1}).$$

$$\Rightarrow\hat{w}_{t+k}(i)=\hat{w}_t^{new}(i)+(\hat{p}_t-\gamma_w\hat{p}_{t-1})-(\hat{p}_{t+k}-\gamma_w\hat{p}_{t+k-1}).$$

2. 线性化 $z_{t+k} \equiv \dfrac{1 - \tau_{t+k}}{1 + \tau_{t+k}}$，我们得到：

$$z_{t+k} \equiv \frac{1 - \tau_{t+k}}{1 + \tau_{t+k}}$$

$$\Rightarrow (1 + \tau_{t+k}) z_{t+k} \equiv 1 - \tau_{t+k}$$

$$\Rightarrow z_{t+k} + \tau_{t+k} z_{t+k} \equiv 1 - \tau_{t+k}$$

$$\Rightarrow z e^{\hat{z}_{t+k}} + \tau z e^{\hat{\tau}_{t+k} + \hat{z}_{t+k}} = 1 - \tau e^{\hat{\tau}_{t+k}}$$

$$\Rightarrow z(1 + \hat{z}_{t+k}) + \tau z(1 + \hat{\tau}_{t+k} + \hat{z}_{t+k}) = 1 - \tau(1 + \hat{\tau}_{t+k})$$

$$\Rightarrow z\hat{z}_{t+k} + \tau z\hat{\tau}_{t+k} + \tau z\hat{z}_{t+k} = -\tau\hat{\tau}_{t+k}$$

$$\Rightarrow (1 + \tau) z\hat{z}_{t+k} = -(1 + z)\tau\hat{\tau}_{t+k}$$

$$\Rightarrow \hat{z}_{t+k} = -\frac{(1 + z)\tau}{z(1 + \tau)}\hat{\tau}_{t+k} = -\frac{2\tau}{(1 + \tau)(1 - \tau)}\hat{\tau}_{t+k}.$$

$$\left(\because z \equiv \frac{1 - \tau}{1 + \tau} \right)$$

3. 线性化最优一阶条件

最优一阶条件的稳态为：

$$\left(\frac{\varepsilon_w}{\varepsilon_w - 1} \right) MRS(i) = \left(\frac{1 - \tau}{1 + \tau} \right)\left(\frac{W(i)}{P} \right) = \left(\frac{1 - \tau}{1 + \tau} \right) w(i)$$

即：

$$MRS(i) = \left(\frac{\varepsilon_w - 1}{\varepsilon_w} \right)\left(\frac{1 - \tau}{1 + \tau} \right) w(i)$$

围绕该稳态线性化最优一阶条件：

$$E_t \left\{ \sum_{k=0}^{\infty} (\beta\theta_w)^k (\hat{z}_{t+k} + \hat{W}_{t+k}(i) - \hat{P}_{t+k}) \right\}$$

$$= E_t \left\{ \sum_{k=0}^{\infty} (\beta\theta_w)^k m\hat{rs}_{t+k}(i) \right\}$$

$$\Rightarrow E_t \left\{ \sum_{k=0}^{\infty} (\beta\theta_w)^k (\hat{z}_{t+k} + \hat{w}_{t+k}(i)) \right\} = E_t \left\{ \sum_{k=0}^{\infty} (\beta\theta_w)^k m\hat{rs}_{t+k}(i) \right\}$$

$$\Rightarrow E_t \left\{ \sum_{k=0}^{\infty} (\beta\theta_w)^k \left(\begin{array}{c} \hat{z}_{t+k} + \hat{w}_t^{new}(i) + (\hat{p}_t - \gamma_w \hat{p}_{t-1}) \\ - (\hat{p}_{t+k} - \gamma_w \hat{p}_{t+k-1}) \end{array} \right) \right\}$$

$$= E_t \left\{ \sum_{k=0}^{\infty} (\beta\theta_w)^k m\hat{rs}_{t+k}(i) \right\}$$

$$\Rightarrow E_t \left\{ \sum_{k=0}^{\infty} (\beta\theta_w)^k (\hat{w}_t^{new}(i) + \hat{p}_t - \gamma_w \hat{p}_{t-1}) \right\}$$

$$- E_t \left\{ \sum_{k=0}^{\infty} (\beta\theta_w)^k (\hat{p}_{t+k} - \gamma_w \hat{p}_{t+k-1} - \hat{z}_{t+k}) \right\}$$

$$= E_t \left\{ \sum_{k=0}^{\infty} (\beta\theta_w)^k m\hat{rs}_{t+k}(i) \right\}$$

$$\Rightarrow (\hat{w}_t^{new}(i) + \hat{p}_t - \gamma_w \hat{p}_{t-1}) E_t \left\{ \sum_{k=0}^{\infty} (\beta\theta_w)^k \right\}$$

$$= E_t \left\{ \sum_{k=0}^{\infty} (\beta\theta_w)^k m\hat{rs}_{t+k}(i) - \hat{z}_{t+k} \right\}$$

$$+ E_t \left\{ \sum_{k=0}^{\infty} (\beta\theta_w)^k (\hat{p}_{t+k} - \gamma_w \hat{p}_{t+k-1}) \right\}$$

$$\Rightarrow (\hat{w}_t^{new}(i) + \hat{p}_t - \gamma_w \hat{p}_{t-1}) (1 + (\beta\theta_w) + (\beta\theta_w)^2 + \cdots)$$

$$= E_t \left\{ \sum_{k=0}^{\infty} (\beta\theta_w)^k (m\hat{rs}_{t+k}(i) - \hat{z}_{t+k} + \hat{p}_{t+k} - \gamma_w \hat{p}_{t+k-1}) \right\}$$

$$\Rightarrow \hat{w}_t^{new}(i) + \hat{p}_t - \gamma_w \hat{p}_{t-1}$$

$$= (1 + (\beta\theta_w) + (\beta\theta_w)^2 + \cdots)^{-1}$$

$$E_t \left\{ \sum_{k=0}^{\infty} (\beta\theta_w)^k (m\hat{rs}_{t+k}(i) - \hat{z}_{t+k} + \hat{p}_{t+k} - \gamma_w \hat{p}_{t+k-1}) \right\}$$

最终得到：

$$\hat{w}_t^{new}(i) + \hat{p}_t - \gamma_w \hat{p}_{t-1} =$$

$$(1-\beta\theta_w)E_t\left\{\sum_{k=0}^{\infty}(\beta\theta_w)^k(m\hat{r}s_{t+k}(i)-\hat{z}_{t+k}+\hat{p}_{t+k}-\gamma_w\hat{p}_{t+k-1})\right\}$$

对称均衡处，我们有：

$$\hat{w}_t^{new}+\hat{p}_t-\gamma_w\hat{p}_{t-1}=$$

$$(1-\beta\theta_w)E_t\left\{\sum_{k=0}^{\infty}(\beta\theta_w)^k(m\hat{r}s_{t+k}-\hat{z}_{t+k}+\hat{p}_{t+k}-\gamma_w\hat{p}_{t+k-1})\right\}$$

2. 线性化消费与劳动的边际替代率

由于消费的边际效用为：

$$U_c(C_{t+k}(i),N_{t+k}(i))=$$

$$\mu_{c,t+k}(\widetilde{C}_{t+k}(i)-\psi N_{t+k}^\theta(i)X_{t+k}(i))^{-\sigma}$$

$$(1-\psi\gamma_x N_{t+k}^\theta(i)(X_{t+k-1}(i)/\widetilde{C}_{t+k}(i))^{1-\gamma_x})$$

并且劳动的边际负效用为：

$$U_n(C_{t+k}(i),N_{t+k}(i))=$$

$$\mu_{c,t+k}(\widetilde{C}_{t+k}(i)-\psi N_{t+k}^\theta(i)X_{t+k}(i))^{-\sigma}(-\psi\theta N_{t+k}^{\theta-1}(i))$$

因此，消费与劳动时间的边际替代率为：

$$MRS_{t+k}(i)\equiv\frac{\mu_{c,t+k}(\widetilde{C}_{t+k}(i)-\psi N_{t+k}^\theta(i)X_{t+k}(i))^{-\sigma}\psi\theta N_{t+k}^{\theta-1}(i)}{\mu_{c,t+k}(\widetilde{C}_{t+k}(i)-\psi N_{t+k}^\theta(i)X_{t+k}(i))^{-\sigma}}$$

$$(1-\psi\gamma_x N_{t+k}^\theta(i)(X_{t+k-1}(i)/\widetilde{C}_{t+k}(i))^{1-\gamma_x})$$

$$=\frac{\psi\theta N_{t+k}^{\theta-1}(i)}{1-\psi\gamma_x N_{t+k}^\theta(i)(X_{t+k-1}(i)/\widetilde{C}_{t+k}(i))^{1-\gamma_x}}$$

其稳态为：

$$MRS(i)=\frac{\psi\theta N^{\theta-1}(i)}{1-\psi\gamma_x N^\theta(i)}$$

线性化该式,得到:

$$MRS_{t+k}(i) = \frac{\psi\theta N_{t+k}^{\theta-1}(i)}{1 - \psi\gamma_x N_{t+k}^\theta(i)(X_{t+k-1}(i)/\widetilde{C}_{t+k}(i))^{1-\gamma_x}}$$

$$\Rightarrow MRS_{t+k}(i)(1 - \psi\gamma_x N_{t+k}^\theta(i)(X_{t+k-1}(i)/\widetilde{C}_{t+k}(i))^{1-\gamma_x})$$

$$= \psi\theta N_{t+k}^{\theta-1}(i)$$

$$\Rightarrow MRS_{t+k}(i) - \psi\gamma_x MRS_{t+k}(i)N_{t+k}^\theta(i)\big(X_{t+k-1}(i)/\widetilde{C}_{t+k}(i)\big)^{1-\gamma_x}$$

$$= \psi\theta N_{t+k}^{\theta-1}(i)$$

$$\Rightarrow \psi\theta(N(i)e^{\hat{n}_{t+k}(i)})^{\theta-1} = MRS(i)e^{m\hat{r}s_{t+k}(i)} - \psi\gamma_x MRS(i)e^{m\hat{r}s_{t+k}(i)}$$

$$(N(i)e^{\hat{n}_{t+k}(i)})^\theta (X(i)e^{\hat{x}_{t+k-1}(i)}/(\widetilde{C}(i)e^{\hat{\tilde{c}}_{t+k}(i)}))^{1-\gamma_x}$$

$$\Rightarrow \psi\theta N^{\theta-1}(i)e^{(\theta-1)\hat{n}_{t+k}(i)}$$

$$= MRS(i)e^{m\hat{r}s_{t+k}(i)} - \psi\gamma_x MRS(i)N^\theta(i)X^{1-\gamma_x}(i)\widetilde{C}^{-(1-\gamma_x)}(i)$$

$$e^{m\hat{r}s_{t+k}(i)}e^{\theta\hat{n}_{t+k}(i)}e^{(1-\gamma_x)\hat{x}_{t+k-1}(i)}e^{-(1-\gamma_x)\hat{\tilde{c}}_{t+k}(i)}$$

$$\Rightarrow \psi\theta N^{\theta-1}(i)e^{(\theta-1)\hat{n}_{t+k}(i)}$$

$$= MRS(i)e^{m\hat{r}s_{t+k}(i)} - \psi\gamma_x MRS(i)N^\theta(i)X^{1-\gamma_x}(i)\widetilde{C}^{-(1-\gamma_x)}(i)$$

$$e^{m\hat{r}s_{t+k}(i)+\theta\hat{n}_{t+k}(i)+(1-\gamma_x)\hat{x}_{t+k-1}(i)-(1-\gamma_x)\hat{\tilde{c}}_{t+k}(i)}$$

$$\Rightarrow \psi\theta N^{\theta-1}(i)(\theta-1)\hat{n}_{t+k}(i) = MRS(i)m\hat{r}s_{t+k}(i)$$

$$- \psi\gamma_x MRS(i)N^\theta(i)X^{1-\gamma_x}(i)\widetilde{C}^{-(1-\gamma_x)}(i)$$

$$(m\hat{r}s_{t+k}(i) + \theta\hat{n}_{t+k}(i) + (1-\gamma_x)\hat{x}_{t+k-1}(i) - (1-\gamma_x)\hat{\tilde{c}}_{t+k}(i))$$

$$\Rightarrow (1 - \psi\gamma_x N^\theta(i)X^{1-\gamma_x}(i)\widetilde{C}^{-(1-\gamma_x)}(i))MRS(i)m\hat{r}s_{t+k}(i)$$

$$= \psi\theta N^{\theta-1}(i)(\theta-1)\hat{n}_{t+k}(i) + \psi\gamma_x MRS(i)N^\theta(i)X^{1-\gamma_x}(i)$$

$$\widetilde{C}^{-(1-\gamma_x)}(i)(\theta\hat{n}_{t+k}(i) + (1-\gamma_x)\hat{x}_{t+k-1}(i) - (1-\gamma_x)\hat{\tilde{c}}_{t+k}(i))$$

$$\Rightarrow (1 - \psi\gamma_x N^\theta(i)X^{1-\gamma_x}(i)\widetilde{C}^{-(1-\gamma_x)}(i))MRS(i)m\hat{r}s_{t+k}(i)$$

$$= (\psi\theta N^{\theta-1}(\theta-1) + \psi\gamma_x MRSN^\theta X^{1-\gamma_x}\widetilde{C}^{-(1-\gamma_x)}\theta)\hat{n}_{t+k}(i)$$

$$+ \psi \gamma_x MRS(i) N^\theta(i) X(i)^{1-\gamma_x} \widetilde{C}(i)^{-(1-\gamma_x)}$$

$$((1-\gamma_x)\hat{x}_{t+k-1}(i) - (1-\gamma_x)\hat{\tilde{c}}_{t+k}(i))$$

$$\Rightarrow (1 - \psi\gamma_x N^\theta(i)) MRS(i) \hat{mrs}_{t+k}(i)$$

$$= (\psi\theta N^{\theta-1}(i)(\theta-1) + \psi\gamma_x MRS(i) N^\theta(i)\theta) \hat{n}_{t+k}(i)$$

$$+ \psi\gamma_x MRS(i) N^\theta(i)((1-\gamma_x)\hat{x}_{t+k-1}(i) - (1-\gamma_x)\hat{\tilde{c}}_{t+k}(i))$$

$$\Rightarrow \hat{mrs}_{t+k}(i) = \left((\theta-1) + \theta\, \frac{\psi\gamma_x N^\theta(i)}{1 - \psi\gamma_x N^\theta(i)}\right)\hat{n}_{t+k}(i)$$

$$+ \left(\frac{\psi\gamma_x N^\theta(i)}{1 - \psi\gamma_x N^\theta(i)}\right)((1-\gamma_x)\hat{x}_{t+k-1}(i) - (1-\gamma_x)\hat{\tilde{c}}_{t+k}(i)).$$

$\Big($利用了稳态关系：$(1 - \psi\gamma_x N^\theta(i)) MRS(i) = \psi\theta N^{\theta-1}(i)\Big)$

对称均衡处，$\hat{\tilde{c}}_{t+k}(i) = \hat{\tilde{c}}_{t+k}$，$\hat{x}_{t+k-1}(i) = \hat{x}_{t+k-1}$。因此 $t+k$ 时期的边际替代率可写为：

$$\hat{mrs}_{t+k} = \left((\theta-1) + \theta\, \frac{\psi\gamma_x N^\theta}{1 - \psi\gamma_x N^\theta}\right)\hat{n}_{t+k}$$

$$+ \left(\frac{\psi\gamma_x N^\theta}{1 - \psi\gamma_x N^\theta}\right)((1-\gamma_x)\hat{x}_{t+k-1} - (1-\gamma_x)\hat{\tilde{c}}_{t+k}).$$

4. 总的一阶条件线性化方程

我们将线性化后的一阶条件写成递归结构：

$$\hat{w}_t^{new} + (\hat{p}_t - \gamma_w \hat{p}_{t-1})$$

$$= (1-\beta\theta_w) E_t \Big\{\sum_{k=0}^{\infty} (\beta\theta_w)^k (\hat{mrs}_{t+k} - \hat{z}_{t+k} + \hat{p}_{t+k} - \gamma_w \hat{p}_{t+k-1})\Big\}.$$

$$= (1-\beta\theta_w)(\hat{mrs}_t - \hat{z}_t + \hat{p}_t - \gamma_w \hat{p}_{t-1})$$

$$+ (1-\beta\theta_w) E_t \Big\{\sum_{k=1}^{\infty} (\beta\theta_w)^k (\hat{mrs}_{t+k} - \hat{z}_{t+k}$$

$$+ \hat{p}_{t+k} - \gamma_w \hat{p}_{t+k-1})\Big\}.$$

$$= (1-\beta\theta_w)\,(m\hat{rs}_t - \hat{z}_t + \hat{p}_t - \gamma_w\hat{p}_{t-1})$$

$$+ (1-\beta\theta_w)\,E_t\Big\{ \sum_{s=0}^{\infty} (\beta\theta_w)^{s+1} \big(m\hat{rs}_{t+k+1} - \hat{z}_{t+k+1}$$

$$+ \hat{p}_{t+k+1} - \gamma_w\hat{p}_{t+k} \big) \Big\}.$$

$$= (1-\beta\theta_w)\,(m\hat{rs}_t - \hat{z}_t + \hat{p}_t - \gamma_w\hat{p}_{t-1})$$

$$+ (\beta\theta_w)\,(\hat{w}_{t+1}^{new} + (\hat{p}_{t+1} - \gamma_w\hat{p}_t)).$$

即是

$$\hat{w}_t^{new} + (\hat{p}_t - \gamma_w\hat{p}_{t-1})$$

$$= (1-\beta\theta_w)\,(m\hat{rs}_t - \hat{z}_t + \hat{p}_t - \gamma_w\hat{p}_{t-1})$$

$$+ (\beta\theta_w)\,(\hat{w}_{t+1}^{new} + (\hat{p}_{t+1} - \gamma_w\hat{p}_t)).$$

$$\Rightarrow \hat{w}_t^{new} - (\beta\theta_w)\,\hat{w}_{t+1}^{new}$$

$$= (1-\beta\theta_w)\,(m\hat{rs}_t - \hat{z}_t) + (1-\beta\theta_w)\,(\hat{p}_t - \gamma_w\hat{p}_{t-1})$$

$$- (\hat{p}_t - \gamma_w\hat{p}_{t-1}) + (\beta\theta_w)\,(\hat{p}_{t+1} - \gamma_w\hat{p}_t).$$

$$\Rightarrow \hat{w}_t^{new} - (\beta\theta_w)\,\hat{w}_{t+1}^{new}$$

$$= (1-\beta\theta_w)\,(m\hat{rs}_t - \hat{z}_t)$$

$$- (\beta\theta_w)\,(\hat{p}_t - \gamma_w\hat{p}_{t-1}) + (\beta\theta_w)\,(\hat{p}_{t+1} - \gamma_w\hat{p}_t).$$

$$\Rightarrow \hat{w}_t^{new} - (\beta\theta_w)\,\hat{w}_{t+1}^{new}$$

$$= (1-\beta\theta_w)\,(m\hat{rs}_t - \hat{z}_t) + (\beta\theta_w)\,(\hat{p}_{t+1} - \gamma_w\hat{p}_t - \hat{p}_t + \gamma_w\hat{p}_{t-1}).$$

$$\Rightarrow \hat{w}_t^{new} - (\beta\theta_w)\,\hat{w}_{t+1}^{new}$$

$$= (1-\beta\theta_w)\,(m\hat{rs}_t - \hat{z}_t) + (\beta\theta_w)$$

$$((\hat{p}_{t+1} - \hat{p}_t) - \gamma_w(\hat{p}_t - \hat{p}_{t-1})).$$

$$\Rightarrow \hat{w}_t^{new} - (\beta\theta_w)\,\hat{w}_{t+1}^{new}$$

$$= (1-\beta\theta_w)\,(m\hat{rs}_t - \hat{z}_t) + (\beta\theta_w)\,(\hat{\pi}_{t+1} - \gamma_w\hat{\pi}_t)$$

5. 线性化总工资指数方程

$$W_t = \left[\theta_w \left(\pi_{t-1}^{\gamma_w} W_{t-1}\right)^{1-\varepsilon_w} + (1-\theta_w)\left(W_t^{new}\right)^{1-\varepsilon_w}\right]^{\frac{1}{1-\varepsilon_w}}$$

其对数线性化形式为:

$$\hat{W}_t = \theta_w \hat{W}_{t-1} + \gamma_w \theta_w \hat{\pi}_{t-1} + (1-\theta_w)\hat{W}_t^{new}$$

即

$$\hat{W}_t^{new} = \frac{1}{1-\theta_w}\hat{W}_t - \frac{\theta_w}{1-\theta_w}\hat{W}_{t-1} - \frac{\gamma_w \theta_w}{1-\theta_w}\hat{\pi}_{t-1}$$

利用名义工资的定义: $\hat{W}_t = \hat{w}_t + \hat{p}_t$,则:

$$\hat{w}_t^{new} + \hat{p}_t = \frac{1}{1-\theta_w}(\hat{w}_t + \hat{p}_t) - \frac{\theta_w}{1-\theta_w}(\hat{w}_{t-1} + \hat{p}_{t-1}) - \frac{\gamma_w \theta_w}{1-\theta_w}\hat{\pi}_{t-1}$$

$$\Rightarrow \hat{w}_t^{new} = \frac{1}{1-\theta_w}\hat{w}_t - \frac{\theta_w}{1-\theta_w}\hat{w}_{t-1} + \frac{\theta_w}{1-\theta_w}\hat{\pi}_t - \frac{\gamma_w \theta_w}{1-\theta_w}\hat{\pi}_{t-1}$$

6. 最终实际工资方程

$$\hat{w}_t^{new} - (\beta\theta_w)\hat{w}_{t+1}^{new} = (1-\beta\theta_w)(\hat{mrs}_t - \hat{z}_t)$$
$$+ (\beta\theta_w)(\hat{\pi}_{t+1} - \gamma_w \hat{\pi}_t)$$

$$\Rightarrow \left(\frac{1}{1-\theta_w}\hat{w}_t - \frac{\theta_w}{1-\theta_w}\hat{w}_{t-1} + \frac{\theta_w}{1-\theta_w}\hat{\pi}_t - \frac{\gamma_w \theta_w}{1-\theta_w}\hat{\pi}_{t-1}\right)$$

$$- \left(\frac{\beta\theta_w}{1-\theta_w}E_t\hat{w}_{t+1} - \frac{\beta\theta_w^2}{1-\theta_w}\hat{w}_t + \frac{\beta\theta_w^2}{1-\theta_w}E_t\hat{\pi}_{t+1} - \frac{\beta\theta_w^2\gamma_w}{1-\theta_w}\hat{\pi}_t\right)$$

$$- (1-\beta\theta_w)\hat{w}_t$$

$$= (1-\beta\theta_w)(\hat{mrs}_t - \hat{z}_t) + (\beta\theta_w)(\hat{\pi}_{t+1} - \gamma_w \hat{\pi}_t)$$

$$- (1-\beta\theta_w)\hat{w}_t.$$

整理为:

$$\frac{1}{1-\theta_w}\hat{w}_t + \frac{\beta\theta_w^2}{1-\theta_w}\hat{w}_t - (1-\beta\theta_w)\hat{w}_t$$

$$=\frac{\beta\theta_w}{1-\theta_w}E_t\hat{w}_{t+1} + \frac{\theta_w}{1-\theta_w}\hat{w}_{t-1} + \frac{\beta\theta_w^2}{1-\theta_w}E_t\hat{\pi}_{t+1} - \frac{\beta\theta_w^2\gamma_w}{1-\theta_w}\hat{\pi}_t$$

$$-\frac{\theta_w}{1-\theta_w}\hat{\pi}_t + \frac{\gamma_w\theta_w}{1-\theta_w}\hat{\pi}_{t-1} + (\beta\theta_w)(\hat{\pi}_{t+1} - \gamma_w\hat{\pi}_t)$$

$$+ (1-\beta\theta_w)(\hat{mrs}_t - \hat{z}_t - \hat{w}_t).$$

$$\Rightarrow \frac{(1+\beta)\theta_w}{1-\theta_w}\hat{w}_t = \frac{\beta\theta_w}{1-\theta_w}E_t\hat{w}_{t+1} + \frac{\theta_w}{1-\theta_w}\hat{w}_{t-1} + \frac{\beta\theta_w^2}{1-\theta_w}E_t\hat{\pi}_{t+1}$$

$$+ (\beta\theta_w)\hat{\pi}_{t+1} - \frac{\beta\theta_w^2\gamma_w}{1-\theta_w}\hat{\pi}_t - \frac{\theta_w}{1-\theta_w}\hat{\pi}_t - (\beta\theta_w)\gamma_w\hat{\pi}_t + \frac{\gamma_w\theta_w}{1-\theta_w}\hat{\pi}_{t-1}$$

$$+ (1-\beta\theta_w)(\hat{mrs}_t - \hat{z}_t - \hat{w}_t).$$

$$\Rightarrow \frac{(1+\beta)\theta_w}{1-\theta_w}\hat{w}_t = \frac{\beta\theta_w}{1-\theta_w}E_t\hat{w}_{t+1} + \frac{\theta_w}{1-\theta_w}\hat{w}_{t-1} + \frac{\beta\theta_w}{1-\theta_w}E_t\hat{\pi}_{t+1}$$

$$-\frac{\theta_w(1+\beta\gamma_w)}{1-\theta_w}\hat{\pi}_t + \frac{\gamma_w\theta_w}{1-\theta_w}\hat{\pi}_{t-1} + (1-\beta\theta_w)(\hat{mrs}_t - \hat{z}_t - \hat{w}_t).$$

$$\Rightarrow \hat{w}_t = \frac{\beta}{1+\beta}E_t\hat{w}_{t+1} + \frac{1}{1+\beta}\hat{w}_{t-1} + \frac{\beta}{1+\beta}E_t\hat{\pi}_{t+1} - \frac{1+\beta\gamma_w}{1+\beta}\hat{\pi}_t$$

$$+ \frac{\gamma_w}{1+\beta}\hat{\pi}_{t-1} + \frac{(1-\theta_w)(1-\beta\theta_w)}{(1+\beta)\theta_w}(\hat{mrs}_t - \hat{z}_t - \hat{w}_t).$$

最终得到：

$$\hat{w}_t = \frac{\beta}{1+\beta}E_t\hat{w}_{t+1} + \frac{1}{1+\beta}\hat{w}_{t-1} + \frac{\beta}{1+\beta}E_t\hat{\pi}_{t+1} - \frac{1+\beta\gamma_w}{1+\beta}\hat{\pi}_t$$

$$+ \frac{\gamma_w}{1+\beta}\hat{\pi}_{t-1} + \frac{(1-\theta_w)(1-\beta\theta_w)}{(1+\beta)\theta_w}(\hat{mrs}_t - \hat{z}_t - \hat{w}_t)$$

这里，令 $\lambda_w \equiv \dfrac{(1-\theta_w)(1-\beta\theta_w)}{(1+\beta)\theta_w}$，并且

$$mr\hat{s}_t = \left((\theta - 1) + \theta \frac{\psi \gamma_x N^\theta}{1 - \psi \gamma_x N^\theta}\right) \hat{n}_t$$

$$+ \left(\frac{\psi \gamma_x N^\theta}{1 - \psi \gamma_x N^\theta}\right) ((1 - \gamma_x) \hat{x}_{t-1} - (1 - \gamma_x) \hat{\tilde{c}}_t).$$

$$\hat{z}_t = - \frac{2\tau}{(1 + \tau)(1 - \tau)} \hat{\tau}_t.$$

于是

$$\hat{w}_t = \frac{\beta}{1 + \beta} E_t \hat{w}_{t+1} + \frac{1}{1 + \beta} \hat{w}_{t-1} + \frac{\beta}{1 + \beta} E_t \hat{\pi}_{t+1} - \frac{1 + \beta \gamma_w}{1 + \beta} \hat{\pi}_t$$

$$+ \frac{\gamma_w}{1 + \beta} \hat{\pi}_{t-1} + \lambda_w \left(mr\hat{s}_t - \hat{w}_t + \frac{2\tau}{(1 + \tau)(1 - \tau)} \hat{\tau}_t\right).$$

二、国内通胀, CPI 通胀, 实际汇率与贸易条件

（一）CPI 通胀

CPI 定义为：

$$P_t = \left[(1 - \gamma) P_{H,t}^{1-\eta} + \gamma P_{F,t}^{1-\eta}\right]^{\frac{1}{1-\eta}}$$

对数线性化该式, 得到：

$$\hat{p}_t = (1 - \gamma) \hat{p}_{H,t} + \gamma \hat{p}_{F,t}$$

贸易条件定义为：

$$S_t \equiv \frac{P_{F,t}}{P_{H,t}}$$

对数线性化该式, 得到：

$$\hat{s}_t = \hat{p}_{F,t} - \hat{p}_{H,t}$$

将上述两个对数线性化式子合并, 得到：

$$\hat{p}_t = \hat{p}_{H,t} + \gamma \hat{s}_t$$

将国内产品通胀和 CPI 通胀分别定义为：

$$\hat{\pi}_{H,t} \equiv \hat{p}_{H,t} - \hat{p}_{H,t-1}$$

$$\hat{\pi}_t \equiv \hat{p}_t - \hat{p}_{t-1}$$

于是，我们有：

$$\hat{\pi}_t = \hat{\pi}_{H,t} + \gamma \Delta \hat{s}_t$$

（二）实际汇率

实际汇率定义为：

$$Q_t = \frac{\varepsilon_t P_t^*}{P_t}$$

对数线性化该式，得到：

$$\hat{q}_t = \hat{\varepsilon}_t + \hat{p}_t^* - \hat{p}_t$$

由一价定律 $\varepsilon_t \equiv \dfrac{P_{F,t}}{P_{F,t}^*}$，我们得到：

$$\hat{\varepsilon}_t = \hat{p}_{F,t} - \hat{p}_{F,t}^*$$

又因为在小型开放经济模型环境下，整个国外经济体部分被近似看成为一个封闭经济体，因此有：

$$\hat{p}_t^* = \hat{p}_{F,t}^*$$

将上两式代入对数线性化的贸易条件中，我们得到：

$$\begin{aligned}
\hat{s}_t &= \hat{p}_{F,t} - \hat{p}_{H,t} \\
&= \hat{\varepsilon}_t + \hat{p}_{F,t}^* - \hat{p}_{H,t} \\
&= \hat{\varepsilon}_t + \hat{p}_t^* - \hat{p}_{H,t}
\end{aligned}$$

最终有：

$$\hat{\varepsilon}_t + \hat{p}_t^* = \hat{s}_t + \hat{p}_{H,t}$$

将该式代入对数线性化的实际汇率中，我们得到：

$$\hat{q}_t = \hat{\varepsilon}_t + \hat{p}_t^* - \hat{p}_t$$
$$= \hat{s}_t + \hat{p}_{H,t} - \hat{p}_t$$

由于 $\hat{p}_t = \hat{p}_{H,t} + \gamma \hat{s}_t$，最终：

$$\hat{q}_t = (1-\gamma)\hat{s}_t$$

四、企业部门

（一）生产函数

中间产品生产企业的生产函数为：

$$Y_t(j) = A_t N_t(j)^{1-\alpha_n} G_t^{\alpha_n}$$

对称均衡处，生产函数可表示为：

$$Y_t = A_t N_t^{1-\alpha_n} G_t^{\alpha_n}$$

其稳态为：

$$Y = N^{1-\alpha_n} G^{\alpha_n}$$
$$1 = \left(\frac{N}{Y}\right)^{1-\alpha_n} \left(\frac{G}{Y}\right)^{\alpha_n}$$

围绕该稳态的线性化形式为：

$$\hat{y}_t = \hat{a}_t + (1-\alpha_n)\hat{n}_t + \alpha_n \hat{g}_t$$

（二）边际生产成本

中间产品生产企业在产出一定的约束下，通过劳动投入的

选择,以实现其成本最小化:

$$\underset{\langle N_t(j)\rangle}{\text{Min}} \{W_t N_t(j)\}$$

$$s.t. \quad Y_t(j) = A_t N_t(j)^{1-\alpha_n} G_t^{\alpha_n}$$

建立相应的拉格朗日函数:

$$L_t = W_t N_t(j) + P_{H,t} G_t + \lambda_t(j)(Y_t(j) - A_t N_t(j)^{1-\alpha_n} G_t^{\alpha_n})$$

该优化问题的一阶条件为:

$$\frac{\partial L}{\partial N_t(j)} = 0$$

$$\Rightarrow W_t - \lambda_t(j)(1-\alpha_n) A_t N_t(j)^{-\alpha_n} G_t^{\alpha_n} = 0$$

$$\Rightarrow W_t - \lambda_t(j)(1-\alpha_n) \frac{A_t N_t(j)^{1-\alpha_n} G_t^{\alpha_n}}{N_t(j)} = 0$$

$$\Rightarrow W_t = \lambda_t(j)(1-\alpha_n) \frac{Y_t(j)}{N_t(j)}$$

$$\Rightarrow \lambda_t(j) = \frac{W_t}{(1-\alpha_n)} \left(\frac{N_t(j)}{Y_t(j)}\right)$$

这里,拉格朗日乘子 λ_t 就是生产的名义边际成本 $MC_t^n(j)$,于是实际边际生产成本 $MC_t(j) \equiv MC_t^n(j)/P_{H,t}$ 变为:

$$MC_t(j) \equiv \frac{W_t}{(1-\alpha_n)P_{H,t}} \frac{N_t(j)}{Y_t(j)}$$

$$= \left(\frac{W_t}{(1-\alpha_n)P_t}\right) \left(\frac{P_t}{P_{H,t}}\right) \frac{N_t(j)}{Y_t(j)}$$

$$= \left(\frac{w_t}{(1-\alpha_n)}\right) \left(\frac{P_t}{P_{H,t}}\right) \frac{N_t(j)}{Y_t(j)}$$

对称均衡下,该式在 t + k 的表示为:

$$MC_{t+k} = \left(\frac{w_{t+k}}{(1-\alpha_n)} \right) \left(\frac{P_{t+k}}{P_{H,t+k}} \right) \left(\frac{N_{t+k}}{Y_{t+k}} \right)$$

该表达式的稳态为：

$$MC = \frac{w}{1-\alpha_n} \frac{N}{Y}$$

围绕该稳态的线性化形式为：

$$\hat{mc}_t = \hat{w}_t + (\hat{n}_t - \hat{y}_t) - \hat{a}_t + (\hat{p}_t - \hat{p}_{H,t})$$
$$= \hat{w}_t + (\hat{n}_t - \hat{y}_t) - \hat{a}_t + \gamma \hat{s}_t$$
$$= \hat{w}_t + \hat{n}_t - \hat{y}_t - \hat{a}_t + \gamma \hat{s}_t$$

（三）黏性定价

假设中间产品生产企业定价遵从 Calvo（1983）的做法，每个时期以 $(1-\theta_H)$ 的概率来选择其新价格，以 θ_H 的概率仍采用原来的价格。在给定的时期内，每个企业重新定价，在时间上是相互独立的，每个期间的长度约为 $1/(1-\theta_H)$。

假设 $P_{H,t}^{new}(j)$ 是企业 j 在 t 时期所重新设定的价格，在卡尔沃价格设定框架下，$P_{H,t+k}(j) = \pi_{H,t+k-1}^{\gamma_p} P_{H,t+k-1}(j) = \cdots = (\prod_{s=0}^{k} \pi_{H,t+s-1}^{\gamma_p}) P_{H,t}^{new}(j)$，概率为 $(\theta_H)^k$，$k = 0, 1, 2, \cdots$。因为所有的企业都是在给定期间内重新最优化，以获得相同的最优价格，因此我们选择企业 j 作为代表进行重新最优化。

当企业 j 在 t 时期重新设定价格时，它通过选择价格 $P_{H,t}^{new}$ 使其利润最大化：

$$\max_{\langle P_{H,t}^{new}(j) \rangle} E_t \sum_{k=0}^{\infty} (\theta_H)^k \beta^k \left(\frac{\lambda_{t+k}}{\lambda_t} \right)$$

$$\left(\left(\prod_{s=0}^{k}\pi_{H,\,t+s-1}^{\gamma_p}\right)P_{H,\,t}^{new}(j)Y_{t+k}(j)-\psi_{t+k}(Y_{t+k}(j))\right)$$

并服从 $t+k$ 时期的需求约束条件：

$$Y_{t+k}(j)=\left(\frac{P_{H,\,t+k}(j)}{P_{H,\,t+k}}\right)^{-\varepsilon}Y_{t+k}=\left(\frac{\left(\prod_{s=0}^{k}\pi_{H,\,t+s-1}^{\gamma_p}\right)P_{H,\,t}^{new}(j)}{P_{H,\,t+k}}\right)^{-\varepsilon}Y_{t+k}$$

其中，$\beta^k\left(\frac{\lambda_{t+k}}{\lambda_t}\right)$ 为随机贴现因子；$Y_{t+k}(j)$ 为在 t 时期最后一次重新定价的企业在 $t+k$ 时期的产出；而 $\psi_{t+k}(Y_{t+k}(j))$ 则是中间产品生产企业的生产总成本函数，它是 $t+k$ 期产出的一个函数。

首先，针对中间产品需求函数，求 $Y_{t+k}(j)$ 关于 $P_{H,\,t}^{new}(j)$ 的偏导：

$$\frac{\partial Y_{t+k}(j)}{\partial P_{H,\,t}^{new}(j)}=(-\varepsilon)\left(\frac{\left(\prod_{s=0}^{k}\pi_{H,\,t+s-1}^{\gamma_p}\right)P_{H,\,t}^{new}(j)}{P_{H,\,t+k}}\right)^{-\varepsilon-1}\frac{\left(\prod_{s=0}^{k}\pi_{H,\,t+s-1}^{\gamma_p}\right)Y_{t+k}}{P_{H,\,t+k}}$$

$$=(-\varepsilon)\left(\frac{P_{H,\,t}^{new}(j)}{P_{H,\,t+k}}\right)^{-\varepsilon}\frac{Y_{t+k}}{P_{H,\,t}^{new}(j)}=(-\varepsilon)\frac{Y_{t+k}(j)}{P_{H,\,t}^{new}(j)}$$

其次，针对目标函数，我们令

$$L\equiv E_t\sum_{k=0}^{\infty}(\beta\theta_H)^k\left(\frac{\lambda_{t+k}}{\lambda_t}\right)\left(\begin{array}{c}\left(\prod_{s=0}^{k}\pi_{H,\,t+s-1}^{\gamma_p}\right)P_{H,\,t}^{new}(j)Y_{t+k}(j)\\-\psi_{t+k}(Y_{t+k}(j))\end{array}\right),$$

于是求 L 关于 $P_{H,\,t}^{new}(j)$ 的偏导：

$$\frac{\partial L}{\partial P_{H,\,t}^{new}(j)}=E_t\sum_{k=0}^{\infty}(\beta\theta_H)^k\left(\frac{\lambda_{t+k}}{\lambda_t}\right)\left(\left(\prod_{s=0}^{k}\pi_{H,\,t+s-1}^{\gamma_p}\right)Y_{t+k}(j)\right.$$

$$+\left(\prod_{s=0}^{k}\pi_{H,\,t+s-1}^{\gamma_p}\right)P_{H,\,t}^{new}(j)\frac{\partial Y_{t+k}(j)}{\partial P_{H,\,t}^{new}(j)}-\frac{\partial\psi_{t+k}(Y_{t+k}(j))}{\partial P_{H,\,t}^{new}(j)}\right)MC_{t+k}^n(j)$$

$$= E_t \sum_{k=0}^{\infty} (\beta\theta_H)^k \left(\frac{\lambda_{t+k}}{\lambda_t}\right) \left(\left(\prod_{s=0}^{k} \pi_{H,\,t+s-1}^{\gamma_p}\right) Y_{t+k}(j) \right.$$

$$+ \left(\prod_{s=0}^{k} \pi_{H,\,t+s-1}^{\gamma_p}\right) P_{H,\,t}^{new}(j)(-\varepsilon) \frac{Y_{t+k}(j)}{P_{H,\,t}^{new}(j)}$$

$$\left. - \frac{\partial \psi_{t+k}(Y_{t+k}(j))}{\partial Y_{t+k}(j)} \frac{\partial Y_{t+k}(j)}{\partial P_{H,\,t}^{new}(j)} \right)$$

$$= E_t \sum_{k=0}^{\infty} (\beta\theta_H)^k \left(\frac{\lambda_{t+k}}{\lambda_t}\right) \left((1-\varepsilon) \left(\prod_{s=0}^{k} \pi_{H,\,t+s-1}^{\gamma_p}\right) Y_{t+k}(j) \right.$$

$$\left. - MC_{t+k}^n(j)(-\varepsilon) \frac{Y_{t+k}(j)}{P_{H,\,t}^{new}(j)} \right)$$

$$= E_t \sum_{k=0}^{\infty} (\beta\theta_H)^k \left(\frac{\lambda_{t+k}}{\lambda_t}\right) (1-\varepsilon) \frac{Y_{t+k}(j)}{P_{H,\,t}^{new}(j)} \left(\left(\prod_{s=0}^{k} \pi_{H,\,t+s-1}^{\gamma_p}\right) P_{H,\,t}^{new}(j) \right.$$

$$\left. - \left(\frac{\varepsilon}{\varepsilon-1}\right) MC_{t+k}^n(j) \right) = 0$$

其中，我们令 $MC_{t+k}^n(j) \equiv \dfrac{\partial \psi_{t+k}(Y_{t+k}(j))}{\partial Y_{t+k}(j)}$ 为在 t 时期最后一次重新定价的企业在 $t+k$ 时期的名义边际成本。于是，最终的一阶最优条件为：

$$E_t \sum_{k=0}^{\infty} (\beta\theta_H)^k \left(\frac{\lambda_{t+k}}{\lambda_t}\right) Y_{t+k}(j) \left(\left(\prod_{s=0}^{k} \pi_{H,\,t+s-1}^{\gamma_p}\right) P_{H,\,t}^{new}(j) - \left(\frac{\varepsilon}{\varepsilon-1}\right) MC_{t+k}^n(j) \right)$$
$$= 0$$

其 中， $P_{H,\,t+k}(j) = \pi_{H,\,t+k-1}^{\gamma_p} P_{H,\,t+k-1}(j) = \cdots = \left(\prod_{s=0}^{k} \pi_{H,\,t+s-1}^{\gamma_p}\right) P_{H,\,t}^{new}(j)$ 表示在 t 期最后一次重新设定价格的企业在 $t+k$ 期的价格；$Y_{t+k}(j)$ 表示在 t 期最后一次重新设定价格的企业在 $t+k$ 期的产出；而 $MC_{t+k}^n(j)$ 表示在 t 期最后一次重新设定价格的企业在 $t+k$ 期的名义边际成本。

1. 线性化最优一阶条件

上述一阶最优条件的稳态为：

$$MC = \frac{\varepsilon - 1}{\varepsilon}$$

这里，$MC = MC^n / P$ 为实际边际成本稳态。围绕该稳态，上述一阶最优条件可线性化为：

$$E_t \sum_{k=0}^{\infty} (\beta\theta_H)^k (\gamma_p (\hat{p}_{H,\,t+k-1} - \hat{p}_{H,\,t-1}) + \hat{p}_{H,\,t}^{new}(j))$$

$$= E_t \sum_{k=0}^{\infty} (\beta\theta_H)^k (\hat{mc}_{t+k}^n(j))$$

$$\Rightarrow (\hat{p}_{H,\,t}^{new}(j) - \gamma_p \hat{p}_{H,\,t-1}) E_t \sum_{k=0}^{\infty} (\beta\theta_H)^k$$

$$= E_t \sum_{k=0}^{\infty} (\beta\theta_H)^k (\hat{mc}_{t+k}(j) + \hat{p}_{H,\,t+k} - \gamma_p \hat{p}_{H,\,t+k-1})$$

$$\Rightarrow (\hat{p}_{H,\,t}^{new}(j) - \gamma_p \hat{p}_{H,\,t-1}) (1 + (\beta\theta_H) + (\beta\theta_H)^2 + \cdots)$$

$$= E_t \sum_{k=0}^{\infty} (\beta\theta_H)^k (\hat{mc}_{t+k}(j) + \hat{p}_{H,\,t+k} - \gamma_p \hat{p}_{H,\,t+k-1})$$

$$\Rightarrow \hat{p}_{H,\,t}^{new}(j) - \gamma_p \hat{p}_{H,\,t-1}$$

$$= (1 + (\beta\theta_H) + (\beta\theta_H)^2 + \cdots)^{-1} E_t \sum_{k=0}^{\infty}$$
$$(\beta\theta_H)^k (\hat{mc}_{t+k}(j) + \hat{p}_{H,\,t+k} - \gamma_p \hat{p}_{H,\,t+k-1})$$

$$\Rightarrow \hat{p}_{H,\,t}^{new}(j) - \gamma_p \hat{p}_{H,\,t-1}$$

$$= (1 - \beta\theta_H) E_t \sum_{k=0}^{\infty} (\beta\theta_H)^k (\hat{mc}_{t+k}(j) + \hat{p}_{H,\,t+k} - \gamma_p \hat{p}_{H,\,t+k-1})$$

其中，$\hat{mc}_{t+k}^n(j) = \hat{mc}_{t+k}(j) + \hat{p}_{H,\,t+k}$ 为线性化的名义边际成本定义。

对称均衡处，我们有如下关系：

$$\hat{p}_{H,\,t}^{new} - \gamma_p \hat{p}_{H,\,t-1} =$$

$$(1-\beta\theta_H) E_t \sum_{k=0}^{\infty} (\beta\theta_H)^k (m\hat{c}_{t+k} + \hat{p}_{H,\,t+k} - \gamma_p \hat{p}_{H,\,t+k-1})$$

并改写成为递归形式：

$$\hat{p}_{H,\,t}^{new} - \gamma_p \hat{p}_{H,\,t-1}$$

$$= (1-\beta\theta_H) E_t \sum_{k=0}^{\infty} (\beta\theta_H)^k (m\hat{c}_{t+k} + \hat{p}_{H,\,t+k} - \gamma_p \hat{p}_{H,\,t+k-1})$$

$$= (1-\beta\theta_H) (m\hat{c}_t + \hat{p}_{H,\,t} - \gamma_p \hat{p}_{H,\,t-1})$$

$$+ (1-\beta\theta_H) E_t \sum_{k=1}^{\infty} (\beta\theta_H)^k (m\hat{c}_{t+k} + \hat{p}_{H,\,t+k} - \gamma_p \hat{p}_{H,\,t+k-1})$$

$$= (1-\beta\theta_H) (m\hat{c}_t + \hat{p}_{H,\,t} - \gamma_p \hat{p}_{H,\,t-1})$$

$$+ (1-\beta\theta_H) E_t \sum_{s=0}^{\infty} (\beta\theta_H)^{s+1} (m\hat{c}_{t+s+1} + \hat{p}_{H,\,t+s+1} - \gamma_p \hat{p}_{H,\,t+s})$$

$$= (1-\beta\theta_H) (m\hat{c}_t + \hat{p}_{H,\,t} - \gamma_p \hat{p}_{H,\,t-1})$$

$$+ (\beta\theta_H)(1-\beta\theta_H) E_t \sum_{s=0}^{\infty} (\beta\theta_H)^s (m\hat{c}_{t+s+1} + \hat{p}_{H,\,t+s+1} - \gamma_p \hat{p}_{H,\,t+s})$$

$$= (1-\beta\theta_H) (m\hat{c}_t + \hat{p}_{H,\,t} - \gamma_p \hat{p}_{H,\,t-1})$$

$$+ (\beta\theta_H)(E_t \hat{p}_{H,\,t+1}^{new} - \gamma_p \hat{p}_{H,\,t})$$

即是：

$$(\hat{p}_{H,\,t}^{new} - (\beta\theta_H) E_t \hat{p}_{H,\,t+1}^{new}) - \gamma_p \hat{p}_{H,\,t-1}$$

$$= (1-\beta\theta_H)(m\hat{c}_t + \hat{p}_{H,\,t} - \gamma_p \hat{p}_{H,\,t-1}) - \beta\theta_H \gamma_p \hat{p}_{H,\,t}$$

$$\Rightarrow (\hat{p}_{H,\,t}^{new} - (\beta\theta_H) E_t \hat{p}_{H,\,t+1}^{new}) = (1-\beta\theta_H) m\hat{c}_t$$

$$+ (1-\beta\theta_H)(\hat{p}_{H,\,t} - \gamma_p \hat{p}_{H,\,t-1}) - \beta\theta_H \gamma_p \hat{p}_{H,\,t} + \gamma_p \hat{p}_{H,\,t-1}$$

$$\Rightarrow (\hat{p}_{H,\,t}^{new} - (\beta\theta_H) E_t \hat{p}_{H,\,t+1}^{new}) = (1-\beta\theta_H) m\hat{c}_t + (1-\beta\theta_H) \hat{p}_{H,\,t}$$

$$- (1-\beta\theta_H) \gamma_p \hat{p}_{H,\,t-1} - \beta\theta_H \gamma_p \hat{p}_{H,\,t} + \gamma_p \hat{p}_{H,\,t-1}$$

$$\Rightarrow (\hat{p}_{H,\,t}^{new} - (\beta\theta_H) E_t \hat{p}_{H,\,t+1}^{new}) = (1-\beta\theta_H) m\hat{c}_t$$

$$+ (1-\beta\theta_H) \hat{p}_{H,\,t} + \beta\theta_H \gamma_p \hat{p}_{H,\,t-1} - \beta\theta_H \gamma_p \hat{p}_{H,\,t}$$

$$\Rightarrow \hat{p}_{H,t}^{new} - (\beta\theta_H) E_t \hat{p}_{H,t+1}^{new} = (1-\beta\theta_H) m\hat{c}_t$$
$$+ (1-\beta\theta_H) \hat{p}_{H,t} - (\beta\theta_H\gamma_p)\hat{\pi}_{H,t}$$

2. 线性化总价格指数方程

$$P_{H,t} = [\theta_H (\pi_{H,t-1}^{\gamma_p} P_{H,t-1})^{1-\varepsilon} + (1-\theta_H)(P_{H,t}^{new})^{1-\varepsilon}]^{\frac{1}{1-\varepsilon}}$$

其对数线性化方程为:

$$\hat{p}_{H,t} = \theta_H \hat{p}_{H,t-1} + \theta_H \gamma_p \hat{\pi}_{H,t-1} + (1-\theta_H)\hat{p}_{H,t}^{new}$$

则有:

$$\hat{p}_{H,t}^{new} = \frac{1}{1-\theta_H}\hat{p}_{H,t} - \frac{\theta_H}{1-\theta_H}\hat{p}_{H,t-1} - \frac{\theta_H\gamma_p}{1-\theta_H}\hat{\pi}_{H,t-1}.$$

3. 最终国内产品价格菲利普斯曲线方程

$$\hat{p}_{H,t}^{new} - (\beta\theta_H) E_t \hat{p}_{H,t+1}^{new}$$
$$= (1-\beta\theta_H) m\hat{c}_t + (1-\beta\theta_H)\hat{p}_{H,t} - (\beta\theta_H\gamma_p)\hat{\pi}_{H,t}$$
$$\Rightarrow \left(\frac{1}{1-\theta_H}\hat{p}_{H,t} - \frac{\theta_H}{1-\theta_H}\hat{p}_{H,t-1} - \frac{\theta_H\gamma_p}{1-\theta_H}\hat{\pi}_{H,t-1}\right)$$
$$- \left(\frac{\beta\theta_H}{1-\theta_H}E_t\hat{p}_{H,t+1} - \frac{\beta\theta_H^2}{1-\theta_H}\hat{p}_{H,t} - \frac{\beta\theta_H^2\gamma_p}{1-\theta_H}\hat{\pi}_{H,t}\right)$$
$$= (1-\beta\theta_H) m\hat{c}_t + (1-\beta\theta_H)\hat{p}_{H,t} - (\beta\theta_H\gamma_p)\hat{\pi}_{H,t}$$
$$\Rightarrow \frac{1}{1-\theta_H}\hat{p}_{H,t} + \frac{\beta\theta_H^2}{1-\theta_H}\hat{p}_{H,t} - \frac{\theta_H}{1-\theta_H}\hat{p}_{H,t-1} + \frac{\beta\theta_H^2\gamma_p}{1-\theta_H}\hat{\pi}_{H,t}$$
$$= \frac{\beta\theta_H}{1-\theta_H}E_t\hat{p}_{H,t+1} + \frac{\gamma_p\theta_H}{1-\theta_H}\hat{\pi}_{H,t-1} + (1-\beta\theta_H) m\hat{c}_t$$
$$+ (1-\beta\theta_H)\hat{p}_{H,t} - (\beta\theta_H\gamma_p)\hat{\pi}_{H,t}$$
$$\Rightarrow \frac{1}{1-\theta_H}\hat{p}_{H,t} + \frac{\beta\theta_H^2}{1-\theta_H}\hat{p}_{H,t} - \frac{\theta_H}{1-\theta_H}\hat{p}_{H,t-1} + \frac{\gamma_p\beta\theta_H^2}{1-\theta_H}\hat{\pi}_{H,t}$$

$$= \frac{\beta\theta_H}{1-\theta_H}(\hat{p}_{H,t+1} - \hat{p}_{H,t}) + \frac{\beta\theta_H}{1-\theta_H}\hat{p}_{H,t} + \frac{\gamma_p\theta_H}{1-\theta_H}E_t\hat{\pi}_{H,t-1}$$
$$+ (1-\beta\theta_H)m\hat{c}_t + (1-\beta\theta_H)\hat{p}_{H,t} - (\beta\theta_H\gamma_p)\hat{\pi}_{H,t}$$

$$\Rightarrow \frac{1}{1-\theta_H}\hat{p}_{H,t} + \frac{\beta\theta_H^2}{1-\theta_H}\hat{p}_{H,t} - \frac{\theta_H}{1-\theta_H}\hat{p}_{H,t-1} - \frac{\beta\theta_H}{1-\theta_H}\hat{p}_{H,t}$$
$$- (1-\beta\theta_H)\hat{p}_{H,t} + \frac{\gamma_p\beta\theta_H^2}{1-\theta_H}\hat{\pi}_{H,t}$$

$$= \frac{\beta\theta_H}{1-\theta_H}E_t\hat{\pi}_{H,t+1} + \frac{\gamma_p\theta_H}{1-\theta_H}\hat{\pi}_{H,t-1} + (1-\beta\theta_H)m\hat{c}_t - (\beta\theta_H\gamma_p)\hat{\pi}_{H,t}$$

$$\Rightarrow \frac{1+\beta\theta_H^2-\beta\theta_H-(1-\theta_H)(1-\beta\theta_H)}{1-\theta_H}\hat{p}_{H,t}$$
$$- \frac{\theta_H}{1-\theta_H}\hat{p}_{H,t-1} + \frac{\gamma_p\beta\theta_H^2}{1-\theta_H}\hat{\pi}_{H,t}$$

$$= \frac{\beta\theta_H}{1-\theta_H}E_t\hat{\pi}_{H,t+1} + \frac{\gamma_p\theta_H}{1-\theta_H}\hat{\pi}_{H,t-1} + (1-\beta\theta_H)m\hat{c}_t - (\beta\theta_H\gamma_p)\hat{\pi}_{H,t}$$

$$\Rightarrow \frac{\theta_H}{1-\theta_H}\hat{p}_{H,t} - \frac{\theta_H}{1-\theta_H}\hat{p}_{H,t-1} + \left(\frac{\beta\theta_H^2\gamma_p}{1-\theta_H}\right)\hat{\pi}_{H,t}$$

$$= \frac{\beta\theta_H}{1-\theta_H}E_t\hat{\pi}_{H,t+1} + \frac{\gamma_p\theta_H}{1-\theta_H}\hat{\pi}_{H,t-1} + (1-\beta\theta_H)m\hat{c}_t - (\beta\theta_H\gamma_p)\hat{\pi}_{H,t}$$

$$\Rightarrow \frac{\theta_H}{1-\theta_H}\hat{\pi}_{H,t} + \frac{\beta\theta_H^2\gamma_p}{1-\theta_H}\hat{\pi}_{H,t} + \beta\theta_H\gamma_p\hat{\pi}_{H,t}$$

$$= \frac{\beta\theta_H}{1-\theta_H}E_t\hat{\pi}_{H,t+1} + \frac{\gamma_p\theta_H}{1-\theta_H}\hat{\pi}_{H,t-1} + (1-\beta\theta_H)m\hat{c}_t$$

$$\Rightarrow \frac{\theta_H+\beta\theta_H^2\gamma_p+\beta\theta_H\gamma_p(1-\theta_H)}{1-\theta_H}\hat{\pi}_{H,t}$$

$$= \frac{\beta\theta_H}{1-\theta_H}E_t\hat{\pi}_{H,t+1} + \frac{\gamma_p\theta_H}{1-\theta_H}\hat{\pi}_{H,t-1} + (1-\beta\theta_H)m\hat{c}_t$$

$$\Rightarrow \frac{\theta_H+\beta\theta_H\gamma_p}{1-\theta_H}\hat{\pi}_{H,t}$$

$$= \frac{\beta \theta_H}{1 - \theta_H} E_t \hat{\pi}_{H, t+1} + \frac{\gamma_p \theta_H}{1 - \theta_H} \hat{\pi}_{H, t-1} + (1 - \beta \theta_H) \hat{mc}_t$$

$$\Rightarrow \frac{\theta_H (1 + \beta \gamma_p)}{1 - \theta_H} \hat{\pi}_{H, t}$$

$$= \frac{\beta \theta_H}{1 - \theta_H} E_t \hat{\pi}_{H, t+1} + \frac{\gamma_p \theta_H}{1 - \theta_H} \hat{\pi}_{H, t-1} + (1 - \beta \theta_H) \hat{mc}_t$$

$$\Rightarrow \hat{\pi}_{H, t} = \frac{\beta}{1 + \beta \gamma_p} E_t \hat{\pi}_{H, t+1} + \frac{\gamma_p}{1 + \beta \gamma_p} \hat{\pi}_{H, t-1}$$

$$+ \frac{(1 - \theta_H)(1 - \beta \theta_H)}{(1 + \beta \gamma_p) \theta_H} \hat{mc}_t$$

最终为：

$$\hat{\pi}_{H, t} = \frac{\beta}{1 + \beta \gamma_p} E_t \hat{\pi}_{H, t+1} + \frac{\gamma_p}{1 + \beta \gamma_p} \hat{\pi}_{H, t-1}$$

$$+ \frac{(1 - \theta_H)(1 - \beta \theta_H)}{(1 + \beta \gamma_p) \theta_H} \hat{mc}_t$$

其中，$\lambda_p \equiv \frac{(1 - \theta_H)(1 - \beta \theta_H)}{(1 + \beta \gamma_p) \theta_H}$；$\hat{mc}_t$ 为实际边际成本 MC_{t+k} 的对数线性变量，而名义边际成本 $MC_{t+k}^n \equiv \frac{\partial \psi_{t+k}(Y_{t+k})}{\partial Y_{t+k}}$ 为在 t 时期最后一次重新定价的企业在 $t+k$ 时期的边际成本。

五、政府部门

（一）财政政策

$$\frac{B_t}{(1 + r_t) P_t} + \tau_t \left(\frac{C_t}{P_t} + \frac{W_t N_t}{P_t} \right) = \frac{B_{t-1}}{P_t} + \frac{P_{H, t}}{P_t} G_t$$

$$\frac{B_{t+1}}{(1 + r_t) P_t} + \tau_t \left(\frac{C_t}{P_t} + \frac{W_t N_t}{P_t} \right) = \frac{B_t}{P_t} + \frac{P_{H, t}}{P_t} G_t$$

其稳态为：

$$\tau\left(\frac{C}{Y}+\frac{W}{P}\frac{N}{Y}\right)=\left(\frac{r}{1+r}\right)\frac{b}{Y}+\frac{G}{Y}$$

线性化上式：

$$\tau_t(c_t+w_tN_t)+\frac{b_t}{1+r_t}=+\frac{b_{t-1}}{\pi_t}+\frac{P_{H,t}}{P_t}G_t.$$

$$\Rightarrow\tau e^{\hat{\tau}_t}(ce^{\hat{c}_t}+we^{\hat{w}_t}Ne^{\hat{n}_t})+\frac{be^{\hat{b}_t}}{(1+r)e^{\hat{r}_t}}=+\frac{be^{\hat{b}_{t-1}}}{e^{\hat{\pi}_t}}+Ge^{\hat{g}_t+\hat{p}_{H,t}-\hat{p}_t}$$

$$\Rightarrow\tau ce^{\hat{\tau}_t+\hat{c}_t}+\tau wNe^{\hat{\tau}_t+\hat{w}_t+\hat{n}_t}+\frac{b}{1+r}e^{\hat{b}_t-\hat{r}_t}$$

$$=+be^{\hat{b}_{t-1}-\hat{\pi}_t}+Ge^{\hat{g}_t+\hat{p}_{H,t}-\hat{p}_t}$$

$$\Rightarrow\tau c(1+\hat{\tau}_t+\hat{c}_t)+\tau wN(1+\hat{\tau}_t+\hat{w}_t+\hat{n}_t)+\frac{b}{1+r}(1+\hat{b}_t-\hat{r}_t)$$

$$=b(1+\hat{b}_{t-1}-\hat{\pi}_t)+G(1+\hat{g}_t+\hat{p}_{H,t}-\hat{p}_t)$$

$$\Rightarrow\tau((c+wN)\hat{\tau}_t+c\hat{c}_t+wN(\hat{w}_t+\hat{n}_t))+\frac{b}{1+r}(\hat{b}_t-\hat{r}_t)$$

$$=+b(\hat{b}_{t-1}-\hat{\pi}_t)+G(\hat{g}_t+\hat{p}_{H,t}-\hat{p}_t)$$

$$\Rightarrow\frac{b}{1+r}\hat{b}_t=b\hat{b}_{t-1}-b\hat{\pi}_t+\frac{b}{1+r}\hat{r}_t$$

$$+G(\hat{g}_t+\hat{p}_{H,t}-\hat{p}_t)-\tau((c+wN)\hat{\tau}_t+c\hat{c}_t+wN(\hat{w}_t+\hat{n}_t))$$

$$\Rightarrow\frac{b}{Y}\hat{b}_t=(1+r)\left[\begin{array}{l}\frac{b}{Y}\hat{b}_{t-1}+\frac{1}{1+r}\frac{b}{Y}\hat{r}_t-\frac{b}{Y}\hat{\pi}_t+\frac{G}{Y}(\hat{g}_t-\gamma\hat{s}_t)\\-\tau\frac{C}{Y}(\hat{\tau}_t+\hat{c}_t)-\tau w\frac{N}{Y}(\hat{\tau}_t+\hat{w}_t+\hat{n}_t)\end{array}\right].$$

$$\tau_t(c_t+w_tN_t)+\frac{b_{t+1}\pi_{t+1}}{1+r_t}=+b_t+\frac{P_{H,t}}{P_t}G_t$$

$$\Rightarrow \tau e^{\hat{\tau}_t}(ce^{\hat{c}_t} + we^{\hat{w}_t}Ne^{\hat{n}_t}) + \frac{be^{\hat{b}_{t+1}}e^{\hat{\pi}_{t+1}}}{(1+r)e^{\hat{r}_t}} = +be^{\hat{b}_t} + Ge^{\hat{g}_t + \hat{p}_{H,t} - \hat{p}_t}$$

$$\Rightarrow \tau ce^{\hat{\tau}_t + \hat{c}_t} + \tau wNe^{\hat{\tau}_t + \hat{w}_t + \hat{n}_t} + \frac{b}{1+r}e^{\hat{b}_{t+1} + \hat{\pi}_{t+1} - \hat{r}_t}$$

$$= +be^{\hat{b}_t} + Ge^{\hat{g}_t + \hat{p}_{H,t} - \hat{p}_t}$$

$$\Rightarrow \tau c(1 + \hat{\tau}_t + \hat{c}_t) + \tau wN(1 + \hat{\tau}_t + \hat{w}_t + \hat{n}_t)$$

$$+ \frac{b}{1+r}(1 + \hat{b}_{t+1} + \hat{\pi}_{t+1} - \hat{r}_t)$$

$$= b(1 + \hat{b}_t) + G(1 + \hat{g}_t + \hat{p}_{H,t} - \hat{p}_t)$$

$$\Rightarrow \tau((c + wN)\hat{\tau}_t + c\hat{c}_t + wN(\hat{w}_t + \hat{n}_t))$$

$$+ \frac{b}{1+r}(\hat{b}_{t+1} + \hat{\pi}_{t+1} - \hat{r}_t) = b\hat{b}_t + G(\hat{g}_t + \hat{p}_{H,t} - \hat{p}_t)$$

$$\Rightarrow \frac{b}{1+r}\hat{b}_{t+1} = b\hat{b}_t - \frac{b}{1+r}\hat{\pi}_{t+1} + \frac{b}{1+r}\hat{r}_t + G(\hat{g}_t + \hat{p}_{H,t} - \hat{p}_t)$$

$$- \tau((c + wN)\hat{\tau}_t + c\hat{c}_t + wN(\hat{w}_t + \hat{n}_t))$$

$$\Rightarrow \frac{b}{Y}\hat{b}_{t+1}$$

$$= (1+r)\left[\begin{array}{c} \frac{b}{Y}\hat{b}_t + \frac{1}{1+r}\frac{b}{Y}\hat{r}_t - \frac{1}{1+r}\frac{b}{Y}\hat{\pi}_{t+1} + \frac{G}{Y}(\hat{g}_t - \gamma\hat{s}_t) \\ - \tau\frac{C}{Y}(\hat{\tau}_t + \hat{c}_t) - \tau w\frac{N}{Y}(\hat{\tau}_t + \hat{w}_t + \hat{n}_t) \end{array}\right].$$

其中,关于 $\hat{g}_t$ 和 $\hat{\tau}_t$ 的财政政策规则,本文参考卞志村、杨源源 (2016),设定为:

$$\hat{g}_t = h^g\hat{g}_{t-1} + (1 - h^g)(-\psi_g\hat{y}_t - \phi_g\hat{b}_{t-1} + \hat{u}_{gt}),$$

$$\hat{u}_{gt} = \rho_g\hat{u}_{gt-1} + \hat{\varepsilon}_{gt}, \quad \hat{\varepsilon}_{gt} \sim i.i.d - N(0,1)$$

$$\hat{\tau}_t = \psi_\tau\hat{y}_t + \phi_\tau\hat{b}_{t-1} + \hat{u}_{\tau t}, \quad \hat{u}_{\tau t} = \rho_\tau\hat{u}_{\tau t-1} + \hat{\varepsilon}_{gt},$$

$$\hat{\varepsilon}_{\tau t} \sim i.i.d - N(0,1)$$

（二）货币政策

在本文中将货币政策设置成一个简单的数量型政策规则形式，其表达式为：

$$\hat{r}_t = \rho_r \hat{r}_{t-1} + (1-\rho_r)(\phi_\pi E\{\hat{\pi}_t\} + \phi_y E\{\hat{y}_t\}) + \hat{\varepsilon}_{r,t}$$

其中，$\hat{\varepsilon}_{\mu,t}$ 是货币的外生冲击。货币当局主要通过相关的货币政策工具来管理 CPI 通胀，产出以及实际汇率，从而使宏观经济平稳增长，以实现经济目标。

六、经济均衡

（一）产品市场均衡

产品市场的出清条件为：

产品市场的出清条件为：

$$Y_t(j) = nC_{H,t}(j) + (1-n)C_{H,t}^*(j) + G_t(j)$$

其中，国内消费需求为：

$$\left. \begin{array}{l} C_{H,t}(j) = \left(\dfrac{1}{n}\right)\left(\dfrac{P_{H,t}(j)}{P_{H,t}}\right)^{-\varepsilon} C_{H,t} \\[3mm] C_{H,t} = (1-\gamma)\left(\dfrac{P_{H,t}}{P_t}\right)^{-\eta} C_t \end{array} \right\} \Rightarrow C_{H,t}(j)$$

$$= (1-\gamma)\left(\frac{1}{n}\right)\left(\frac{P_{H,t}(j)}{P_{H,t}}\right)^{-\varepsilon}\left(\frac{P_{H,t}}{P_t}\right)^{-\eta} C_t$$

国内政府需求为：

$$G_t(j) = \left(\frac{P_{H,t}(j)}{P_{H,t}}\right)^{-\varepsilon} G_t$$

而出口消费需求恰好是国外经济体的进口消费需求，为：

$$C_{H,t}^*(j) = \left(\frac{1}{n}\right)\left(\frac{P_{H,t}^*(j)}{P_{H,t}^*}\right)^{-\varepsilon} C_{H,t}^* = \left(\frac{1}{n}\right)\left(\left(\frac{P_{H,t}(j)}{\varepsilon_t}\right)\left(\frac{\varepsilon_t}{P_{H,t}}\right)\right)^{-\varepsilon} C_{H,t}^*$$

$$= \left(\frac{1}{n}\right)\left(\frac{P_{H,t}(j)}{P_{H,t}}\right)^{-\varepsilon} C_{H,t}^*$$

$$C_{H,t}^* = \gamma^* \left(\frac{P_{H,t}^*}{P_t^*}\right)^{-\eta} C_t^*$$

$$\Rightarrow C_{H,t}^*(j) = \gamma^* \left(\frac{1}{n}\right)\left(\frac{P_{H,t}(j)}{P_{H,t}}\right)^{-\varepsilon}\left(\frac{P_{H,t}^*}{P_t^*}\right)^{-\eta} C_t^*$$

于是

$$Y_t(j) = nC_{H,t}(j) + (1-n)C_{H,t}^*(j) + G_t(j).$$

$$= n(1-\gamma)\left(\frac{1}{n}\right)\left(\frac{P_{H,t}(j)}{P_{H,t}}\right)^{-\varepsilon}\left(\frac{P_{H,t}}{P_t}\right)^{-\eta} C_t$$

$$+ (1-n)\gamma^*\left(\frac{1}{n}\right)\left(\frac{P_{H,t}(j)}{P_{H,t}}\right)^{-\varepsilon}\left(\frac{P_{H,t}^*}{P_t^*}\right)^{-\eta} C_t^* + \left(\frac{P_{H,t}(j)}{P_{H,t}}\right)^{-\varepsilon} G_t.$$

$$= (1-\gamma)\left(\frac{P_{H,t}(j)}{P_{H,t}}\right)^{-\varepsilon}\left(\frac{P_{H,t}}{P_t}\right)^{-\eta} C_t$$

$$+ \gamma^*\left(\frac{1-n}{n}\right)\left(\frac{P_{H,t}(j)}{P_{H,t}}\right)^{-\varepsilon}\left(\frac{P_{H,t}^*}{P_t^*}\right)^{-\eta} C_t^* + \left(\frac{P_{H,t}(j)}{P_{H,t}}\right)^{-\varepsilon} G_t.$$

$$= \left(\frac{P_{H,t}(j)}{P_{H,t}}\right)^{-\varepsilon}\left(\frac{P_{H,t}}{P_t}\right)^{-\eta}\Big[(1-\gamma)C_t$$

$$+ \gamma^*\left(\frac{1-n}{n}\right)\left(\frac{P_{H,t}}{P_t}\right)^{\eta}\left(\frac{P_{H,t}^*}{P_t^*}\right)^{-\eta} C_t^* + \left(\frac{P_{H,t}}{P_t}\right)^{\eta} G_t\Big].$$

$$= \left(\frac{P_{H,t}(j)}{P_{H,t}}\right)^{-\varepsilon}\left(\frac{P_{H,t}}{P_t}\right)^{-\eta}\Big[(1-\gamma)C_t$$

$$+ \gamma^*\left(\frac{1-n}{n}\right)\left(\left(\frac{P_{H,t}}{P_t}\right)\left(\frac{P_t^*}{P_{H,t}^*}\right)\right)^{\eta} C_t^* + \left(\frac{P_{H,t}}{P_t}\right)^{\eta} G_t\Big].$$

$$= \left(\frac{P_{H,t}(j)}{P_{H,t}}\right)^{-\varepsilon} \left(\frac{P_{H,t}}{P_t}\right)^{-\eta} \Big[(1-\gamma)C_t$$

$$+ \gamma^* \left(\frac{1-n}{n}\right) \left(\left(\frac{P_{H,t}}{\varepsilon_t P_{H,t}^*}\right)\left(\frac{\varepsilon_t P_t^*}{P_t}\right)\right)^{\eta} C_t^* + \left(\frac{P_{H,t}}{P_t}\right)^{\eta} G_t \Big].$$

由于 $Y_t(j) = \left(\frac{P_{H,t}(j)}{P_{H,t}}\right)^{-\varepsilon} Y_t$，则有：

$$Y_t = \left(\frac{P_{H,t}}{P_t}\right)^{-\eta} \Big[(1-\gamma)C_t +$$

$$\gamma^* \left(\frac{1-n}{n}\right) \left(\left(\frac{P_{H,t}}{\varepsilon_t P_{H,t}^*}\right)\left(\frac{\varepsilon_t P_t^*}{P_t}\right)\right)^{\eta} C_t^* + \left(\frac{P_{H,t}}{P_t}\right)^{\eta} G_t \Big]$$

由于我们假定在所有时间对于单个产品一价定律（包括进口价格和出口价格都适用）都成立，因此，国内生产产品的国内售价 $P_{H,t}(j)$ 与其国外售价（即出口价）$P_{H,t}^*(j)$ 满足一价定律，即 $P_{H,t}(j) = \varepsilon_t P_{H,t}^*(j)$。将该式代入 $P_{H,t}$ 的定义式 $P_{H,t} \equiv \left(\int_0^1 P_{H,t}(j)^{1-\varepsilon} dj\right)^{\frac{1}{1-\varepsilon}}$，并利用 $P_{H,t}^* \equiv \left(\int_0^1 (P_{H,t}^*(j))^{1-\varepsilon} dj\right)^{\frac{1}{1-\varepsilon}}$，我们得到：

$$P_{H,t} = \varepsilon_t P_{H,t}^*$$

同样，国外生产产品的国外售价 $P_{F,t}^*(j)$ 与其我国国内售价（即进口价）$P_{F,t}(j)$ 满足一价定律，即 $P_{F,t}(j) = \varepsilon_t P_{F,t}^*(j)$。同理：将该式代入 $P_{F,t}$ 的定义式 $P_{F,t} \equiv \left(\int_0^1 P_{F,t}(j)^{1-\varepsilon} dj\right)^{\frac{1}{1-\varepsilon}}$，并利用 $P_{F,t}^* \equiv \left(\int_0^1 (P_{F,t}^*(j))^{1-\varepsilon} dj\right)^{\frac{1}{1-\varepsilon}}$，我们得到：

$$P_{F,t} = \varepsilon_t P_{F,t}^*$$

将上面的等式代入出清条件：

$$Y_t = \left(\frac{P_{H,t}}{P_t}\right)^{-\eta}\left[(1-\gamma)C_t + \gamma^*\left(\frac{1-n}{n}\right)\left(\frac{\varepsilon_t P_t^*}{P_t}\right)^{\eta}C_t^* + \left(\frac{P_{H,t}}{P_t}\right)^{\eta}G_t\right].$$

又因实际汇率 $Q_t = \dfrac{\varepsilon_t P_t^*}{P_t}$，所以有

$$Y_t = \left(\frac{P_{H,t}}{P_t}\right)^{-\eta}\left[(1-\gamma)C_t + \gamma^*\left(\frac{1-n}{n}\right)\left(\frac{\varepsilon_t P_t^*}{P_t}\right)^{\eta}C_t^* + \left(\frac{P_{H,t}}{P_t}\right)^{\eta}G_t\right].$$

$$= \left(\frac{P_{H,t}}{P_t}\right)^{-\eta}(1-\gamma)C_t + \left(\frac{P_{H,t}}{P_t}\right)^{-\eta}\gamma^*\left(\frac{1-n}{n}\right)Q_t^{\eta}C_t^* + G_t$$

由于 $P_t = \left[(1-\gamma)P_{H,t}^{1-\eta} + \gamma P_{F,t}^{1-\eta}\right]^{\frac{1}{1-\eta}}$，则有：

$$\frac{P_t}{P_{H,t}} = \left((1-\gamma) + \gamma\left(\frac{P_{F,t}}{P_{H,t}}\right)^{1-\eta}\right)^{\frac{1}{1-\eta}}$$

$$\Rightarrow \frac{P_{H,t}}{P_t} = \left((1-\gamma) + \gamma\left(\frac{P_{F,t}}{P_{H,t}}\right)^{1-\eta}\right)^{-\frac{1}{1-\eta}}$$

由于 $S_t \equiv \dfrac{P_{F,t}}{P_{H,t}}$，则有：

$$\frac{P_{H,t}}{P_t} = \left((1-\gamma) + \gamma S_t^{1-\eta}\right)^{-\frac{1}{1-\eta}}$$

$$= \left((1-(1-n)\alpha) + (1-n)\alpha S_t^{1-\eta}\right)^{-\frac{1}{1-\eta}} \equiv g(S_t)$$

将两式代入出清条件，得到：

$$Y_t = g(S_t)^{-\eta}(1-\gamma)C_t + g(S_t)^{-\eta}\gamma^*\left(\frac{1-n}{n}\right)Q_t^{\eta}C_t^* + G_t$$

$$= g(S_t)^{-\eta}(1-\gamma)C_t + g(S_t)^{-\eta}\gamma Q_t^{\eta}C_t^* + G_t$$

首先，线性化 $g(S_t)$。由于稳态 $g(S) = 1$，我们得到：

$$\hat{g}(s_t) \equiv -\gamma\hat{s}_t = -(1-n)\alpha\hat{s}_t$$

其次，

$$\hat{q}_t = (1-\gamma)\hat{s}_t$$

最后，线性化出清条件。其稳态为：

$$Y = (1-\gamma)C + \gamma C^* + G = C + G, \ \gamma = \left(\frac{1-n}{n}\right)\gamma^*$$

这里，我们利用了国际风险分担稳态（$C^* = C$）。围绕该稳态，线性化出清条件得到：

$$Y_t = g(S_t)^{-\eta}(1-\gamma)C_t + g(S_t)^{-\eta}\gamma Q_t^\eta C_t^* + G_t$$

$$\Rightarrow Ye^{\hat{y}_t} = (1-\gamma)(e^{\hat{g}(s_t)})^{-\eta}Ce^{\hat{c}_t}$$
$$+ \gamma(e^{\hat{q}_t})^\eta(e^{\hat{g}(s_t)})^{-\eta}C^*e^{\hat{c}_t^*} + Ge^{\hat{g}_t}$$

$$\Rightarrow Ye^{\hat{y}_t} = (1-\gamma)Ce^{\hat{c}_t - \eta\hat{g}(s_t)} + \gamma C^*e^{\eta\hat{q}_t + \hat{c}_t^* - \eta\hat{g}(s_t)} + Ge^{\hat{g}_t}$$

$$\Rightarrow e^{\hat{y}_t} = (1-\gamma)\frac{C}{Y}e^{\hat{c}_t - \eta\hat{g}(s_t)} + \gamma\frac{C^*}{Y}e^{\eta\hat{q}_t + \hat{c}_t^* - \eta\hat{g}(s_t)} + \frac{G}{Y}e^{\hat{g}_t}$$

$$\Rightarrow 1 + \hat{y}_t = (1-\gamma)\frac{C}{Y}(1 + \hat{c}_t - \eta\hat{g}(s_t))$$
$$+ \gamma\frac{C^*}{Y}(1 + \eta\hat{q}_t + \hat{c}_t^* - \eta\hat{g}(s_t)) + \frac{G}{Y}(1 + \hat{g}_t).$$

$$\Rightarrow \hat{y}_t = (1-\gamma)\frac{C}{Y}(\hat{c}_t - \eta\hat{g}(s_t))$$
$$+ \gamma\frac{C^*}{Y}(\eta\hat{q}_t + \hat{c}_t^* - \eta\hat{g}(s_t)) + \frac{G}{Y}\hat{g}_t.$$

$$\Rightarrow \hat{y}_t = \frac{C}{Y}((1-\gamma)\hat{c}_t + \gamma\hat{c}_t^* - \eta\hat{g}(s_t) + \eta\gamma\hat{q}_t) + \frac{G}{Y}\hat{g}_t.$$

$$\Rightarrow \hat{y}_t = \frac{C}{Y}\left((1-\gamma)\hat{c}_t + \gamma\hat{c}_t^* + \eta\gamma\hat{s}_t + \eta\gamma(1-\gamma)\hat{s}_t\right) + \frac{G}{Y}\hat{g}_t.$$

$$\Rightarrow \hat{y}_t = \frac{C}{Y}\left((1-\gamma)\hat{c}_t + \gamma\hat{c}_t^* + (2-\gamma)\eta\gamma\hat{s}_t\right) + \frac{G}{Y}\hat{g}_t.$$

则有：

$$\hat{y}_t = \frac{C}{Y}\left((1-\gamma)\hat{c}_t + \gamma\hat{c}_t^* + (2-\gamma)\eta\gamma\hat{s}_t\right) + \frac{G}{Y}\hat{g}_t.$$

（二）国外净资产演化方程：

$$\varepsilon_t NFA_t = (1+r_{t-1}^*)\phi(\hat{nfa}_{t-1})\varepsilon_{t-1}NFA_{t-1} + P_t NX_t$$

则有

$$\frac{\varepsilon_t NFA_t}{P_t} = \frac{(1+r_{t-1}^*)}{\pi_t}\phi(\hat{nfa}_{t-1})\frac{\varepsilon_{t-1}NFA_{t-1}}{P_{t-1}} + NX_t$$

其中，$NX_t = \frac{P_{H,t}}{P_t}Y_t - \left(\frac{P_{H,t}}{P_t}C_{H,t} + \frac{P_{F,t}}{P_t}C_{F,t} + \frac{P_{H,t}}{P_t}G_t\right)$

定义 $\hat{nfa}_t \equiv \frac{\varepsilon_t NFA_t}{YP_t}$，则有

$$Y\hat{nfa}_t = Y\frac{(1+r_{t-1}^*)}{\pi_t}\phi(\hat{nfa}_{t-1})\hat{nfa}_{t-1} + NX_t$$

其中，$NX = 0$。线性化：

$$
\begin{aligned}
\hat{nfa}_t &= \frac{(1+r_{t-1}^*)}{\pi_t}\phi(\hat{nfa}_{t-1})\hat{nfa}_{t-1} + \frac{NX_t - NX}{Y} \\
&= \frac{(1+r^*)e^{\hat{r}_{t-1}}}{\pi e^{\hat{\pi}_t}}e^{-\kappa\cdot \hat{nfa}_{t-1}+\hat{\mu}_t^\phi}\hat{nfa}_{t-1} + \hat{nx}_t \\
&= (1+r^*)e^{\hat{r}_{t-1}-\hat{\pi}_t-\kappa\cdot \hat{nfa}_{t-1}+\hat{\mu}_t^\phi}\hat{nfa}_{t-1} + \hat{nx}_t \\
&= (1+r^*)\hat{nfa}_{t-1} + \hat{nx}_t
\end{aligned}
$$

又因为 $r = r^*$，$1 + r = 1/\beta$

$$nf\hat{a}_t = (1/\beta) nf\hat{a}_{t-1} + n\hat{x}_t$$

（三）贸易平衡（贸易余额）

我们将净出口定义为国内产出与国内居民消费之差：

$$NX_t \equiv \frac{P_{H,t}}{P_t} Y_t - \left(\frac{P_{H,t}}{P_t} C_{H,t} + \frac{P_{F,t}}{P_t} C_{F,t} + \frac{P_{H,t}}{P_t} G_t \right)$$

$$= \frac{P_{H,t}}{P_t} Y_t - C_t - \frac{P_{H,t}}{P_t} G_t$$

其中，NX_t 为实际净出口，C_t 为居民实际消费，$(P_{H,t}/P_t)Y_t$ 和 $(P_{H,t}/P_t)G_t$ 分别为经过消费价格指数（CPI）与国内生产价格指数（PPI）的相对数折算后的国内实际产出和实际政府支出。

我们令 $n\hat{x}_t \equiv NX_t/Y$，于是，式（65）的线性化形式为：

$$n\hat{x}_t = (\hat{y}_t + \hat{p}_{H,t} - \hat{p}_t) - \frac{C}{Y}\hat{c}_t - \frac{G}{Y}(\hat{g}_t + \hat{p}_{H,t} - \hat{p}_t).$$

$$= (\hat{y}_t - \gamma\hat{s}_t) - \frac{C}{Y}\hat{c}_t - \frac{G}{Y}(\hat{g}_t - \gamma\hat{s}_t)$$

$$= \left(\frac{C}{Y}((1-\gamma)\hat{c}_t + \gamma\hat{c}_t^* + (2-\gamma)\eta\gamma\hat{s}_t) + \frac{G}{Y}\hat{g}_t \right)$$

$$\quad - \left(1 - \frac{G}{Y} \right)\gamma\hat{s}_t - \frac{C}{Y}\hat{c}_t - \frac{G}{Y}\hat{g}_t$$

$$= ((2-\gamma)\eta - 1)\frac{C}{Y}\gamma\hat{s}_t + \frac{C}{Y}\gamma\hat{c}_t^* - \frac{C}{Y}\gamma\hat{c}_t$$

$$= \frac{C}{Y}\gamma(((2-\gamma)\eta - 1)\hat{s}_t + \hat{c}_t^* - \hat{c}_t)$$

七、稳态及线性化方程

（一）初始稳态方程

1.

$$\tilde{C} \equiv (1-h)C$$

2.

$$X \equiv \tilde{C} = (1-h)C$$

3.

$$S \equiv \tilde{C} - \psi N^{\theta} X = (1 - \psi N^{\theta})\tilde{C}$$
$$= (1 - \psi N^{\theta})\tilde{C} = (1-h)(1 - \psi N^{\theta})C$$
$$\lambda = (1 - \psi \gamma_x N^{\theta}) / ((1+\tau)((1-h)(1-\psi N^{\theta})C)^{\sigma})$$
$$= (1 - \psi \gamma_x N^{\theta}) / ((1+\tau)S^{\sigma})$$

4.

$$\beta(1+r) = 1$$

5.

$$Y = N^{1-\alpha_n} G^{\alpha_n}$$
$$\Rightarrow 1 = (N/Y)^{1-\alpha_n} (G/Y)^{\alpha_n}$$
$$\Rightarrow N/Y = (G/Y)^{-\alpha_n/(1-\alpha_n)}$$

6.

$$MC = \frac{\varepsilon - 1}{\varepsilon}$$

7.

$$MC = \frac{w}{1-\alpha_n} \frac{N}{Y}$$

8.

$$MRS = \left(\frac{\varepsilon_w - 1}{\varepsilon_w}\right)\left(\frac{1 - \tau}{1 + \tau}\right)w$$

9.

$$MRS = \frac{\psi\theta N^{\theta-1}}{1 - \psi\gamma_x N^{\theta}}$$

10.

$$\phi \equiv \left((\theta - 1) + \theta\frac{\psi\gamma_x N^{\theta}}{1 - \psi\gamma_x N^{\theta}}\right)$$

11.

$$r = r^*$$

12.

$$\tau = \left[\left(\frac{r}{1 + r}\right)\frac{b}{Y} + \frac{G}{Y}\right] \bigg/ \left(\frac{C}{Y} + \frac{wN}{Y}\right)$$

13.

$$\frac{C}{Y} + \frac{G}{Y} = 1$$

（二）最终稳态解

1.

$$r = \frac{1}{\beta} - 1$$

2.

$$\gamma_c = 1 - \gamma_g$$

其中,令 $\gamma_g \equiv \dfrac{G}{Y}$, $\gamma_c \equiv \dfrac{C}{Y}$。

3.

利用上节第 5 个方程得到的 $\left(\dfrac{N}{Y}\right) = \left(\dfrac{G}{Y}\right)^{-\alpha_n/(1-\alpha_n)}$,以及第 6

和第 7 个方程得到的 $w = (1-\alpha_n)\left(\dfrac{\varepsilon-1}{\varepsilon}\right)\left(\dfrac{N}{Y}\right)^{-1}$,我们第 12 个

方程写为:

$$\begin{aligned}
\tau &= \left[\left(\frac{r}{1+r}\right)\frac{b}{Y} + \frac{G}{Y}\right] \Big/ \left(\frac{C}{Y} + w\left(\frac{N}{Y}\right)\right) \\
&= \left[\left(\frac{r}{1+r}\right)\frac{b}{Y} + \frac{G}{Y}\right] \Big/ \left(\frac{C}{Y} + (1-\alpha_n)\left(\frac{\varepsilon-1}{\varepsilon}\right)\right) \\
&= \left[\left(\frac{r}{1+r}\right)\frac{b}{Y} + \frac{G}{Y}\right] \Big/ \left(\frac{C}{Y} + (1-\alpha_n)\left(\frac{\varepsilon-1}{\varepsilon}\right)\right)
\end{aligned}$$

其中,令 $\gamma_b \equiv \dfrac{b}{Y}$, $\gamma_g \equiv \dfrac{G}{Y}$, $\gamma_c \equiv \dfrac{C}{Y}$。

4. 联合上一节中第 6、7、8、9 四个方程,解得 ψ:

$$\left.\begin{aligned}
MC &= \frac{\varepsilon-1}{\varepsilon} \\
MC &= \frac{w}{1-\alpha_n}\frac{N}{Y}
\end{aligned}\right\} \Rightarrow \frac{w}{1-\alpha_n}\frac{N}{Y} = \frac{\varepsilon-1}{\varepsilon}$$

$$\Rightarrow w = (1-\alpha_n)\left(\frac{\varepsilon-1}{\varepsilon}\right)\left(\frac{N}{Y}\right)^{-1}$$

$$\left.\begin{aligned}
MRS &= \left(\frac{\varepsilon_w-1}{\varepsilon_w}\right)\left(\frac{1-\tau}{1+\tau}\right)w \\
MRS &= \frac{\psi\theta N^{\theta-1}}{1-\psi\gamma_x N^\theta}
\end{aligned}\right\} \Rightarrow \frac{\psi\theta N^{\theta-1}}{1-\psi\gamma_x N^\theta} = \left(\frac{\varepsilon_w-1}{\varepsilon_w}\right)\left(\frac{1-\tau}{1+\tau}\right)w$$

$\Rightarrow$

$$\psi = \frac{\Theta}{\theta N^{\theta-1} + \gamma_x N^\theta \Theta}$$

$$\Theta \equiv \left(\frac{\varepsilon_w - 1}{\varepsilon_w}\right) \left(\frac{\varepsilon - 1}{\varepsilon}\right) \left(\frac{1-\tau}{1+\tau}\right) (1-\alpha_n) \left(\frac{G}{Y}\right)^{-\alpha_n/(1-\alpha_n)}.$$

$$\binom{校准\ N = 1/3}{\theta = 4.0, \gamma_x = 0.25}$$

5.

利用第 5 方程，得到：

$$C \equiv \left(\frac{C}{Y}\right) Y = \gamma_c Y = \gamma_c N \left(\frac{G}{Y}\right)^{\alpha_n/(1-\alpha_n)}$$

6.

$$Y = N / \left(\frac{N}{Y}\right) \Rightarrow Y = N \left(\frac{G}{Y}\right)^{\alpha_n/(1-\alpha_n)}$$

7.

利用上节第⑥⑦和第⑤个方程，我们得到：

$$w = (1-\alpha_n) \left(\frac{\varepsilon-1}{\varepsilon}\right) \left(\frac{N}{Y}\right)^{-1} = (1-\alpha_n) \left(\frac{\varepsilon-1}{\varepsilon}\right) \left(\frac{G}{Y}\right)^{\alpha_n/(1-\alpha_n)}$$

（三）线性化方程

1. 有效消费方程：

$$\hat{\bar{c}}_t = \frac{1}{1-h} \hat{c}_t - \frac{h}{1-h} \hat{c}_{t-1}$$

2. 过去与当前消费的几何平均变量演化方程：

$$\hat{x}_t = \gamma_x \left(\frac{1}{1-h} \hat{c}_t - \frac{h}{1-h} \hat{c}_{t-1}\right) + (1-\gamma_x) \hat{x}_{t-1}$$

3. 效用函数中过度变量定义方程：

$$\hat{v}_t = \left(\frac{1}{1-\psi N^\theta}\right)\hat{\bar{c}}_t - \left(\frac{\psi N^\theta}{1-\psi N^\theta}\right)(\theta \hat{n}_t + \hat{x}_t)$$

4. 消费的边际效用方程：

$$\hat{\lambda}_t = \left(\frac{\psi \gamma_x N^\theta}{1-\psi \gamma_x N^\theta}\right)((1-\gamma_x)(\hat{\bar{c}}_t - \hat{x}_{t-1}) - \theta \hat{n}_t)$$

$$- \left(\frac{\tau}{1+\tau}\right)\hat{\tau}_t - \sigma \hat{v}_t + \hat{\mu}_{c,t}$$

5. 欧拉方程：

$$\hat{\lambda}_t = E_t\{\hat{\lambda}_{t+1}\} + (\hat{r}_t - E_t\{\hat{\pi}_{t+1}\})$$

6. 非抵补利率平价方程：

$$\hat{s}_t = E_t \hat{s}_{t+1} + (\hat{r}_t^* - \hat{\pi}_{t+1}^*) - (\hat{r}_t - \hat{\pi}_{H,t+1}) - \kappa n \hat{f} a_t + \hat{\mu}_t^\phi$$

7. 工资方程：

$$\hat{w}_t = \frac{\beta}{1+\beta}E_t \hat{w}_{t+1} + \frac{1}{1+\beta}\hat{w}_{t-1} + \frac{\beta}{1+\beta}E_t \hat{\pi}_{t+1} - \frac{1+\beta\gamma_w}{1+\beta}\hat{\pi}_t$$

$$+ \frac{\gamma_w}{1+\beta}\hat{\pi}_{t-1} + \lambda_w \left(\hat{mrs}_t - \hat{w}_t + \frac{2\tau}{(1+\tau)(1-\tau)}\hat{\tau}_t\right).$$

其中，$\lambda_w \equiv \dfrac{(1-\theta_w)(1-\beta\theta_w)}{(1+\beta)\theta_w}$。

8. 消费与劳动的边际替代率方程：

$$\hat{mrs}_t = \left((\theta-1) + \theta \frac{\psi \gamma_x N^\theta}{1-\psi \gamma_x N^\theta}\right)\hat{n}_t$$

$$- \left(\frac{\psi \gamma_x N^\theta}{1-\psi \gamma_x N^\theta}\right)(1-\gamma_x)(\hat{\bar{c}}_t - \hat{x}_{t-1})$$

9. 生产函数方程:

$$\hat{y}_t = \hat{a}_t + (1 - \alpha_n)\hat{n}_t + \alpha_n\hat{g}_t$$

10. 实际边际成本方程:

$$\hat{mc}_t = \hat{w}_t + \hat{n}_t - \hat{y}_t + \gamma\hat{s}_t$$

11. 国内产品菲利普斯曲线方程:

$$\hat{\pi}_{H,t} = \frac{\beta}{1 + \beta\theta_H\gamma_p}E_t\hat{\pi}_{H,t+1} + \frac{\gamma_p}{1 + \beta\theta_H\gamma_p}\hat{\pi}_{H,t-1}$$
$$+ \lambda_p((1 - \beta\theta_H)\hat{mc}_t - \beta\theta_H\gamma_p\hat{\pi}_{H,t})$$

其中, $\lambda_p \equiv \dfrac{(1 - \theta_H)}{\theta_H(1 + \varepsilon)(1 + \beta\theta_H\gamma_p)}$。

12. 总的通货膨胀方程:

$$\hat{\pi}_t = \hat{\pi}_{H,t} + \gamma\Delta\hat{s}_t$$

13. 实际汇率与贸易条件:

$$\hat{q}_t = (1 - \gamma)\hat{s}_t$$

14. 政府预算约束:

$$\frac{b}{Y}\hat{b}_t = (1 + r)\left[\begin{array}{l}\dfrac{b}{Y}\hat{b}_{t-1} + \dfrac{1}{1 + r}\dfrac{b}{Y}\hat{r}_t - \dfrac{b}{Y}\hat{\pi}_t + \dfrac{G}{Y}(\hat{g}_t - \gamma\hat{s}_t) \\ -\tau\dfrac{C}{Y}(\hat{\tau}_t + \hat{c}_t) - \tau w\dfrac{N}{Y}(\hat{\tau}_t + \hat{w}_t + \hat{n}_t)\end{array}\right]$$

15—16. 财政政策规则二则:

$$\hat{g}_t = h^g\hat{g}_{t-1} + (1 - h^g)(-\psi_g\hat{y}_t - \phi_g\hat{b}_{t-1} + \hat{u}_{gt}),$$
$$\hat{u}_{gt} = \rho_g\hat{u}_{gt-1} + \hat{\varepsilon}_{gt}, \hat{\varepsilon}_{gt} \sim i.i.d - N(0, 1)$$
$$\hat{\tau}_t = \psi_\tau\hat{y}_t + \phi_\tau\hat{b}_{t-1} + \hat{u}_{\tau t},$$

$$\hat{u}_{\tau t} = \rho_\tau \hat{u}_{\tau t-1} + \hat{\varepsilon}_{gt}, \ \hat{\varepsilon}_{\tau t} \sim i.i.d - N(0, 1)$$

17. 货币政策：

$$\hat{r}_t = \rho_r \hat{r}_{t-1} + (1 - \rho_r)(\phi_\pi \hat{\pi}_t + \phi_y \hat{y}_t) + \hat{\varepsilon}_{r, t}$$

18. 产品市场均衡：

$$\hat{y}_t \approx \left(\frac{C}{Y}\right)((1 - \gamma)\hat{c}_t + \gamma \hat{c}_t^* + (2 - \gamma)\eta \hat{s}_t) + \left(\frac{G}{Y}\right)\hat{g}_t$$

19. 净出口方程：

$$\hat{nx}_t = \left(\frac{C}{Y}\right)\gamma(((2 - \gamma)\eta - 1)\hat{s}_t + \hat{c}_t^* - \hat{c}_t)$$

20. 国外净资产演化方程：

$$\hat{nfa}_t = (1/\beta)\hat{nfa}_{t-1} + \hat{nx}_t$$

附录 2： 方程推导

一、CPI 通胀、一价定律缺口、实际汇率与贸易条件

（一）CPI 通胀

CPI 定义为：

$$P_t = \left[(1-\gamma) P_{H,t}^{1-\eta} + \gamma P_{F,t}^{1-\eta} \right]^{\frac{1}{1-\eta}}$$

对数线性化该式，得到：

$$\hat{p}_t = (1-\gamma)\hat{p}_{H,t} + \gamma\hat{p}_{F,t}$$

得到 CPI 通胀：

$$\hat{\pi}_t = (1-\gamma)\hat{\pi}_{H,t} + \gamma\hat{\pi}_{F,t}$$

同时还得到：

$$\hat{p}_t - \hat{p}_{H,t} = \gamma(\hat{p}_{F,t} - \hat{p}_{H,t})$$
$$\hat{p}_t - \hat{p}_{F,t} = (1-\gamma)(\hat{p}_{H,t} - \hat{p}_{F,t})$$

此外，$C_{H,t} = (1-\gamma)(P_{H,t}/P_t)^{-\eta}C_t$ 和 $C_{F,t} = \gamma(P_{F,t}/P_t)^{-\eta}C_t$ 的线性化结果分别为：

$$\hat{c}_{H,t} = -\eta(\hat{p}_{H,t} - \hat{p}_t) + \hat{c}_t$$
$$= \eta\gamma(\hat{p}_{F,t} - \hat{p}_{H,t}) + \hat{c}_t$$
$$= \eta\gamma\hat{s}_t + \hat{c}_t$$

$$\hat{c}_{F,t} = -\eta(\hat{p}_{F,t} - \hat{p}_t) + \hat{c}_t$$
$$= \eta(1-\gamma)(\hat{p}_{H,t} - \hat{p}_{F,t}) + \hat{c}_t$$
$$= -\eta(1-\gamma)\hat{s}_t + \hat{c}_t$$

其中，$\hat{s}_t = \hat{p}_{F,t} - \hat{p}_{H,t}$。同理，$C_{H,t}^* = \gamma(P_{H,t}^*/P_t^*)^{-\eta}C_t^*$ 的线性化结果为：

$$\hat{c}_{H,t}^* = -\eta(\hat{p}_{H,t}^* - \hat{p}_t^*) + \hat{c}_t^*$$
$$= -\eta((\hat{p}_{H,t} - \hat{e}_t) - \hat{p}_t^*) + \hat{c}_t^*$$
$$= \eta(\hat{e}_t + \hat{p}_t^* - \hat{p}_{H,t}) + \hat{c}_t^*$$
$$= \eta((\hat{e}_t + \hat{p}_t^* - \hat{p}_{F,t}) + (\hat{p}_{F,t} - \hat{p}_{H,t})) + \hat{c}_t^*$$
$$= \eta(\hat{\psi}_{F,t} + \hat{s}_t) + \hat{c}_t^*$$

其中，利用了出口产品价格一价定律 $\hat{p}_{H,t} = \hat{p}_{H,t}^* + \hat{e}_t$、贸易条件定义 $\hat{s}_t = \hat{p}_{F,t} - \hat{p}_{H,t}$，以及实际汇率定义 $\hat{q}_t = (\hat{e}_t + \hat{p}_t^*) - \hat{p}_{F,t}$。

（二）一价定律缺口

由于进口产品一价定律不成立，因此我们引入一价定律缺口 ψ_t，即：

$$\psi_t \equiv \frac{\varepsilon_t P_{F,t}^*}{P_{F,t}}$$

我们得到：

$$\hat{\psi}_t = (\hat{e}_t + \hat{p}_{F,t}^*) - \hat{p}_{F,t}$$

其中，$\hat{e}_t \equiv \log(\varepsilon_t/\varepsilon)$。又因为在小型开放经济模型环境下，整个国外经济体部分被近似看成为一个封闭经济体，因此有：

$$\hat{p}_t^* = \hat{p}_{F,t}^*$$

于是

$$\hat{\psi}_t = (\hat{e}_t + \hat{p}_t^*) - \hat{p}_{F,t}$$

（二）实际汇率

实际汇率定义为：

$$Q_t = \frac{\varepsilon_t P_t^*}{P_t}$$

对数线性化该式，得到：

$$\hat{q}_t = (\hat{e}_t + \hat{p}_t^*) - \hat{p}_t$$

将该式与缺口公式结合：

$$\hat{q}_t = \hat{\psi}_t + \hat{p}_{F,t} - \hat{p}_t$$

（三）贸易条件

贸易条件定义为：

$$S_t \equiv \frac{P_{F,t}}{P_{H,t}}$$

对数线性化该式，得到：

$$\hat{s}_t = \hat{p}_{F,t} - \hat{p}_{H,t}$$

将该式和 $\hat{q}_t = \hat{\psi}_t + \hat{p}_{F,t} - \hat{p}_t$ 同时代入 $\hat{p}_t - \hat{p}_{F,t} = (1-\gamma)(\hat{p}_{H,t} - \hat{p}_{F,t})$，得到：

$$\hat{p}_t - \hat{p}_{F,t} = (1-\gamma)(\hat{p}_{H,t} - \hat{p}_{F,t})$$

$$\Rightarrow \hat{\psi}_t - \hat{q}_t = -(1-\gamma)\hat{s}_t$$

$$\Rightarrow \hat{q}_t = (1-\gamma)\hat{s}_t + \hat{\psi}_t$$

二、进口产品价格——菲利普斯曲线

假设进口企业定价遵从 Calvo(1983)的做法,每个时期以 $(1-\theta_F)$ 的概率来选择其新价格,以 θ_F 的概率仍采用原来的价格。在给定的时期内,每个企业重新定价,在时间上是相互独立的,每个期间的长度约为 $1/(1-\theta_F)$。

假设 $P_{F,t}^{new}$ 是企业 j 在 t 时期所重新设定的价格,在卡尔沃价格设定框架下,$P_{F,t+k}(j) = \pi_{F,t+k-1}^{\gamma_f} P_{F,t+k-1}(j) = \cdots = \left(\prod\limits_{s=0}^{k} \pi_{F,t+s-1}^{\gamma_f}\right) P_{F,t}^{new}(j)$,概率为 $(\theta_F)^k$,$k = 0, 1, 2, \cdots$。因为所有的企业都是在给定期间内重新最优化,以获得相同的最优价格,因此我们选择企业 j 作为代表企业进行重新最优化。企业 j 的成本为 $\varepsilon_t P_{F,t}^*$。正如当地生产者一样,相同的零售商通过选择一个价格 $P_{F,t+k}(j) = \pi_{F,t+k-1}^{\gamma_f} P_{F,t+k-1}(j) = \cdots = \left(\prod\limits_{s=0}^{k} \pi_{F,t+s-1}^{\gamma_f}\right) P_{F,t}^{new}(j)$,使其利润最大化,利润最大化及其约束条件表达式为:

$$\max_{\langle P_{F,t}^{new}\rangle} E_t \left\{ \sum_{k=0}^{\infty} (\beta\theta_F)^k \left(\frac{\lambda_{t+k}}{\lambda_t}\right) \left(\begin{array}{c} \left(\prod\limits_{s=0}^{k} \pi_{F,t+s-1}^{\gamma_f}\right) P_{F,t}^{new}(j) \\ - \varepsilon_{t+k} P_{F,t+k}^*(j) \end{array} \right) C_{F,t+k}(j) \right\}$$

$$C_{F,t+k}(j) = \left(\frac{P_{F,t+k}(j)}{P_{F,t+k}}\right)^{-\varepsilon} C_{F,t+k}$$

$$s.t. \qquad = \left(\left(\prod\limits_{s=0}^{k} \pi_{F,t+s-1}^{\gamma_f}\right)\frac{P_{F,t}^{new}(j)}{P_{F,t+k}}\right)^{-\varepsilon} C_{F,t+k}$$

$$\psi_{t+k}(j) \equiv \frac{\varepsilon_{t+k} P_{F,t+k}^*(j)}{P_{F,t+k}}$$

其中，$\beta^k\left(\frac{\lambda_{t+k}}{\lambda_t}\right)$ 为随机贴现因子；$C_{F,t+k}(j)$ 为在 t 时期最后一次重新定价的企业在 $t+k$ 时期的进口消费品；而 $P^*_{F,t+k}(j)$ 则是进口品企业 j 在 $t+k$ 时期的成本；θ_F^k 是产品 j 在 t 时期设定的价格在 $t+k$ 时期仍不用重新定价的概率。

首先，针对进口产品需求函数，求 $C_{F,t+k}(j)$ 关于 $P^{new}_{F,t}$ 的偏导：

$$\frac{\partial C_{F,t+k}(j)}{\partial P^{new}_{F,t}} = (-\varepsilon)\left(\left(\prod_{s=0}^{k}\pi^{\gamma_f}_{F,t+s-1}\right)\frac{P^{new}_{F,t}}{P_{F,t+k}}\right)^{-\varepsilon-1}\left(\prod_{s=0}^{k}\pi^{\gamma_f}_{F,t+s-1}\right)\frac{C_{F,t+k}}{P_{F,t+k}}$$

$$= (-\varepsilon)\left(\left(\prod_{s=0}^{k}\pi^{\gamma_f}_{F,t+s-1}\right)\frac{P^{new}_{F,t}}{P_{F,t+k}}\right)^{-\varepsilon}\frac{C_{F,t+k}}{P^{new}_{F,t}}$$

$$= (-\varepsilon)\frac{C_{F,t+k}(j)}{P^{new}_{F,t}}$$

其次，针对目标函数，我们令 $L \equiv E_t\left\{\sum_{k=0}^{\infty}(\beta\theta_F)^k\left(\frac{\lambda_{t+k}}{\lambda_t}\right)\left(\left(\prod_{s=0}^{k}\pi^{\gamma_f}_{F,t+s-1}\right)P^{new}_{F,t} - \varepsilon_{t+k}P^*_{F,t+k}\right)C_{F,t+k}(j)\right\}$，于是求 L 关于 $P^{new}_{F,t}$ 的偏导：

$$\frac{\partial L}{\partial P^{new}_{F,t}} = E_t\sum_{k=0}^{\infty}(\beta\theta_F)^k\left(\frac{\lambda_{t+k}}{\lambda_t}\right)\left(\left(\left(\prod_{s=0}^{k}\pi^{\gamma_f}_{F,t+s-1}\right)P^{new}_{F,t}\right.\right.$$
$$\left.\left. -\varepsilon_{t+k}P^*_{F,t+k}\right)\frac{\partial C_{F,t+k}(j)}{\partial P^{new}_{F,t}} + \left(\prod_{s=0}^{k}\pi^{\gamma_f}_{F,t+s-1}\right)C_{F,t+k}(j)\right)$$

$$\Rightarrow \frac{\partial L}{\partial P^{new}_{F,t}} = E_t\sum_{k=0}^{\infty}(\beta\theta_F)^k\left(\frac{\lambda_{t+k}}{\lambda_t}\right)\left(\left(\left(\prod_{s=0}^{k}\pi^{\gamma_f}_{F,t+s-1}\right)P^{new}_{F,t}\right.\right.$$
$$\left.\left. -\varepsilon_{t+k}P^*_{F,t+k}\right)(-\varepsilon)\frac{C_{F,t+k}(j)}{P^{new}_{F,t}} + \left(\prod_{s=0}^{k}\pi^{\gamma_f}_{F,t+s-1}\right)C_{F,t+k}(j)\right)$$

$$\Rightarrow \frac{\partial L}{\partial P^{new}_{F,t}} = E_t\sum_{k=0}^{\infty}(\beta\theta_F)^k\left(\frac{\lambda_{t+k}}{\lambda_t}\right)\left(\left(\left(\prod_{s=0}^{k}\pi^{\gamma_f}_{F,t+s-1}\right)P^{new}_{F,t}\right.\right.$$

$$-P_{F,\,t+k}\psi_{t+k}\Big)\dot{(}-\varepsilon)\frac{C_{F,\,t+k}(j)}{P_{F,\,t}^{new}}+\Big(\prod_{s=0}^{k}\pi_{F,\,t+s-1}^{\gamma_f}\Big)C_{F,\,t+k}(j)\Big)$$

$$\Rightarrow \frac{\partial L}{\partial P_{F,\,t}^{new}}$$

$$=E_t\sum_{k=0}^{\infty}(\beta\theta_F)^{\,k}\Big(\frac{\lambda_{t+k}}{\lambda_t}\Big)(1-\varepsilon)\frac{C_{F,\,t+k}(j)}{P_{F,\,t}^{new}}\Big(\Big(\prod_{s=0}^{k}\pi_{F,\,t+s-1}^{\gamma_f}\Big)P_{F,\,t}^{new}$$

$$-\Big(\frac{\varepsilon}{\varepsilon-1}\Big)P_{F,\,t+k}\psi_{t+k}\Big)=0$$

即是：

$$E_t\sum_{k=0}^{\infty}(\beta\theta_F)^{\,k}\Big(\frac{\lambda_{t+k}}{\lambda_t}\Big)P_{F,\,t+k}C_{F,\,t+k}(j)$$

$$\Big(\Big(\prod_{s=0}^{k}\pi_{F,\,t+s-1}^{\gamma_f}\Big)\frac{P_{F,\,t}^{new}}{P_{F,\,t+k}}-\Big(\frac{\varepsilon}{\varepsilon-1}\Big)\psi_{t+k}\Big)=0$$

其中，$P_{F,\,t+k}(j)=\pi_{F,\,t+k-1}^{\gamma_f}P_{F,\,t+k-1}(j)=\cdots=\Big(\prod_{s=0}^{k}\pi_{F,\,t+s-1}^{\gamma_f}\Big)P_{F,\,t}^{new}$ 表示在 t 期最后一次重新设定价格的企业 j 在 $t+k$ 期的进口价格；$P_{F,\,t+k}$ 表示所有进口企业在 $t+k$ 期的总的平均进口价格水平；$C_{F,\,t+k}(j)$ 表示在 t 期最后一次重新设定价格的企业在 $t+k$ 期的进口消费品；而 ψ_{t+k} 表示在 $t+k$ 期的一价定律缺口，它与进口消费品量无关，仅取决于实际汇率与贸易条件。

1. 线性化最优一阶条件

上述一阶最优条件的稳态为：

$$\psi=\frac{\varepsilon-1}{\varepsilon}$$

这里，ψ 为一价定律缺口的实际稳态。围绕该稳态，上述一阶最优条件可线性化为：

$$E_t \sum_{k=0}^{\infty} (\beta\theta_F)^k (\gamma_f (\hat{p}_{F, t+k-1} - \hat{p}_{F, t-1}) + \hat{p}_{F, t}^{new} - \hat{p}_{F, t+k})$$

$$= E_t \sum_{k=0}^{\infty} (\beta\theta_F)^k (\hat{\psi}_{t+k}).$$

$$\Rightarrow (\hat{p}_{F, t}^{new} - \gamma_f \hat{p}_{F, t-1}) E_t \sum_{k=0}^{\infty} (\beta\theta_F)^k$$

$$= E_t \sum_{k=0}^{\infty} (\beta\theta_F)^k (\hat{\psi}_{t+k} + \hat{p}_{F, t+k} - \gamma_f \hat{p}_{F, t+k-1})$$

$$\Rightarrow (\hat{p}_{F, t}^{new} - \gamma_f \hat{p}_{F, t-1}) (1 + (\beta\theta_F) + (\beta\theta_F)^2 + \cdots)$$

$$= E_t \sum_{k=0}^{\infty} (\beta\theta_F)^k (\hat{\psi}_{t+k} + \hat{p}_{F, t+k} - \gamma_f \hat{p}_{F, t+k-1})$$

$$\Rightarrow \hat{p}_{F, t}^{new} - \gamma_f \hat{p}_{F, t-1}$$

$$= (1 + (\beta\theta_F) + (\beta\theta_F)^2 + \cdots)^{-1} E_t \sum_{k=0}^{\infty}$$

$$(\beta\theta_F)^k (\hat{\psi}_{t+k} + \hat{p}_{F, t+k} - \gamma_f \hat{p}_{F, t+k-1})$$

$$\Rightarrow \hat{p}_{F, t}^{new} - \gamma_f \hat{p}_{F, t-1}$$

$$= (1 - \beta\theta_F) E_t \sum_{k=0}^{\infty} (\beta\theta_F)^k (\hat{\psi}_{t+k} + \hat{p}_{F, t+k} - \gamma_f \hat{p}_{F, t+k-1})$$

将上述表达式写出递归形式：

$$\hat{p}_{F, t}^{new} - \gamma_f \hat{p}_{F, t-1}$$

$$= (1 - \beta\theta_F) E_t \sum_{k=0}^{\infty} (\beta\theta_F)^k (\hat{\psi}_{t+k} + \hat{p}_{F, t+k} - \gamma_f \hat{p}_{F, t+k-1})$$

$$= (1 - \beta\theta_F) (\hat{\psi}_t + \hat{p}_{F, t} - \gamma_f \hat{p}_{F, t-1})$$

$$+ (1 - \beta\theta_F) E_t \sum_{k=1}^{\infty} (\beta\theta_F)^k (\hat{\psi}_{t+k} + \hat{p}_{F, t+k} - \gamma_f \hat{p}_{F, t+k-1})$$

$$= (1 - \beta\theta_F) (\hat{\psi}_t + \hat{p}_{F, t} - \gamma_f \hat{p}_{F, t-1})$$

$$+ (1 - \beta\theta_F) E_t \sum_{s=0}^{\infty} (\beta\theta_F)^{s+1} (\hat{\psi}_{t+s+1} + \hat{p}_{F,\,t+s+1} - \gamma_f \hat{p}_{F,\,t+s-1})$$

$$= (1 - \beta\theta_F) (\hat{\psi}_t + \hat{p}_{F,\,t} - \gamma_f \hat{p}_{F,\,t-1})$$

$$+ (\beta\theta_F)(1 - \beta\theta_F) E_t \sum_{s=0}^{\infty} (\beta\theta_F)^s (\hat{\psi}_{t+s+1} + \hat{p}_{F,\,t+s+1} - \gamma_f \hat{p}_{F,\,t+s-1})$$

$$= (1 - \beta\theta_F)(\hat{\psi}_t + \hat{p}_{F,\,t} - \gamma_f \hat{p}_{F,\,t-1}) + (\beta\theta_F)(E_t\{\hat{p}_{F,\,t+1}^{new}\} - \gamma_f \hat{p}_{F,\,t})$$

于是，我们得到：

$$\hat{p}_{F,\,t}^{new} - (\beta\theta_F) E_t\{\hat{p}_{F,\,t+1}^{new}\}$$

$$= (1 - \beta\theta_F)(\hat{\psi}_t + \hat{p}_{F,\,t} - \gamma_f \hat{p}_{F,\,t-1}) + \gamma_f \hat{p}_{F,\,t-1} - \beta\theta_F \gamma_f \hat{p}_{F,\,t}$$

$$= (1 - \beta\theta_F)(\hat{\psi}_t + \hat{p}_{F,\,t}) + \beta\theta_F \gamma_f \hat{p}_{F,\,t-1} - \beta\theta_F \gamma_f \hat{p}_{F,\,t}$$

$$= (1 - \beta\theta_F)(\hat{\psi}_t + \hat{p}_{F,\,t}) - \beta\theta_F \gamma_f \hat{\pi}_{F,\,t}$$

2. 线性化总进口品价格指数方程

$$P_{F,\,t} = [\theta_F (\pi_{F,\,t-1}^{\gamma_f} P_{F,\,t-1})^{1-\varepsilon} + (1 - \theta_F)(P_{F,\,t}^{new})^{1-\varepsilon}]^{\frac{1}{1-\varepsilon}}$$

其对数线性化方程为：

$$\hat{p}_{F,\,t} = \theta_F \hat{p}_{F,\,t-1} + \gamma_f \theta_F \hat{\pi}_{F,\,t-1} + (1 - \theta_F) \hat{p}_{F,\,t}^{new}$$

则有：

$$\hat{p}_{F,\,t}^{new} = \frac{1}{1 - \theta_F} \hat{p}_{F,\,t} - \frac{\theta_F}{1 - \theta_F} \hat{p}_{F,\,t-1} - \frac{\gamma_f \theta_F}{1 - \theta_F} \hat{\pi}_{F,\,t-1}$$

3. 最终进口产品价格菲利普斯曲线方程

将上两式合并：

$$\hat{p}_{F,\,t}^{new} - (\beta\theta_F) E_t\{\hat{p}_{F,\,t+1}^{new}\} = (1 - \beta\theta_F)(\hat{\psi}_t + \hat{p}_{F,\,t}) - \beta\theta_F \gamma_f \hat{\pi}_{F,\,t}$$

$$\Rightarrow \left(\frac{1}{1 - \theta_F} \hat{p}_{F,\,t} - \frac{\theta_F}{1 - \theta_F} \hat{p}_{F,\,t-1} - \frac{\gamma_f \theta_F}{1 - \theta_F} \hat{\pi}_{F,\,t-1} \right)$$

$$-\left(\frac{\beta\theta_F}{1-\theta_F}E_t\{\hat{p}_{F,\,t+1}\}-\frac{\beta\theta_F^2}{1-\theta_F}\hat{p}_{F,\,t}-\frac{\gamma_f\beta\theta_F^2}{1-\theta_F}\hat{\pi}_{F,\,t}\right)$$

$$=(1-\beta\theta_F)(\hat{\psi}_t+\hat{p}_{F,\,t})-\beta\theta_F\gamma_f\hat{\pi}_{F,\,t}$$

$$\Rightarrow\frac{1}{1-\theta_F}\hat{p}_{F,\,t}+\frac{\beta\theta_F^2}{1-\theta_F}\hat{p}_{F,\,t}-(1-\beta\theta_F)\hat{p}_{F,\,t}+\frac{\gamma_f\beta\theta_F^2}{1-\theta_F}\hat{\pi}_{F,\,t}$$

$$=\frac{\beta\theta_F}{1-\theta_F}E_t\{\hat{p}_{F,\,t+1}\}+\frac{\theta_F}{1-\theta_F}\hat{p}_{F,\,t-1}+\frac{\gamma_f\theta_F}{1-\theta_F}\hat{\pi}_{F,\,t-1}$$

$$+(1-\beta\theta_F)\hat{\psi}_t-\beta\theta_F\gamma_f\hat{\pi}_{F,\,t}$$

$$\Rightarrow\frac{\beta\theta_F+\theta_F}{1-\theta_F}\hat{p}_{F,\,t}+\frac{\gamma_f\beta\theta_F^2}{1-\theta_F}\hat{\pi}_{F,\,t}+\beta\theta_F\gamma_f\hat{\pi}_{F,\,t}$$

$$=\frac{\beta\theta_F}{1-\theta_F}E_t\{\hat{p}_{F,\,t+1}\}+\frac{\theta_F}{1-\theta_F}\hat{p}_{F,\,t-1}+\frac{\gamma_f\theta_F}{1-\theta_F}\hat{\pi}_{F,\,t-1}+(1-\beta\theta_F)\hat{\psi}_t$$

$$\Rightarrow\frac{\theta_F}{1-\theta_F}(\hat{p}_{F,\,t}-\hat{p}_{F,\,t-1})+\frac{\gamma_f\beta\theta_F^2}{1-\theta_F}\hat{\pi}_{F,\,t}+\beta\theta_F\gamma_f\hat{\pi}_{F,\,t}$$

$$=\frac{\beta\theta_F}{1-\theta_F}(E_t\{\hat{p}_{F,\,t+1}\}-\hat{p}_{F,\,t})+\frac{\gamma_f\theta_F}{1-\theta_F}\hat{\pi}_{F,\,t-1}+(1-\beta\theta_F)\hat{\psi}_t$$

$$\Rightarrow\frac{\theta_F+\gamma_f\beta\theta_F^2+\gamma_f\beta\theta_F(1-\theta_F)}{1-\theta_F}\hat{\pi}_{F,\,t}$$

$$=\frac{\beta\theta_F}{1-\theta_F}E_t\{\hat{\pi}_{F,\,t+1}\}+\frac{\gamma_f\theta_F}{1-\theta_F}\hat{\pi}_{F,\,t-1}+(1-\beta\theta_F)\hat{\psi}_t$$

$$\Rightarrow\frac{(1+\gamma_f\beta)\theta_F}{1-\theta_F}\hat{\pi}_{F,\,t}$$

$$=\frac{\beta\theta_F}{1-\theta_F}E_t\{\hat{\pi}_{F,\,t+1}\}+\frac{\gamma_f\theta_F}{1-\theta_F}\hat{\pi}_{F,\,t-1}+(1-\beta\theta_F)\hat{\psi}_t$$

$$\Rightarrow\hat{\pi}_{F,\,t}=\frac{\beta}{1+\beta\gamma_f}E_t\{\hat{\pi}_{F,\,t+1}\}+\frac{\gamma_f}{1+\beta\gamma_f}\hat{\pi}_{F,\,t-1}$$

$$+\frac{(1-\theta_F)(1-\beta\theta_F)}{(1+\beta\gamma_f)\theta_F}\hat{\psi}_t$$

此外，为了简化，我们假定国内产品出口价格 $P_{H,t}^*$ 是灵活价格，由一价定律所确定。

四、产品市场均衡

（一）产品市场均衡

$$Y_t(j) = C_{H,t}(j) + C_{H,t}^*(j) + G_t(j)$$

$$= \left(\frac{P_{H,t}(j)}{P_{H,t}}\right)^{-\varepsilon} C_{H,t} + \left(\frac{P_{H,t}^*(j)}{P_{H,t}^*}\right)^{-\varepsilon} C_{H,t}^* + \left(\frac{P_{H,t}(j)}{P_{H,t}}\right)^{-\varepsilon} G_t$$

$$= \left(\frac{P_{H,t}(j)}{P_{H,t}}\right)^{-\varepsilon} C_{H,t} + \left(\frac{P_{H,t}(j)}{P_{H,t}}\right)^{-\varepsilon} C_{H,t}^* + \left(\frac{P_{H,t}(j)}{P_{H,t}}\right)^{-\varepsilon} G_t.$$

$$\left(\because 1 = \frac{e_t P_{H,t}^*(j)}{P_{H,t}(j)} = \frac{e_t P_{H,t}^*}{P_{H,t}}\right)$$

$$= \left(\frac{P_{H,t}(j)}{P_{H,t}}\right)^{-\varepsilon} (1-\gamma) \left(\frac{P_{H,t}}{P_t}\right)^{-\eta} C_t$$

$$+ \left(\frac{P_{H,t}(j)}{P_{H,t}}\right)^{-\varepsilon} \gamma \left(\frac{P_{H,t}^*}{P_t^*}\right)^{-\eta} C_t^* + \left(\frac{P_{H,t}(j)}{P_{H,t}}\right)^{-\varepsilon} G_t$$

$$= \left(\frac{P_{H,t}(j)}{P_{H,t}}\right)^{-\varepsilon} \left[(1-\gamma) \left(\frac{P_{H,t}}{P_t}\right)^{-\eta} C_t + \gamma \left(\frac{P_{H,t}^*}{P_t^*}\right)^{-\eta} C_t^* + G_t\right]$$

$$Y_t(j) = \left(\frac{P_{H,t}(j)}{P_{H,t}}\right)^{-\varepsilon} \left[(1-\gamma) \left(\frac{P_{H,t}}{P_t}\right)^{-\eta} C_t\right.$$

$$\left. + \gamma \left(\frac{P_{H,t}}{P_t}\right)^{-\eta} \left(\frac{P_t}{P_{H,t}}\right)^{-\eta} \left(\frac{P_{H,t}^*}{P_t^*}\right)^{-\eta} C_t^* + G_t\right]$$

$$= \left(\frac{P_{H,t}(j)}{P_{H,t}}\right)^{-\varepsilon} \left[(1-\gamma) \left(\frac{P_{H,t}}{P_t}\right)^{-\eta} C_t\right.$$

$$\left. + \gamma \left(\frac{P_{H,t}}{P_t}\right)^{-\eta} \left(\frac{P_t}{\varepsilon_t P_t^*}\right)^{-\eta} C_t^* + G_t\right].$$

$$\left(\because \begin{array}{l}\text{出口产品}\\ \text{一价定律 } P_{H,t}=\varepsilon_t P_{H,t}^*\end{array}\right)$$

$$=\left(\frac{P_{H,t}(j)}{P_{H,t}}\right)^{-\varepsilon}\left(\frac{P_{H,t}}{P_t}\right)^{-\eta}\left[(1-\gamma)C_t+\gamma\left(\frac{P_t}{\varepsilon_t P_t^*}\right)^{-\eta}C_t^*+\left(\frac{P_{H,t}}{P_t}\right)^{\eta}G_t\right]$$

$$=\left(\frac{P_{H,t}(j)}{P_{H,t}}\right)^{-\varepsilon}\left(\frac{P_{H,t}}{P_t}\right)^{-\eta}\left[(1-\gamma)C_t+\gamma Q_t^{\eta}C_t^*+\left(\frac{P_{H,t}}{P_t}\right)^{\eta}G_t\right].$$

$$\left(\because \text{实际汇率 } Q_t=\frac{\varepsilon_t P_t^*}{P_t}\right)$$

由于 $Y_t(j)=\left(\dfrac{P_{H,t}(j)}{P_{H,t}}\right)^{-\varepsilon}Y_t$，于是有

$$Y_t=(P_{H,t}/P_t)^{-\eta}\left[(1-\gamma)C_t+\gamma Q_t^{\eta}C_t^*\right]+G_t$$

对应稳态为 $Y=C+G$，线性化上式：

$$Ye^{\hat{y}_t}=(P_H e^{\hat{p}_{Ht}}/Pe^{\hat{p}_t})^{-\eta}\left[(1-\gamma)Ce^{\hat{c}_t}\right.$$
$$\left.+\gamma(Qe^{\hat{q}_t})^{\eta}(C^*e^{\hat{c}_t^*})\right]+Ge^{\hat{g}_t}$$
$$=(P_H e^{\hat{p}_{Ht}}/Pe^{\hat{p}_t})^{-\eta}C\left[(1-\gamma)e^{\hat{c}_t}\right.$$
$$\left.+\gamma(Qe^{\hat{q}_t})^{\eta}e^{\hat{c}_t^*}\right]+Ge^{\hat{g}_t}.\ (\because C=C^*)$$
$$e^{\hat{y}_t}=(e^{\hat{p}_{Ht}-\hat{p}_t})^{-\eta}(C/Y)\left[(1-\gamma)e^{\hat{c}_t}+\gamma e^{\eta\hat{q}_t}e^{\hat{c}_t^*}\right]$$
$$+(G/Y)e^{\hat{g}_t}.\ (\because Y=C+G,\ P_H=P,\ Q=1)$$
$$e^{\hat{y}_t}=e^{-\eta(\hat{p}_{Ht}-\hat{p}_t)}(C/Y)\left[(1-\gamma)e^{\hat{c}_t}+\gamma e^{\eta\hat{q}_t+\hat{c}_t^*}\right]$$
$$+(G/Y)e^{\hat{g}_t}$$

$$(1+\hat{y}_t)\approx(1-\eta(\hat{p}_{H,t}-\hat{p}_t))\left(\frac{C}{Y}\right)$$

$$\left[(1-\gamma)(1+\hat{c}_t)+\gamma(1+\eta\hat{q}_t+\hat{c}_t^*)\right]+\left(\frac{G}{Y}\right)(1+\hat{g}_t).$$

$$\approx \left(\left(\frac{C}{Y}\right) - \eta(\hat{p}_{H,t} - \hat{p}_t)\left(\frac{C}{Y}\right)\right)$$

$$[(1-\gamma) + (1-\gamma)\hat{c}_t + \gamma + \gamma(\eta\hat{q}_t + \hat{c}_t^*)] + \left(\frac{G}{Y}\right) + \left(\frac{G}{Y}\right)\hat{g}_t$$

$$\approx \left(\left(\frac{C}{Y}\right) - \eta\left(\frac{C}{Y}\right)(\hat{p}_{H,t} - \hat{p}_t)\right)$$

$$[1 + (1-\gamma)\hat{c}_t + \gamma(\eta\hat{q}_t + \hat{c}_t^*)] + \left(\frac{G}{Y}\right) + \left(\frac{G}{Y}\right)\hat{g}_t$$

$$\approx \left(\left(\frac{C}{Y}\right) - \eta\left(\frac{C}{Y}\right)(\hat{p}_{H,t} - \hat{p}_t)\right)$$

$$+ \left(\left(\frac{C}{Y}\right) - \eta\left(\frac{C}{Y}\right)(\hat{p}_{H,t} - \hat{p}_t)\right)[(1-\gamma)\hat{c}_t + \gamma(\eta\hat{q}_t + \hat{c}_t^*)]$$

$$+ \left(\frac{G}{Y}\right) + \left(\frac{G}{Y}\right)\hat{g}_t$$

$$\approx \left(\frac{C}{Y}\right) - \eta\left(\frac{C}{Y}\right)(\hat{p}_{H,t} - \hat{p}_t)$$

$$+ \left(\frac{C}{Y}\right)[(1-\gamma)\hat{c}_t + \gamma(\eta\hat{q}_t + \hat{c}_t^*)] + \left(\frac{G}{Y}\right)$$

$$+ \left(\frac{G}{Y}\right)\hat{g}_t. \quad (\because \text{两个对数线性化变量相乘为 0})$$

$$\approx \left(\frac{C}{Y}\right) + \left(\frac{G}{Y}\right) - \eta\left(\frac{C}{Y}\right)(\hat{p}_{H,t} - \hat{p}_t)$$

$$+ \left(\frac{C}{Y}\right)[(1-\gamma)\hat{c}_t + \gamma(\eta\hat{q}_t + \hat{c}_t^*)] + \left(\frac{G}{Y}\right)\hat{g}_t.$$

$$\hat{y}_t \approx -\eta\left(\frac{C}{Y}\right)(\hat{p}_{H,t} - \hat{p}_t)$$

$$+ \left(\frac{C}{Y}\right)[(1-\gamma)\hat{c}_t + \gamma(\eta\hat{q}_t + \hat{c}_t^*)] + \left(\frac{G}{Y}\right)\hat{g}_t.$$

$$\approx \eta \left(\frac{C}{Y}\right) \gamma \hat{s}_t + \left(\frac{C}{Y}\right) \left[(1-\gamma)\hat{c}_t + \gamma(\eta\hat{q}_t + \hat{c}_t^*)\right] + \left(\frac{G}{Y}\right) \hat{g}_t.$$

$$(\because \hat{p}_t - \hat{p}_{Ht} = \gamma \hat{s}_t)$$

$$\approx \left(\frac{C}{Y}\right) \left[\eta\gamma\hat{s}_t + (1-\gamma)\hat{c}_t + \gamma(\eta\hat{q}_t + \hat{c}_t^*)\right] + \left(\frac{G}{Y}\right) \hat{g}_t.$$

$$\approx \left(\frac{C}{Y}\right) \left[(1-\gamma)\hat{c}_t + \gamma\hat{c}_t^* + \eta\gamma\hat{s}_t + \eta\gamma\hat{q}_t\right] + \left(\frac{G}{Y}\right) \hat{g}_t.$$

$$\approx \left(\frac{C}{Y}\right) \left[(1-\gamma)\hat{c}_t + \gamma\hat{c}_t^* + \eta\gamma\hat{s}_t + \eta\gamma((1-\gamma)\hat{s}_t + \hat{\psi}_t)\right]$$
$$+ \left(\frac{G}{Y}\right) \hat{g}_t. \ (\because \hat{q}_t = (1-\gamma)\hat{s}_t + \hat{\psi}_t)$$

$$\approx \left(\frac{C}{Y}\right) \left[(1-\gamma)\hat{c}_t + \gamma\hat{c}_t^* + (2-\gamma)\eta\gamma\hat{s}_t + \eta\gamma\hat{\psi}_t\right] + \left(\frac{G}{Y}\right) \hat{g}_t.$$

$$\hat{y}_t \approx \left(\frac{C}{Y}\right) \left[(1-\gamma)\hat{c}_t + \gamma\hat{c}_t^* + (2-\gamma)\eta\gamma\hat{s}_t + \eta\gamma\hat{\psi}\right] + \left(\frac{G}{Y}\right) \hat{g}_t.$$

（二）贸易平衡

与前一章相同，我们得到如下线性化的净出口：

$$n\hat{x}_t = \hat{y}_t - \frac{C}{Y}((\hat{p}_t - \hat{p}_{H,t}) + \hat{c}_t) - \frac{G}{Y}\hat{g}_t.$$

$$= \hat{y}_t - \frac{C}{Y}\hat{c}_t - \frac{C}{Y}\gamma\hat{s}_t - \frac{G}{Y}\hat{g}_t$$

$$= \left(\left(\frac{C}{Y}\right) \left[(1-\gamma)\hat{c}_t + \gamma\hat{c}_t^* + (2-\gamma)\gamma\eta\hat{s}_t + \gamma\eta\hat{\psi}_t\right]\right.$$
$$+ \left.\left(\frac{G}{Y}\right)\hat{g}_t\right) - \frac{C}{Y}\gamma\hat{s}_t - \frac{C}{Y}\hat{c}_t - \frac{G}{Y}\hat{g}_t$$

$$= \frac{C}{Y}(1-\gamma)\hat{c}_t + \frac{C}{Y}\gamma\hat{c}_t^* + \frac{C}{Y}(2-\gamma)\gamma\eta\hat{s}_t$$

$$+ \frac{C}{Y} \gamma \eta \hat{p}_t + \frac{G}{Y} \hat{g}_t - \frac{C}{Y} \gamma \hat{s}_t - \frac{C}{Y} \hat{c}_t - \frac{G}{Y} \hat{g}_t$$

$$= \frac{C}{Y} \gamma \left[((2 - \gamma) \eta - 1) \hat{s}_t + \eta \hat{p}_t + \hat{c}_t^* - \hat{c}_t \right]$$

即是:

$$n \hat{x}_t = \frac{C}{Y} \gamma \left[((2 - \gamma) \eta - 1) \hat{s}_t + \eta \hat{p}_t + \hat{c}_t^* - \hat{c}_t \right]$$

附录 3： 方程推导

1. 生产部门的价格设定

与 Devereux 和 Lee（2001）以 及 Jaimovich 和 Floetotto（2008）一样，我们假定在生产部门存在一种两个层级的生产结构：一级为行业产品的生产，而另一级则是中间产品的生产。我们同时假定经济由大量差别化的行业构成，这些行业通过指标 $i \in (0, 1)$ 实现指数化。并且每个行业内部又由 $N_{f,t}$ 个中间品生产企业构成，每个中间品生产企业都生产一种差别化的中间产品，这些中间产品通过指标 $j \in (0, N_{f,t})$ 实现指数化。

每个行业内，各个中间产品按照弹性为 θ_j 的不变替代弹性（CES）加总算子组装成为一种行业产品，而这些来自不同行业的行业产品又按照弹性为 θ_i 的不变替代弹性（CES）加总算子组装成为最终产品。我们假定每一个行业就是一个垄断市场。由于企业数量较小，以至于每个企业都要考虑其定价策略对行业价格的影响。企业 (i, j) 视同一行业内其它企业的价格，以及其它行业的价格水平为给定。

1.1 最终产品

经济中的最终品 Y_t 是通过利用各个差别化行业产品 $Y_t(i)$，并按照下列 CES 生产函数而得到：

$$Y_t = \left(\int_0^1 Y_t(i)^{(\theta_i-1)/\theta_i} di \right)^{\theta_i/(\theta_i-1)}, \ (\theta_i > 1) \tag{1}$$

其中，$Y_t(i)$ 表示行业 i 的产出，而 θ_i 则表示行业内各个行业产品之间的替代弹性。最终品生产企业在视其价格水平 $P_{H,t}(i)$ 为给定的条件下，将行业内部各个行业产品 $Y_t(i)$ 组装成为最终品 Y_t，并以竞争价格 $P_{H,t}$ 出售。最终品生产企业的最优化问题是选择投入数量 $Y_t(i)$，以最大化其利润，即：

$$\underset{\langle Y_t(i), i \in (0,1) \rangle}{\text{Max}} \left\{ P_{H,t} Y_t - \int_0^1 P_{H,t}(i) Y_t(i) di \right\} \tag{2}$$

并服从生产函数（1）。最终贸易品和最终非贸易品生产企业最优问题的一阶条件分别给出了贸易品和非贸易品各自的行业产品需求函数：

$$Y_t(i) = \left(\frac{P_{H,t}(i)}{P_{H,t}} \right)^{-\theta_i} Y_t \tag{3}$$

将（3）式带入生产函数（1）式中以替换掉 $Y_t(i)$，我们得到价格指数 $P_{H,t}$ 为：

$$P_{H,t} = \left(\int_0^1 P_{H,t}(i)^{1-\theta_i} di \right)^{1/(1-\theta_i)} \tag{4}$$

在对称均衡下，贸易与非贸易部门内所有行业都是相同的，因此，行业价格和价格指数也是一致的，即：$P_{h,t} = P_{h,t}(i)$，$P_{N,t} = P_{N,t}(k)$。

1.2 行业产品

差别化的中间品则按照下列最优化问题被加总成为一种行业产品：

$$\underset{\langle y_t(i,j),j\in\langle 0,N_{f,t}(i))\rangle}{\text{Max}}\left\{P_{H,t}(i)Y_t(i)-\sum_{j=0}^{N_{f,t}(i)}p_{H,t}(i,j)y_t(i,j)\right\}$$

(5)

并分别服从下列行业产品生产函数：

$$Y_t(i)=\left[N_{f,t}(i)^{-1/\theta_j}\sum_{j=1}^{N_{f,t}(i)}y_t(i,j)^{(\theta_j-1)/\theta_j}\right]^{\theta_j/(\theta_j-1)}$$

(6)

其中，$y_{h,t}(i,j)$ 为行业 i 中企业 j 的产出，而 θ_j 则表示同一行业内各个中间产品之间的替代弹性。行业产品生产函数的这种设定是为了消除产品品种的偏好。在不存在产品品种偏好的模型环境中，价格水平会随可获取产品品种数量的增加而降低。行业产品生产最优问题的一阶条件分别给出了中间产品的下列需求函数：

$$y_t(i,j)=\frac{1}{N_{f,t}(i)}\left(\frac{p_{H,t}(i,j)}{P_{H,t}(i)}\right)^{-\theta_j}Y_t(i)$$

(7)

将(8)式带入行业产品生产函数(7)式中替换掉 $y_t(i,j)$，我们得到行业价格指数 $P_{H,t}(i)$ 为：

$$P_{H,t}(i)=\left[\frac{1}{N_{f,t}(i)}\sum_{j=1}^{N_{f,t}(i)}p_{H,t}(i,j)^{1-\theta_j}\right]^{1/1-\theta_j}$$

(8)

将(3)式与(8)式相结合，我们还可将贸易品和非贸易品中间品需求函数分别表示为：

$$y_t(i,j) = \frac{1}{N_{f,t}(i)} \left(\frac{p_{H,t}(i,j)}{P_{H,t}(i)} \right)^{-\theta_j} \left(\frac{P_{H,t}(i)}{P_{H,t}} \right)^{-\theta_i} Y_t \quad (9)$$

1.3 中间产品

1.3.1 需求弹性

行业 i 的价格 $P_{H,t}(i)$ 关于中间品价格 $p_{H,t}(i,j)$ 的弹性 $\varepsilon_t^{Pp}(i,j)$ 定义为:

$$\varepsilon_t^{Pp}(i,j) \equiv \frac{\partial P_{H,t}(i)}{\partial p_{H,t}(i,j)} \frac{p_{H,t}(i,j)}{P_{H,t}(i)} \quad (10)$$

通过行业价格指数(9)关于中间产品价格 $p_{H,t}(i,j)$ 的微分,我们得到:

$$\frac{\partial P_{H,t}(i)}{\partial p_{H,t}(i,j)} = P_{H,t}(i) \left(p_{H,t}(i,j)^{-\theta_j} \middle/ \sum_{j=1}^{N_{f,t}(i)} p_{H,t}(i,j)^{1-\theta_j} \right) \quad (11)$$

于是,贸易行业弹性 $\varepsilon_t^{Pp}(i,j)$ 可重新写为:

$$\varepsilon_t^{Pp}(i,j) \equiv p_{H,t}(i,j)^{1-\theta_j} \middle/ \sum_{j=1}^{N_{f,t}(i)} p_{H,t}(i,j)^{1-\theta_j} \quad (12)$$

在对称均衡下,行业 i 内各企业的价格将一致,即 $p_{H,t}(i,j) = P_{H,t}(i)$,于是

$$\varepsilon_t^{Pp}(i) = 1/N_{f,t}(i) \quad (13)$$

通过中间产品需求函数(10)分别关于贸易中间产品价格 $p_{H,t}(i,j)$ 的微分,我们得到:

$$\frac{\partial y_t(i,j)}{\partial p_{H,t}(i,j)} = -\frac{y_t(i,j)}{p_{H,t}(i,j)} [\theta_j - (\theta_j - \theta_i) \varepsilon_t^{Pp}(i,j)] \quad (14)$$

贸易中间品产出 $y_{h,t}(i,j)$ 关于贸易中间产品价格 $p_{h,t}(i,j)$ 的弹性 $\varepsilon_{h,t}(i,j)$ 和非贸易中间品产出 $y_{N,t}(k,l)$ 关于非贸易中间产品价格 $p_{N,t}(k,l)$ 的弹性 $\varepsilon_{N,t}(k,l)$ 分别定义为：

$$\varepsilon_t(i,j) \equiv -\frac{\partial y_t(i,j)}{\partial p_{H,t}(i,j)} \frac{p_{H,t}(i,j)}{y_t(i,j)} \tag{15}$$

该式与(15)式相结合，贸易品弹性 $\varepsilon_t(i,j)$ 和非贸易品弹性可重新分别写为：

$$\varepsilon_t(i,j) = \theta_j - (\theta_j - \theta_i)\varepsilon_t^{Pp}(i,j) \tag{16}$$

对称均衡下，两弹性可分别表示为：

$$\varepsilon_t = \theta_j - (\theta_j - \theta_i)/N_{f,t} \tag{17}$$

1.3.2 生产技术、要素价格及边际成本

行业 i 中的每个企业 j 按照下列生产函数各自只生产一种单一产品 $y_t(i,j)$：

$$y_t(i,j) = A_t n_t(i,j)^{1-\alpha_h} g_t(i,j)^{\alpha_h}, \quad (0 < \alpha_h < 1) \tag{18}$$

其中，$A_{h,t}$ 和 $A_{N,t}$ 分别为贸易行业和非贸易行业的全要素生产率，而 $g_{h,t}(i,j)$ 和 $g_{N,t}(k,l)$ 则分别是贸易行业 i 中企业 j 生产所需的政府投资和非贸易行业 k 中企业 l 生产所需的政府投资，$l_{h,t}(i,j)$ 和 $l_{N,t}(k,l)$ 则分别是贸易行业 i 中企业 j 生产所需的劳动投入和非贸易行业 k 中企业 l 生产所需的劳动投入，并且有：

$$L_t(i) \equiv \sum_{j=0}^{N_{f,t}(i)} n_t(i,j) = N_{f,t}(i)n_t(i,j)$$

同时

$$G_t(i) \equiv \sum_{j=0}^{N_{f,t}(i)} g_t(i,j) = N_{f,t}(i) g_t(i,j)$$

贸易中间产品企业和非贸易中间产品企业在分别服从上述各自生产技术约束下最小化其下列目标成本函数:

$$\underset{\langle n_t(i,j) \rangle}{\text{Min}} \ W_t n_t(i,j) + P_{H,t} g_t(i,j)$$

$$s.t. \ y_t(i,j) = A_t n_t(i,j)^{1-\alpha_h} g_t(i,j)^{\alpha_h} \tag{19}$$

该最优化问题的一阶条件为:

$$MC_t(i,j) \equiv \frac{W_t}{(1-\alpha_h) P_{H,t}} \frac{l_t(i,j)}{y_t(i,j)}$$

$$= \left(\frac{W_t}{(1-\alpha_h) P_t} \right) \left(\frac{P_t}{P_{H,t}} \right) \frac{l_t(i,j)}{y_t(i,j)} \tag{20}$$

$$= \left(\frac{w_t}{(1-\alpha_h)} \right) \left(\frac{P_t}{P_{H,t}} \right) \frac{l_t(i,j)}{y_t(i,j)}$$

其中,w_t、$MC_t(i,j) \equiv MC_t^n(i,j) / P_{H,t}$ 分别是实际工资、行业实际边际成本。由于存在全国性统一的劳动市场,因此,实际工资在跨企业和跨行业之间是一致,进而实际边际成本在贸易行业和非贸易行业内部的跨企业和跨行业之间也是一致。(20)中两式变为:

$$MC_t = \left(\frac{w_t}{(1-\alpha_h)} \right) \left(\frac{P_t}{P_{H,t}} \right) \frac{l_t}{y_t}. \ (\because \hat{p}_t = \hat{p}_{H,t} + \gamma \hat{s}_t) \tag{21}$$

两式的对数线性化为:

$$\hat{mc}_t = \hat{w}_t + (\hat{l}_t - \hat{y}_t) + \gamma \hat{s}_t. \ (\because \hat{p}_t = \hat{p}_{H,t} + \gamma \hat{s}_t)$$

1.3.3 定价策略

t 期每个中间产品企业利润 $d_t(i,j)$ 为:

$$d_t(i, j) \equiv p_{H, t}(i, j) y_t(i, j) - MC_t y_t(i, j) \qquad (22)$$

在灵活价格环境下，行业 i 的中间产品企业 j 的最优价格 $(\partial d_t(i, j)/\partial p_{H, t}(i, j) = 0)$ 为：

$$p_{H, t}(i, j) = \left(\frac{\theta_j - (\theta_j - \theta_i)/N_{f, t}(i)}{\theta_j - (\theta_j - \theta_i)/N_{f, t}(i) - 1}\right) MC_t = \left(\frac{\varepsilon_t(i)}{\varepsilon_t(i) - 1}\right) MC_t$$

其中，MC_t 为名义边际成本。由于价格加成比率为 $\mu_t(i) \equiv \varepsilon_t(i)/(\varepsilon_t(i) - 1)$，于是，弹性价格下，行业 i 中中间产品企业 j 的最优价格可写为：

$$p_{H, t}(i, j) = \mu_t(i) MC_t(i) \qquad (23)$$

在黏性价格环境下，为了看清总价格水平动态，我们假定企业并非频繁调价。具体地，行业 i 中的中间产品企业 j 在服从生产函数（19），以及需求函数（10）下，最大化其下列预期利润贴现总和：

$$\underset{\langle p_{H, t}^*(i, j) \rangle}{\text{Max}} E_t \sum_{s=0}^{\infty} (\beta\theta_p)^s \frac{\lambda_{t+s}}{\lambda_t} \left[p_{H, t}^*(i, j) - MC_{t+s}(i) \right] y_{t+s}(i, j)$$

其中，$\Lambda_{t, t+s} \equiv (\beta\theta_p)^s \dfrac{\lambda_{t+s}}{\lambda_t}$ 为企业的随机贴现因子。尽管每个行业有着不同的决策，但我们假定同一行业内的所有企业在同一时间调价。因此，在 Cavlo 定价环境下，遵从 Kim（2018）的做法，我们假定行业中每个行业每时期以概率 α_p 收到其重新最优化其价格的信号便足以。于是，当行业 i 收到调价信号时，行业中的每一个企业均选择价格 $p_{H, t}^*(i, j)$，以最大化其预期实际利润贴现总和，直至其下一次重新调价之时。在同一行业中所有企业同时调价的假设即 $p_{H, t}^*(i) = p_{H, t}^*(i, j)$ 下，最优化问题的一阶条件为：

$$\sum_{s=0}^{\infty} \Lambda_{t,\,t+s} y_{t+s}(i) + \sum_{s=0}^{\infty} \theta_p^s \Lambda_{t,\,t+s} (p_{H,\,t}^*(i) - MC_{t+s})$$

$$\left((\theta_j - \theta_i)\left(\frac{p_{H,\,t}^*(i)}{P_{H,\,t+s}}\right)^{1-\theta_i} - \theta_j\right)\frac{y_{t+s}(i)}{p_{H,\,t}^*(i)} = 0 \qquad (24)$$

其中,θ_j 和 θ_i 分别表示同一行业内和跨行业之间的各中间产品替代弹性。在 Cavlo 环境下,(4)式中的总价格指数 $P_{H,\,t}$ 可改写为：

$$P_{H,\,t} = ((1-\alpha_p)(P_{H,\,t-1})^{1-\theta_j} + \alpha_p N_{f,\,t}(p_{H,\,t}^*)^{1-\theta_j})^{1/(1-\theta_j)}$$

$$(25)$$

将(24)式的线性化与(25)式的线性化相结合,我们得到行业的菲利普斯曲线方程为：

$$\hat{\pi}_{H,\,t} = \beta E_t \hat{\pi}_{H,\,t+1} + \frac{(1-\alpha_p)(1-\beta\alpha_p)}{\alpha_p}\kappa \hat{mc}_t$$

$$-\frac{\beta(1-\alpha_p)}{1-\theta_j}E_t \hat{N}_{t+1} + \frac{1-\alpha_p}{\alpha_p(1-\theta_j)}\hat{N}_t$$

其中,$\kappa \equiv \dfrac{\theta_j(\theta_j-1)N^2 - (2\theta_j-1)(\theta_j-\theta_i)N + (\theta_j-\theta_i)^2}{\theta_j(\theta_j-1)N^2 - \theta_j(\theta_j-\theta_i)N + (\theta_j-\theta_i)^2}$。

二、模型稳态与线性化方程

1. 稳态方程

1.

$$N_f = (\theta_j - \theta_i)/(\theta_j - \varepsilon)$$

2.

$$\tilde{C} \equiv (1-h)C$$

3.

$$X \equiv \tilde{C} = (1-h)C$$

4.

$$S \equiv \tilde{C} - \psi N^{\theta} X = (1 - \psi N^{\theta}) \tilde{C}$$
$$= (1 - \psi N^{\theta}) \tilde{C} = (1-h)(1 - \psi N^{\theta})C$$
$$\lambda = (1 - \psi \gamma_x N^{\theta}) / ((1+\tau)((1-h)(1-\psi N^{\theta})C)^{\sigma})$$
$$= (1 - \psi \gamma_x N^{\theta}) / ((1+\tau)S^{\sigma})$$

5.

$$\beta(1+r) = 1$$

6.

$$Y = N_f y = a(N_f n)^{1-\alpha_h}(N_f g)^{\alpha_h} , \ a_h = 1$$

7.

$$MC = \left(\frac{w}{1-\alpha_h}\right)\left(\frac{n}{y}\right) = \left(\frac{w}{1-\alpha_h}\right)\left(\frac{N}{Y}\right)$$

8.

$$MC = \frac{1}{\mu} = \frac{\varepsilon - 1}{\varepsilon}$$

9.

$$MRS = \left(\frac{\theta_w - 1}{\theta_w}\right)\left(\frac{1-\tau^w}{1+\tau^c}\right)w$$

10.

$$MRS = \frac{\psi \theta L^{\theta-1}}{1 - \psi \gamma_x L^{\theta}}$$

11.

$$\varphi \equiv \left((\theta - 1) + \theta \, \frac{\psi \gamma_x L^\theta}{1 - \psi \gamma_x L^\theta} \right)$$

12.

$$r = r^*$$

13.

$$G + (1+r)b = \tau^c C + \tau^l wL + b$$

$$\Rightarrow G + rb = \tau^c C + \tau^l wL$$

$$\Rightarrow rb = (\tau^c C + \tau^l wL) - G$$

$$\Rightarrow \frac{b}{Y} r = \left(\tau^c \frac{C}{Y} + \tau^l w \frac{L}{Y} \right) - \frac{G}{Y}$$

$$\Rightarrow \frac{b}{Y} = \frac{1}{r} \left(\left(\tau^c \frac{C}{Y} + \tau^l w \frac{L}{Y} \right) - \frac{G}{Y} \right)$$

14.

$$Y = (1 - \gamma)C + (1 - \gamma)G + \gamma C^*$$

15.

$$G = N_f g$$

2. 线性化方程：

1. 有效消费方程：

$$\hat{\tilde{C}}_t = \frac{1}{1-h} \hat{C}_t - \frac{h}{1-h} \hat{C}_{t-1}$$

2. 过去与当前消费的几何平均变量演化方程：

$$\hat{x}_t = \gamma_x \left(\frac{1}{1-h}\hat{C}_t - \frac{h}{1-h}\hat{C}_{t-1} \right) + (1-\gamma_x)\hat{x}_{t-1}$$

3. 效用函数中过度变量定义方程：

$$\hat{v}_t = \left(\frac{1}{1-\psi L^{\theta}} \right) \hat{\tilde{C}}_t - \left(\frac{\psi L^{\theta}}{1-\psi L^{\theta}} \right) (\theta \hat{L}_t + \hat{x}_t)$$

4. 消费的边际效用方程：

$$\hat{\lambda}_t = \left(\frac{\psi \gamma_x L^{\theta}}{1-\psi \gamma_x L^{\theta}} \right) ((1-\gamma_x)(\hat{\tilde{C}}_t - \hat{x}_{t-1}) - \theta \hat{L}_t)$$

$$- \left(\frac{\tau^c}{1+\tau^c} \right) \tau_t^c - \sigma \hat{v}_t + \hat{\mu}_{c,t}$$

5. 欧拉方程：

$$\hat{\lambda}_t = E_t \{ \hat{\lambda}_{t+1} \} + (\hat{r}_t - E_t \{ \hat{\pi}_{t+1} \})$$

6. 非抵补利率平价方程：

$$\hat{e}_t = E_t \hat{e}_{t+1} + \hat{r}_t^* - \hat{r}_t - \kappa n \hat{f} a_t + \hat{\mu}_t^{\phi}$$

$$\Rightarrow 0 = E_t \hat{e}_{t+1} - \hat{e}_t + \hat{r}_t^* - \hat{r}_t - \kappa n \hat{f} a_t + \hat{\mu}_t^{\phi}$$

$$\Rightarrow \hat{s}_t = \hat{s}_{t+1} + (\hat{r}_t^* - \hat{\pi}_{t+1}^*) - (\hat{r}_t - \hat{\pi}_{H,t+1}) - \kappa n \hat{f} a_t + \hat{\mu}_t^{\phi}$$

$$\begin{pmatrix} \because \hat{s}_t = \hat{p}_{F,t} - \hat{p}_{H,t}, \therefore \hat{s}_t = \hat{e}_t + \hat{p}_t^* - \hat{p}_{H,t}, \\ \therefore \hat{e}_t = \hat{s}_t - \hat{p}_t^* + \hat{p}_{H,t} \end{pmatrix}$$

7. 工资方程：

$$\hat{w}_t = \frac{\beta}{1+\beta} E_t \hat{w}_{t+1} + \frac{1}{1+\beta} \hat{w}_{t-1} + \frac{\beta}{1+\beta} E_t \hat{\pi}_{t+1} - \frac{1}{1+\beta} \hat{\pi}_t$$

$$+ \lambda_w \left(\hat{mrs}_t - \hat{w}_t + \frac{\tau^w}{1-\tau^w} \hat{\tau}_t^w + \frac{\tau^c}{1+\tau^c} \hat{\tau}_t^c \right).$$

其中，$\lambda_w \equiv \dfrac{(1-\theta_w)(1-\beta\theta_w)}{(1+\beta)\theta_w}$。

8. 消费与劳动的边际替代率方程：

$$m\hat{r}s_t = \left((\theta-1) + \theta\frac{\psi\gamma_x L^\theta}{1-\psi\gamma_x L^\theta}\right)\hat{L}_t$$

$$- \left(\frac{\psi\gamma_x L^\theta}{1-\psi\gamma_x L^\theta}\right)(1-\gamma_x)(\hat{\bar{C}}_t - \hat{x}_{t-1})$$

9. 总产出：

$$\hat{Y}_t = \hat{N}_{f,t} + \hat{y}_t$$

10. 总劳动投入：

$$\hat{N}_t = \hat{N}_{f,t} + \hat{n}_t$$

11. 最优价格设定：

$$\frac{p_{H,t}}{P_t} = \mu_t\frac{MC_t}{P_t}$$

$$\Rightarrow \frac{p_{H,t}}{P_t} = \mu_t mc_t$$

$$\Rightarrow \hat{\mu}_t + m\hat{c}_t = \gamma\hat{s}_t. \quad (\because \hat{p}_t = \hat{p}_{H,t} + \gamma\hat{s}_t)$$

12. 中间品生产函数：

$$\hat{y}_t = (1-\alpha_h)\hat{n}_t + \alpha_h\hat{g}_t + \hat{a}_t$$

13. 中间品边际生产成本：

$$m\hat{c}_t = \hat{w}_t + \hat{n}_t - \hat{y}_t + \gamma\hat{s}_t$$

14. 中间品菲利普斯曲线：

$$\hat{\pi}_{H,t} = \beta E_t \hat{\pi}_{H,t+1} + \frac{(1-\alpha_p)(1-\beta\alpha_p)}{\alpha_p} \kappa \hat{mc}_t$$

$$- \frac{\beta(1-\alpha_p)}{1-\theta_j} E_t \hat{N}_{f,t+1} + \frac{1-\alpha_p}{\alpha_p(1-\theta_j)} \hat{N}_{f,t}$$

其中，$\kappa \equiv \dfrac{\theta_j(\theta_j-1)N_f^2 - (2\theta_j-1)(\theta_j-\theta_i)N_f + (\theta_j-\theta_i)^2}{\theta_j(\theta_j-1)N_f^2 - \theta_j(\theta_j-\theta_i)N_f + (\theta_j-\theta_i)^2}$。

15. 中间品价格加成：

$$\because \mu_t = \varepsilon_t/(\varepsilon_t-1) \, , \, \varepsilon_t = \theta_j - (\theta_j-\theta_i)/N_{f,t}$$

$$\therefore \hat{\mu}_t = (1-\mu)\hat{\varepsilon}_t = (\varepsilon/(1-\varepsilon))\hat{\varepsilon}_t \, , \, \hat{\varepsilon}_t = ((\theta_j-\varepsilon)/\varepsilon)\hat{N}_{f,t}$$

$$\therefore \hat{\mu}_t = (\theta_j-\varepsilon)/(1-\varepsilon)\hat{N}_{f,t}$$

16. 总的通货膨胀方程：

$$\hat{\pi}_t = \hat{\pi}_{H,t} + \gamma\Delta\hat{s}_t$$

17. 产出市场出清条件为：

$$\hat{Y}_t \approx \left(\frac{C}{Y}\right)((1-\gamma)\hat{c}_t + \gamma\hat{c}_t^* + (2-\gamma)\eta\gamma\hat{s}_t) + \left(\frac{G}{Y}\right)\hat{G}_t$$

18. 政府预算约束为：

$$\frac{b}{Y}\hat{b}_t = (1+r)\begin{bmatrix} \dfrac{b}{Y}\hat{b}_{t-1} + \dfrac{1}{1+r}\dfrac{b}{Y}\hat{r}_t - \dfrac{b}{Y}\hat{\pi}_t + \dfrac{G}{Y}(\hat{g}_t - \gamma\hat{s}_t) \\ -\tau\dfrac{C}{Y}(\hat{\tau}_t + \hat{c}_t) - \tau w\dfrac{N}{Y}(\hat{\tau}_t + \hat{w}_t + \hat{n}_t) \end{bmatrix}$$

19—26. 财政政策规则三则：

$$\hat{g}_{h,t} = h_{hg}\hat{g}_{h,t-1} + (1-h_{hg})(-\psi_{hg}\hat{y}_t - \phi_{hg}\hat{b}_{t-1} + \hat{u}_{hg,t}) \, ,$$

$$\hat{u}_{hg,t} = \rho_{hg}\hat{u}_{hg,t-1} + \hat{\varepsilon}_{hg,t}, \, \hat{\varepsilon}_{hg,t} \sim i.i.d - N(0,1)$$

$$\hat{g}_{N,t} = h_{Ng}\hat{g}_{N,t-1} + (1-h_{Ng})(-\psi_{Ng}\hat{y}_t - \phi_{Ng}\hat{b}_{t-1} + \hat{u}_{Ng,t}),$$

$$\hat{u}_{Ng,t} = \rho_{Ng}\hat{u}_{Ng,t-1} + \hat{\varepsilon}_{Ng,t}, \ \hat{\varepsilon}_{Ng,t} \sim i.i.d - N(0,1)$$

$$\hat{\tau}_t^c = \psi_{\tau^c}\hat{y}_t + \phi_{\tau^c_t}\hat{b}_{t-1} + \hat{u}_{\tau^c_t}, \ \hat{u}_{\tau^c_t} = \rho_{\tau^c}\hat{u}_{\tau^c_{t-1}} + \hat{\varepsilon}_{\tau^c_t},$$

$$\hat{\varepsilon}_{\tau^c_t} \sim i.i.d - N(0,1)$$

$$\hat{\tau}_t^l = \psi_{\tau^l}\hat{y}_t + \phi_{\tau^l_t}\hat{b}_{t-1} + \hat{u}_{\tau^l_t}, \ \hat{u}_{\tau^l_t} = \rho_{\tau^l}\hat{u}_{\tau^l_{t-1}} + \hat{\varepsilon}_{\tau^l_t},$$

$$\hat{\varepsilon}_{\tau^l_t} \sim i.i.d - N(0,1)$$

27. 总的政府支出：

$$\hat{G}_t = \hat{N}_{f,t} + \hat{g}_t$$

28. 货币政策为：

$$\hat{r}_t = \rho_R\hat{r}_{t-1} + (1-\rho_R)(\phi_\pi\hat{\pi}_t + \phi_y\hat{y}_t) + \hat{\varepsilon}_{Rt}$$

29. 国外净资产演化方程：

$$n\hat{f}a_t = (1/\beta)n\hat{f}a_{t-1} + n\hat{x}_t$$

30. 净出口为：

$$n\hat{x}_t = \left(\frac{C}{Y}\right)\gamma(((2-\gamma)\eta - 1)\hat{s}_t + \hat{c}_t^* - \hat{c}_t)$$

附录 4: 方程推导

一、一阶条件推导:

1. 消费与储蓄决策

家庭部门分别为国内生产贸易品和非贸易品的两个生产部门提供劳动服务,并且家庭是每个部门中垄断企业的拥有者,它试图寻求下列终生效用函数的最大化:

$$\underset{\{C_t(i),\, B_t(i)\}}{\text{Max}} E_0 \left\{ \sum_{t=0}^{\infty} \beta^t U(C_t(i),\, L_t(i)) \right\}$$

这里,

$$U(C_t(i),\, L_t(i)) = \frac{e_t^c}{1-\sigma} ((\widetilde{C}_t(i) - \psi L_t(i)^\theta X_t(i))^{1-\sigma} - 1)$$

服从

$$\widetilde{C}_{t+k}(i) \equiv C_{t+k}(i) - h C_{t+k-1}(i)$$

和家庭预算约束(实际变量表示):

$$(1+\tau_t^c) C_t(i) + \frac{B_t(i)}{P_t} + \frac{e_t B_t^*(i)}{P_t} = (1-\tau_t^w) \frac{W_t(i) L_t(i)}{P_t}$$

$$+ \frac{(1+r_{t-1})B_{t-1}(i)}{P_t} + \frac{(1+r_{t-1}^*)\phi(n\hat{f}a_{t-1})e_t B_{t-1}^*(i)}{P_t} + (1-\tau_t^k)\frac{R_t^k}{P_t}K_t(i)$$

$$- \frac{P_{Tt}I_{Tt}(i)}{P_t} + \frac{T_t(i)}{P_t} + \sum_m \Gamma_{mt}(i)$$

以及资本存量 $K_t(i)$ 的演变法则：

$$K_t(i) = (1-\delta)K_{t-1}(i) + e_t^i\phi\left(\frac{I_{Tt}(i)}{I_{Tt-1}(i)}\right)I_{Tt}(i)$$

建立拉格朗日函数：

$$L = E_0\sum_{t=0}^{\infty}\beta^t\left\{
\begin{array}{l}
\left[\dfrac{e_t^c}{1-\sigma}((\widetilde{C}_t(i) - \psi L_t(i)^{\theta}X_t(i))^{1-\sigma} - 1)\right] \\[2mm]
+\lambda_t\left[
\begin{array}{l}
(1-\tau_t^w)\dfrac{W_t(i)L_t(i)}{P_t} - (1+\tau_t^c)C_t(i) \\[2mm]
+ (1-\tau_t^k)\dfrac{R_t^k}{P_t}K_t(i) - \dfrac{P_{T,t}I_{T,t}(i)}{P_t} \\[2mm]
+ \dfrac{(1+r_{t-1})B_{t-1}(i)}{P_t} - \dfrac{B_t(i)}{P_t} \\[2mm]
+ \dfrac{(1+r_{t-1}^*)\phi(n\hat{f}a_{t-1})e_t B_{t-1}^*(i)}{P_t} \\[2mm]
- \dfrac{e_t B_t^*(i)}{P_t} + \dfrac{T_t(i)}{P_t} + \sum_m \Gamma_{mt}(i)
\end{array}
\right] \\[2mm]
+ Q_t\left[(1-\delta)K_{t-1}(i)\right. \\[2mm]
\left.+ e_{i,t}\phi\left(\dfrac{I_{T,t}(i)}{I_{T,t-1}(i)}\right)I_{T,t}(i) - K_t(i)\right]
\end{array}
\right\}$$

上述最优问题中关于 $C_t(i)$、$B_t(i)$、$B_t^*(i)$、$K_t(i)$、$I_{T,t}(i)$ 的一阶条件分别为（FOCs）：

$$\frac{\partial L}{\partial C_t(i)} = 0: \; \beta^t e_t^c (\widetilde{C}_t(i) - \psi N_t(i)^\theta X_{t-1}(i))^{-\sigma} \Big(\frac{\partial \widetilde{C}_t(i)}{\partial C_t(i)}$$

$$- \psi N_t(i)^\theta \frac{\partial X_t(i)}{\partial C_t(i)} \Big) - \beta^t \lambda_t (1 + \tau_t^c) = 0$$

$$\Rightarrow \lambda_t (1 + \tau_t^c) = e_t^c (\widetilde{C}_t(i) - \psi N_t(i)^\theta X_t(i))^{-\sigma}$$

$$(1 - \psi N_t(i)^\theta \gamma_x \widetilde{C}_t(i)^{\gamma_x - 1} X_{t-1}(i)^{1 - \gamma_x})$$

$$\Rightarrow \lambda_t (1 + \tau_t^c) (\widetilde{C}_t(i) - \psi N_t(i)^\theta X_t(i))^\sigma$$

$$= e_t^c (1 - \psi N_t(i)^\theta \gamma_x (X_{t-1}(i)/\widetilde{C}_t(i))^{1 - \gamma_x})$$

$$\frac{\partial L}{\partial B_t(i)} = 0: \; -\beta^t \lambda_t \frac{1}{(1 + r_t) P_t} + \beta^{t+1} E_t \Big\{ \lambda_{t+1} \frac{1}{P_{t+1}} \Big\} = 0$$

$$\Rightarrow \beta E_t \Big\{ \frac{\lambda_{t+1}}{\lambda_t} \frac{(1 + r_t) P_t}{P_{t+1}} \Big\} = 1 \Rightarrow \beta E_t \Big\{ \frac{\lambda_{t+1}}{\lambda_t} \frac{(1 + r_t)}{\pi_{t+1}} \Big\} = 1.$$

$$\frac{\partial L}{\partial B_t^*(i)} = 0: \; -\beta^t \lambda_t + \beta^{t+1} E_t \Big\{ \lambda_{t+1} (1 + r_t^*) \phi_t(n\hat{f}a_t) \frac{1}{\pi_{t+1}} \frac{e_{t+1}}{e_t} \Big\} = 0$$

$$\Rightarrow \beta E_t \Big\{ \frac{\lambda_{t+1}}{\lambda_t} \phi_t(n\hat{f}a_t) \frac{(1 + r_t^*)}{\pi_{t+1}} \frac{e_{t+1}}{e_t} \Big\} = 1$$

$$\frac{\partial L}{\partial I_{T,t}(i)} = 0: \; e_{i,t} Q_t^k \Big(1 - \phi \Big(\frac{I_{T,t}(i)}{I_{T,t-1}(i)} \Big) \Big)$$

$$- e_{i,t} Q_t^k \phi' \Big(\frac{I_{T,t}(i)}{I_{T,t-1}(i)} \Big) \frac{I_{T,t}(i)}{I_{T,t-1}(i)}$$

$$= -\beta \frac{\lambda_{t+1}}{\lambda_t} e_{i,t+1} Q_{t+1}^k \phi' \Big(\frac{I_{T,t+1}(i)}{I_{T,t}(i)} \Big) \frac{I_{T,t+1}^2(i)}{I_{T,t}^2(i)} + \frac{q_t}{h(q_t)}$$

$$\frac{\partial L}{\partial K_{t+1}(i)} = 0: \; Q_t^k = \beta \frac{\lambda_{t+1}}{\lambda_t} (1 - \delta) Q_{t+1}^k + \beta \frac{\lambda_{t+1}}{\lambda_t} (1 - \tau_{t+1}^k) r_{t+1}^k$$

这里，利用了 $\dfrac{\partial \widetilde{C}_t(i)}{\partial C_t(i)} = 1$ 以及

$$\frac{\partial X_t(i)}{\partial C_t(i)} = \frac{\partial X_t(i)}{\partial \widetilde{C}_t(i)} \frac{\partial \widetilde{C}_t(i)}{\partial C_t(i)} = \gamma_x \widetilde{C}_t(i)^{\gamma_x - 1} X_{t-1}(i)^{1-\gamma_x}$$

$$= \gamma_x \left(X_{t-1}(i) / \widetilde{C}_t(i) \right),$$

并且 $Q_t^k \equiv \dfrac{Q_t}{\lambda_t}$ 是资产价格,即托宾 Q,而 Q_t 为资本演化方程约束的拉格朗日乘子,λ_t 为家庭预算约束的拉格朗日乘子,$\pi_t (\equiv P_t / P_{t-1})$ 为通货膨胀。

在对称性均衡处 $(C_t(i) = C_t,\ B_t(i) = B_t,\ B_t^*(i) = B_t^*)$,令 $V_t \equiv \widetilde{C}_t - \psi N_t^\theta X_t$,我们最终得到:

$$\widetilde{C}_t \equiv C_t - h C_{t-1}$$

$$X_t \equiv \widetilde{C}_t^{\gamma_x} X_{t-1}^{1-\gamma_x}$$

$$V_t \equiv \widetilde{C}_t - \psi N_t^\theta X_t$$

$$\lambda_t (1 + \tau_t^c) V_t^\sigma = \mu_{c,t} \left(1 - \psi \gamma_x N_t^\theta (X_{t-1}/\widetilde{C}_t)^{1-\gamma_x} \right)$$

$$\beta E_t \left\{ \frac{\lambda_{t+1}}{\lambda_t} \frac{(1 + r_t) P_t}{P_{t+1}} \right\} = 1$$

$$E_t \left(\frac{e_t}{e_{t+1}} \right) = \phi_t (n\hat{f}a_t) \left(\frac{1 + r_t^*}{1 + r_t} \right) = e^{-\kappa n\hat{f}a_t + \hat{\mu}_t^\phi} \left(\frac{1 + r_t^*}{1 + r_t} \right)$$

$$\hat{i}_{T,t} = \frac{\beta}{1+\beta} E_t \hat{i}_{T,t+1} + \frac{1}{1+\beta} \hat{i}_{T,t-1}$$

$$+ \frac{1}{(1+\beta) \phi''(1)} \left[\hat{q}_t^k - (1 - \omega_c) \hat{q}_t + \hat{e}_{i,t} \right]$$

$$\hat{q}_t^k = \beta(1-\delta) E_t \hat{q}_{t+1}^k + (1 - \beta(1-\delta))$$

$$E_t \left(\hat{r}_{t+1}^k - \frac{\tau^k}{1-\tau^k} \hat{\tau}_{t+1}^k \right) - (\hat{r}_t - E_t \hat{\pi}_{t+1})$$

此外，在对称性均衡处，资本演变方程为：

$$K_t = (1-\delta)K_{t-1} + e_{i,t}\phi\left(\frac{I_{T,t}}{I_{T,t-1}}\right)I_{T,t}$$

则有

$$\hat{k}_t = (1-\delta)\hat{k}_{t-1} + \delta(\hat{i}_{T,t} + \hat{e}_{i,t})$$

而 $I_{T,t} = \omega_i\left(\frac{P_{T,t}}{P_{i,t}}\right)^{-\rho}I_t = \omega_i\left(\frac{q_t}{k(q_t)}\right)^{-\rho}I_t$，其数线性化为：

$$\hat{i}_{T,t} = \hat{i}_t - \rho(\hat{q}_t - \hat{k}(q_t))$$
$$= \hat{i}_t - \rho(1-\omega_i)\hat{q}_t$$

2. 工资方程的推导：

$$\sum_{k=0}^{\infty}(\beta\theta_w)^k\left\{U_{C,t+k}\frac{L_{t+k}(i)}{W_{t+k}(i)}\left[\left(\frac{1-\tau_{t+k}^w}{1+\tau_{t+k}^c}\right)\left(\frac{W_{t+k}(i)}{P_{t+k}}\right)\right.\right.$$
$$\left.\left.- M_s MRS_{t+k}(i)\right]\right\} = 0$$

其稳态为：

$$\left(\frac{1-\tau^w}{1+\tau^c}\right)w = M_s MRS(i)$$

（1）线性化上式：

$$\left(\frac{1-\tau_{t+k}^w}{1+\tau_{t+k}^c}\right)\left(\frac{W_{t+k}(i)}{P_{t+k}}\right)$$

$$= -\frac{\tau^w w}{1+\tau^c}\hat{\tau}_{t+k}^w - \frac{(1-\tau^w)\tau^c w}{(1+\tau^c)^2}\hat{\tau}_{t+k}^c + \frac{(1-\tau^w)w}{1+\tau^c}\hat{w}_{t+k}(i).$$

$$= \frac{(1-\tau^w)w}{1+\tau^c}\left(\hat{w}_{t+k}(i) - \frac{\tau^w}{1-\tau^w}\hat{\tau}_{t+k}^w - \frac{\tau^c}{1+\tau^c}\hat{\tau}_{t+k}^c\right).$$

$$M_s MRS_{t+k}(i) = M_s MRS(i) m\hat{r}s_{t+k}(i).$$

于是得到：

$$\sum_{k=0}^{\infty} (\beta\theta_w)^k \left\{ \hat{w}_{t+k}(i) - m\hat{r}s_{t+k}(i) - \frac{\tau^w}{1-\tau^w}\hat{\tau}_{t+k}^w - \frac{\tau^c}{1+\tau^c}\hat{\tau}_{t+k}^c \right\} = 0.$$

(2) 线性化 $L_{t+k}(i) = \left(\dfrac{W_{t+k}(i)}{W_{t+k}}\right)^{-\varepsilon_w} L_{t+k}$：

$$\begin{aligned}
\hat{l}_{t+k}(i) &= \hat{l}_{t+k} - \varepsilon_w (\hat{W}_{t+k}(i) - \hat{W}_{t+k}) \\
&= \hat{l}_{t+k} - \varepsilon_w (\hat{w}_{t+k}(i) - \hat{w}_{t+k})
\end{aligned}$$

其中，$\hat{W}_{t+k}(i) = \hat{w}_{t+k}(i) + \hat{p}_{t+k}$。

(3) 线性化 $MRS_{t+k}(i) = e_{t+k}^l e_{t+k}^{-c} (\widetilde{C}_{t+k}(i) - h\widetilde{C}_{t+k-1}) L_{t+k}^{\psi}(i)$：

$$m\hat{r}s_{t+k}(i) = \psi\hat{l}_{t+k}(i) + \frac{1}{1-h}(\hat{\tilde{c}}_{t+k} - h\hat{\tilde{c}}_{t+k-1}) + \hat{e}_{t+k}^l - \hat{e}_{t+k}^c$$

该式为家庭 i 在 $t+k$ 时期的对数线性化边际替代率。而根据 Gali(2008)，我们得到整个经济的平均边际替代率 $m\hat{r}s_{t+k}$ 则为：

$$m\hat{r}s_{t+k} = \psi\hat{l}_{t+k} + \frac{1}{1-h}(\hat{\tilde{c}}_{t+k} - h\hat{\tilde{c}}_{t+k-1}) + \hat{e}_{t+k}^l - \hat{e}_{t+k}^c$$

于是，最终得到：

$$\begin{aligned}
m\hat{r}s_{t+k}(i) &= m\hat{r}s_{t+k} + \psi(\hat{l}_{t+k}(i) - \hat{l}_{t+k}) \\
&= m\hat{r}s_{t+k} + \psi[\hat{l}_{t+k} - \varepsilon_w(\hat{w}_{t+k}(i) - \hat{w}_{t+k}) - \hat{l}_{t+k}] \\
&= \psi\hat{l}_{t+k} + \frac{1}{1-h}(\hat{\tilde{c}}_{t+k} - h\hat{\tilde{c}}_{t+k-1}) + \hat{e}_{t+k}^l \\
&\quad - \hat{e}_{t+k}^c - \psi\varepsilon_w(\hat{w}_{t+k}(i) - \hat{w}_{t+k}) \\
&= \psi\hat{l}_{t+k} - \psi\varepsilon_w(\hat{w}_{t+k}(i) - \hat{w}_{t+k})
\end{aligned}$$

$$+\frac{1}{1-h}(\hat{\bar{c}}_{t+k}-h\hat{\bar{c}}_{t+k-1})+\hat{e}^l_{t+k}-\hat{e}^c_{t+k}.$$

（4）线性化 $W_{t+k}(i)=\left(\dfrac{P_{t+k-1}}{P_{t-1}}\right)^{\tau_w}W_t(i)$：

$$\hat{W}_{t+k}(i)=\hat{W}_t(i)+\tau_w(\hat{p}_{t+k-1}-\hat{p}_{t-1}).$$

$$\Rightarrow(\hat{w}_{t+k}(i)+\hat{p}_{t+k})=(\hat{w}_t(i)+\hat{p}_t)+\tau_w(\hat{p}_{t+k-1}-\hat{p}_{t-1}).$$

$$\Rightarrow\hat{w}_{t+k}(i)=\hat{w}_t(i)+(\hat{p}_t-\tau_w\hat{p}_{t-1})-(\hat{p}_{t+k}-\tau_w\hat{p}_{t+k-1}).$$

于是，最终得到：

$$m\hat{r}s_{t+k}(i)=\psi\hat{l}_{t+k}-\psi\varepsilon_w(\hat{w}_{t+k}(i)-\hat{w}_{t+k})$$

$$+\frac{1}{1-h}(\hat{\bar{c}}_{t+k}-h\hat{\bar{c}}_{t+k-1})+\hat{e}^l_{t+k}-\hat{e}^c_{t+k}.$$

$$=\psi\hat{l}_{t+k}-\psi\varepsilon_w(\hat{w}_t(i)+(\hat{p}_t-\tau_w\hat{p}_{t-1})-(\hat{p}_{t+k}-\tau_w\hat{p}_{t+k-1}))$$

$$+\psi\varepsilon_w\hat{w}_{t+k}+\frac{1}{1-h}(\hat{\bar{c}}_{t+k}-h\hat{\bar{c}}_{t+k-1})+\hat{e}^l_{t+k}-\hat{e}^c_{t+k}.$$

$$=-\psi\varepsilon_w(\hat{w}_t(i)+(\hat{p}_t-\tau_w\hat{p}_{t-1}))+\psi\varepsilon_w(\hat{p}_{t+k}-\tau_w\hat{p}_{t+k-1})$$

$$+\psi\hat{l}_{t+k}+\psi\varepsilon_w\hat{w}_{t+k}+\frac{1}{1-h}(\hat{\bar{c}}_{t+k}-h\hat{\bar{c}}_{t+k-1})+\hat{e}^l_{t+k}-\hat{e}^c_{t+k}.$$

（5）线性化 $W_t=\left[\theta_w\left(\left(\dfrac{P_{t-1}}{P_{t-2}}\right)^{\tau_w}W_{t-1}\right)^{1-\varepsilon_w}+(1-\theta_w)(W_t^*)^{1-\varepsilon_w}\right]^{\frac{1}{1-\varepsilon_w}}$：

$$\hat{W}_t=\theta_w\hat{W}_{t-1}+(1-\theta_w)\hat{W}_t(i)+\theta_w\tau_w\hat{\pi}_{t-1}.$$

$$\Rightarrow\hat{W}_t(i)=\frac{1}{1-\theta_w}\hat{W}_t-\frac{\theta_w}{1-\theta_w}\hat{W}_{t-1}-\frac{\theta_w\tau_w}{1-\theta_w}\hat{\pi}_{t-1}.$$

$$\Rightarrow\hat{w}_t(i)=\frac{1}{1-\theta_w}\hat{w}_t-\frac{\theta_w}{1-\theta_w}\hat{w}_{t-1}-\frac{\theta_w\tau_w}{1-\theta_w}\hat{\pi}_{t-1}+\frac{\theta_w}{1-\theta_w}\hat{\pi}_t.$$

其中，$\hat{W}_t(i) = \hat{w}_t(i) + \hat{p}_t$。

(6) 最终得到：

$$\sum_{k=0}^{\infty} (\beta\theta_w)^k \left\{ \hat{w}_{t+k}(i) - m\hat{rs}_{t+k}(i) - \frac{\tau^w}{1-\tau^w}\hat{\tau}_{t+k}^w - \frac{\tau^c}{1+\tau^c}\hat{\tau}_{t+k}^c \right\} = 0.$$

$$\Rightarrow \sum_{k=0}^{\infty} (\beta\theta_w)^k \left\{ \begin{array}{l} \hat{w}_{t+k}(i) - \psi\hat{l}_{t+k} + \psi\varepsilon_w(\hat{w}_{t+k}(i) - \hat{w}_{t+k}) \\ \quad - \frac{1}{1-h}(\hat{\tilde{c}}_{t+k} - h\hat{\tilde{c}}_{t+k-1}) \\ - \hat{e}_{t+k}^l + \hat{e}_{t+k}^c - \frac{\tau^w}{1-\tau^w}\hat{\tau}_{t+k}^w - \frac{\tau^c}{1+\tau^c}\hat{\tau}_{t+k}^c \end{array} \right\} = 0$$

$$\Rightarrow \sum_{k=0}^{\infty} (\beta\theta_w)^k \left\{ \begin{array}{l} (\hat{w}_{t+k}(i) - \hat{w}_{t+k}) + \hat{w}_{t+k} - \psi\hat{l}_{t+k} \\ \quad + \psi\varepsilon_w(\hat{w}_{t+k}(i) - \hat{w}_{t+k}) \\ \quad - \frac{1}{1-h}(\hat{\tilde{c}}_{t+k} - h\hat{\tilde{c}}_{t+k-1}) \\ - \hat{e}_{t+k}^l + \hat{e}_{t+k}^c - \frac{\tau^w}{1-\tau^w}\hat{\tau}_{t+k}^w - \frac{\tau^c}{1+\tau^c}\hat{\tau}_{t+k}^c \end{array} \right\} = 0$$

$$\Rightarrow \sum_{k=0}^{\infty} (\beta\theta_w)^k \left\{ \begin{array}{l} (1+\psi\varepsilon_w)(\hat{w}_{t+k}(i) - \hat{w}_{t+k}) + \hat{w}_{t+k} - \psi\hat{l}_{t+k} \\ \quad - \frac{1}{1-h}(\hat{\tilde{c}}_{t+k} - h\hat{\tilde{c}}_{t+k-1}) \\ - \hat{e}_{t+k}^l + \hat{e}_{t+k}^c - \frac{\tau^w}{1-\tau^w}\hat{\tau}_{t+k}^w - \frac{\tau^c}{1+\tau^c}\hat{\tau}_{t+k}^c \end{array} \right\} = 0.$$

$$\Rightarrow \sum_{k=0}^{\infty} (\beta\theta_w)^k \left\{ \begin{array}{l} (1+\psi\varepsilon_w)\left[\begin{array}{l} \hat{w}_t(i) + (\hat{p}_t - \tau_w\hat{p}_{t-1}) \\ \quad - (\hat{p}_{t+k} - \tau_w\hat{p}_{t+k-1}) - \hat{w}_{t+k} \end{array} \right] \\ + \hat{w}_{t+k} - \psi\hat{l}_{t+k} - \frac{1}{1-h}(\hat{\tilde{c}}_{t+k} - h\hat{\tilde{c}}_{t+k-1}) \\ \quad - \frac{\tau^w}{1-\tau^w}\hat{\tau}_{t+k}^w - \frac{\tau^c}{1+\tau^c}\hat{\tau}_{t+k}^c \\ - \hat{e}_{t+k}^l + \hat{e}_{t+k}^c \end{array} \right\} = 0$$

$$\Rightarrow \sum_{k=0}^{\infty} (\beta\theta_w)^k \left\{ \hat{w}_t(i) + (\hat{p}_t - \tau_w\hat{p}_{t-1}) \right\}$$

$$= \sum_{k=0}^{\infty} (\beta\theta_w)^k \left\{ \begin{array}{l} (\hat{p}_{t+k} - \tau_w\hat{p}_{t+k-1}) + \hat{w}_{t+k} \\ \dfrac{1}{1+\psi\varepsilon_w}\Big[\psi\hat{l}_{t+k} - \hat{w}_{t+k} + \dfrac{1}{1-h}(\hat{\tilde{c}}_{t+k} - h\hat{\tilde{c}}_{t+k-1}) \\ \qquad + \dfrac{\tau^w}{1-\tau^w}\hat{\tau}_{t+k}^w + \dfrac{\tau^c}{1+\tau^c}\hat{\tau}_{t+k}^c + \hat{e}_{t+k}^l - \hat{e}_{t+k}^c \Big] \end{array} \right\}.$$

$$\Rightarrow (\hat{w}_t(i) + (\hat{p}_t - \tau_w\hat{p}_{t-1}))(1 + \beta\theta_w + (\beta\theta_w)^2 + \cdots)$$

$$= (\hat{p}_t - \tau_w\hat{p}_{t-1}) + \hat{w}_t + \frac{1}{1+\psi\varepsilon_w}\Big[\psi\hat{l}_t - \hat{w}_t + \frac{1}{1-h}(\hat{\tilde{c}}_t - h\hat{\tilde{c}}_{t-1})$$

$$+ \frac{\tau^w}{1-\tau^w}\hat{\tau}_t^w + \frac{\tau^c}{1+\tau^c}\hat{\tau}_t^c + \hat{e}_t^l - \hat{e}_t^c \Big]$$

$$+ \sum_{k=1}^{\infty} (\beta\theta_w)^k \left\{ \begin{array}{l} (\hat{p}_{t+k} - \tau_w\hat{p}_{t+k-1}) + \hat{w}_{t+k} \\ \dfrac{1}{1+\psi\varepsilon_w}\Big[\psi\hat{l}_{t+k} - \hat{w}_{t+k} + \dfrac{1}{1-h}(\hat{\tilde{c}}_{t+k} - h\hat{\tilde{c}}_{t+k-1}) \\ \qquad + \dfrac{\tau^w}{1-\tau^w}\hat{\tau}_{t+k}^w + \dfrac{\tau^c}{1+\tau^c}\hat{\tau}_{t+k}^c + \hat{e}_{t+k}^l - \hat{e}_{t+k}^c \Big] \end{array} \right\}.$$

$$\Rightarrow \hat{w}_t(i) + (\hat{p}_t - \tau_w\hat{p}_{t-1})$$

$$= (1-\beta\theta_w) \left\{ \begin{array}{l} (\hat{p}_t - \tau_w\hat{p}_{t-1}) + \hat{w}_t \\ + \dfrac{1}{1+\psi\varepsilon_w}\Big[\psi\hat{l}_t - \hat{w}_t + \dfrac{1}{1-h}(\hat{\tilde{c}}_t - h\hat{\tilde{c}}_{t-1}) \\ \qquad + \dfrac{\tau^w}{1-\tau^w}\hat{\tau}_t^w + \dfrac{\tau^c}{1+\tau^c}\hat{\tau}_t^c + \hat{e}_t^l - \hat{e}_t^c \Big] \end{array} \right\}$$

$$+ (1-\beta\theta_w) E_t \sum_{k=1}^{\infty}$$

$$(\beta\theta_w)^k \left\{ \begin{array}{l} (\hat{p}_{t+k} - \tau_w \hat{p}_{t+k-1}) + \hat{w}_{t+k} \\ \dfrac{1}{1+\psi\varepsilon_w} \left[\begin{array}{l} \psi\hat{l}_{t+k} + \psi\varepsilon_w\hat{w}_{t+k} + \dfrac{1}{1-h}(\hat{\bar{c}}_{t+k} - h\hat{\bar{c}}_{t+k-1}) \\ + \dfrac{\tau^w}{1-\tau^w}\hat{\tau}_{t+k}^w + \dfrac{\tau^c}{1+\tau^c}\hat{\tau}_{t+k}^c + \hat{e}_{t+k}^l - \hat{e}_{t+k}^c \end{array} \right] \end{array} \right\}.$$

$$\Rightarrow \hat{w}_t(i) + (\hat{p}_t - \tau_w \hat{p}_{t-1})$$

$$= (1-\beta\theta_w) \left\{ \begin{array}{l} (\hat{p}_t - \tau_w \hat{p}_{t-1}) + \hat{w}_t + \dfrac{1}{1+\psi\varepsilon_w} \\ \left[\psi\hat{l}_t - \hat{w}_t + \dfrac{1}{1-h}(\hat{\bar{c}}_t - h\hat{\bar{c}}_{t-1}) \right. \\ \left. + \dfrac{\tau^w}{1-\tau^w}\hat{\tau}_t^w + \dfrac{\tau^c}{1+\tau^c}\hat{\tau}_t^c + \hat{e}_t^l - \hat{e}_t^c \right] \end{array} \right\}$$

$$+ (\beta\theta_w)(E_t\hat{w}_{t+1}(i) + (\hat{p}_{t+1} - \tau_w \hat{p}_t)).$$

$$\Rightarrow \hat{w}_t(i) - (\beta\theta_w)E_t\hat{w}_{t+1}(i)$$

$$= \beta\theta_w(E_t\hat{p}_{t+1} - \tau_w\hat{p}_t) - \beta\theta_w(\hat{p}_t - \tau_w\hat{p}_{t-1}) + (1-\beta\theta_w)\hat{w}_t$$

$$+ \dfrac{1-\beta\theta_w}{1+\psi\varepsilon_w}\Big[\psi\hat{l}_t - \hat{w}_t + \dfrac{1}{1-h}(\hat{\bar{c}}_t - h\hat{\bar{c}}_{t-1})$$

$$+ \dfrac{\tau^w}{1-\tau^w}\hat{\tau}_t^w + \dfrac{\tau^c}{1+\tau^c}\hat{\tau}_t^c + \hat{e}_t^l - \hat{e}_t^c \Big].$$

$$\Rightarrow \hat{w}_t(i) - (\beta\theta_w)E_t\hat{w}_{t+1}(i)$$

$$= (1-\beta\theta_w)\hat{w}_t + (\beta\theta_w)E_t\hat{\pi}_{t+1} - (\beta\theta_w)\tau_w\hat{\pi}_t + \dfrac{1-\beta\theta_w}{1+\psi\varepsilon_w}\Big[\psi\hat{l}_t - \hat{w}_t$$

$$+ \dfrac{1}{1-h}(\hat{\bar{c}}_t - h\hat{\bar{c}}_{t-1}) + \dfrac{\tau^w}{1-\tau^w}\hat{\tau}_t^w + \dfrac{\tau^c}{1+\tau^c}\hat{\tau}_t^c + \hat{e}_t^l - \hat{e}_t^c \Big].$$

$$\Rightarrow \Big[\dfrac{1}{1-\theta_w}\hat{w}_t - \dfrac{\theta_w}{1-\theta_w}\hat{w}_{t-1} - \dfrac{\theta_w\tau_w}{1-\theta_w}\hat{\pi}_{t-1} + \dfrac{\theta_w}{1-\theta_w}\hat{\pi}_t \Big]$$

$$- \beta\theta_w\Big[\dfrac{1}{1-\theta_w}E_t\hat{w}_{t+1} - \dfrac{\theta_w}{1-\theta_w}\hat{w}_t - \dfrac{\theta_w\tau_w}{1-\theta_w}\hat{\pi}_t + \dfrac{\theta_w}{1-\theta_w}E_t\hat{\pi}_{t+1} \Big]$$

$$= (1 - \beta\theta_w)\hat{w}_t + \beta\theta_w E_t\hat{\pi}_{t+1} - \beta\theta_w\tau_w\hat{\pi}_t + \frac{1 - \beta\theta_w}{1 + \psi\varepsilon_w}\Big[\psi\hat{l}_t - \hat{w}_t +$$

$$\frac{1}{1-h}(\hat{\bar{c}}_t - h\hat{\bar{c}}_{t-1}) + \frac{\tau^w}{1-\tau^w}\hat{\tau}_t^w + \frac{\tau^c}{1+\tau^c}\hat{\tau}_t^c + \hat{e}_t^l - \hat{e}_t^c\Big].$$

整理后，我们得到：

$$\hat{w}_t = \frac{\beta}{1+\beta}E_t\hat{w}_{t+1} + \frac{1}{1+\beta}\hat{w}_{t-1} + \frac{\beta}{1+\beta}E_t\hat{\pi}_{t+1} - \frac{1+\beta\tau_w}{1+\beta}\hat{\pi}_t$$

$$+ \frac{\tau_w}{1+\beta}\hat{\pi}_{t-1} + \frac{(1-\beta\theta_w)(1-\theta_w)}{(1+\beta)(1+\psi\varepsilon_w)\theta_w}\Big[\psi\hat{l}_t - \hat{w}_t$$

$$+ \frac{1}{1-h}(\hat{\bar{c}}_t - h\hat{\bar{c}}_{t-1}) + \frac{\tau^w}{1-\tau^w}\hat{\tau}_t^w + \frac{\tau^c}{1+\tau^c}\hat{\tau}_t^c + \hat{e}_t^l - \hat{e}_t^c\Big].$$

3. 贸易条件、实际汇率与贸易消费品相对价格

我们将进口品与国内贸易品的相对价格定义为贸易条件（terms of trade）s_t：

$$s_t \equiv P_{f,t}/P_{h,t}$$

其线性化，得到：

$$\hat{s}_t = \hat{p}_{f,t} - \hat{p}_{h,t}$$

同时，我们将贸易品与国内贸易品的相对价格定义为 $g(s_t)$：

$$\frac{P_{T,t}}{P_{h,t}} = \big[(1-\gamma) + \gamma s_t^{1-\eta}\big]^{\frac{1}{1-\eta}} \equiv g(s_t)$$

并且，$g'(s_t) > 0$。我们还将贸易品与国内非贸易品的相对价格定义为 q_t：

$$q_t \equiv \frac{P_{T,t}}{P_{N,t}} = g(s_t)q_{h,t}$$

其中，$q_{h,t} \equiv P_{h,t}/P_{N,t}$ 是国内贸易品与国内非贸易品的相对价格，即部门相对价格。我们将消费品与非贸易品的相对价格 $h(q_t)$ 定义为：

$$\frac{P_t}{P_{N,t}} = \left[(1-\omega_c) + \omega_c q_t^{1-\rho}\right]^{\frac{1}{1-\rho}} \equiv h(q_t)$$

并且，$h'(q_t) > 0$。我们将政府购买品与非贸易品的相对价格 $f(q_t)$ 定义为：

$$\frac{P_{g,t}}{P_{N,t}} = \left[(1-\omega_g) + \omega_g q_t^{1-\rho}\right]^{\frac{1}{1-\rho}} \equiv f(q_t)$$

并且，$f'(q_t) > 0$。我们将投资品与非贸易品的相对价格 $k(q_t)$ 定义为：

$$\frac{P_{i,t}}{P_{N,t}} = \left[(1-\omega_i) + \omega_i q_t^{1-\rho}\right]^{\frac{1}{1-\rho}} \equiv k(q_t)$$

并且，$k'(q_t) > 0$。我们将实际汇率(real exchange rate)e_t^r 定义为国内外私人消费品的相对价格：

$$e_t^r \equiv \frac{e_t P_t^*}{P_t}$$

其中，e_t 为名义汇率。对数线性化该式，得到：

$$\hat{e}_t^r = \hat{e}_t + \hat{p}_t^* - \hat{p}_t$$

本文还假定一价定律成立，即是：

$$P_{T,t} = e_t P_{T,t}^*, \quad P_{h,t} = e_t P_{h,t}^*, \quad P_{f,t} = e_t P_{f,t}^*$$

对数线性化该式，得到：

$$\hat{e}_t = \hat{p}_{T,t} - \hat{p}_{T,t}^* = \hat{p}_{f,t} - \hat{p}_{f,t}^* = \hat{p}_{h,t} - \hat{p}_{h,t}^*$$

于是有：

$$\hat{e}_t^r = \hat{e}_t + \hat{p}_t^* - \hat{p}_t.$$
$$\Rightarrow \hat{e}_t^r = (\hat{p}_{T,t} - \hat{p}_{T,t}^*) + \hat{p}_t^* - \hat{p}_t.$$
$$\Rightarrow \hat{e}_t^r = (\hat{p}_{T,t} - \hat{p}_t) + (\hat{p}_t^* - \hat{p}_{T,t}^*).$$
$$\Rightarrow \hat{e}_t^r = (\hat{q}_t - \hat{h}(q_t)) + (\hat{h}(q_t^*) - \hat{q}_t^*).$$
$$\Rightarrow \hat{e}_t^r = (\hat{q}_t - \omega_c \hat{q}_t) + (\omega_c \hat{q}_t^* - \hat{q}_t^*).$$
$$\Rightarrow \hat{e}_t^r = (1 - \omega_c)\hat{q}_t + (\omega_c - 1)\hat{q}_t^*.$$
$$\Rightarrow \hat{e}_t^r = (1 - \omega_c)(\hat{q}_t - \hat{q}_t^*).$$

通过上述定义与定律，我们将实际汇率 e_t^r 与国内外消费贸易品的相对价格 q_t 和 q_t^*，以及贸易条件 s_t 联系起来：

$$
\begin{aligned}
e_t^r &= \frac{e_t P_t^*}{P_t} \\
&= \left(\frac{e_t P_{Tt}^*}{P_{Tt}}\right)\left(\frac{P_{Tt}/P_t}{P_{Tt}^*/P_t^*}\right) \\
&= \left(\frac{e_t P_{Tt}^*}{P_{Tt}}\right)\left(\frac{q_t/h(q_t)}{q_t^*/h(q_t^*)}\right) \\
&= e_{Tt}^r \times e_{Nt}^r
\end{aligned}
$$

其中，e_{Tt}^r 和 e_{Nt}^r 分别为贸易品实际汇率和非贸易品的跨国相对价格之比，它们的定义分别是：

$$e_{Tt}^r \equiv \frac{e_t P_{Tt}^*}{P_{Tt}} = \frac{s_t}{g(s_t)}$$

$$e_{Nt}^r \equiv \frac{P_{Tt}/P_t}{P_{Tt}^*/P_t^*} = \frac{q_t/h(q_t)}{q_t^*/h(q_t^*)}$$

这里，$h(q_t^*)$ 定义为：

$$h(q_t^*) \equiv \left[(1 - \omega_c^*) + \omega_c^* (q_t^*)^{1-\rho} \right]^{\frac{1}{1-\rho}} = \frac{P_t^*}{P_{Nt}^*}$$

我们通常假定 $\omega_c^* = \omega_c$。而 q_t^* 则定义为：

$$q_t^* \equiv P_{Tt}^* / P_{Nt}^*$$
$$= P_{Tt} / e_t P_{Nt}^*$$
$$= P_{Tt} P_{ft}^* / P_{ft} P_{Nt}^*$$
$$= q_{ft}^* (P_{Tt} / P_{ft})$$
$$= q_{ft}^* \frac{g(s_t)}{s_t}$$

其中，$q_{ft}^* \equiv P_{ft}^* / P_{Nt}^*$ 是外币所表示的国外进口贸易与非贸易品之间的相对价格（类似国内的 q_{ht}）。该式线性化后得到：

$$\hat{q}_t^* = \hat{q}_{ft}^* + \hat{g}(s_t) - \hat{s}_t$$
$$= (\gamma - 1)\hat{s}_t + \hat{q}_{ft}^*$$

我们假定 q_{ft}^* 是外生演变的，服从一个 AR(1) 的外生过程。

$$\ln q_{ft}^* = (1 - \rho_f) \ln q_f^* + \rho_f \ln q_{ft-1}^* + \hat{e}_{ft}$$

4. 通货膨胀与相对价格

我们可以将贸易品与非贸易品的相对通货膨胀表示为：

$$\frac{q_t}{q_{t-1}} = \frac{\pi_{Tt}}{\pi_{Nt}}$$

其中，$\pi_{Tt} \equiv P_{Tt} / P_{Tt-1}$，$\pi_{Nt} \equiv P_{Nt} / P_{Nt-1}$。接下来，贸易品通货膨胀可将贸易条件与国内贸易品通货膨胀联系起来：

$$\pi_{Tt} = \frac{g(s_t)}{g(s_{t-1})} \pi_{ht}$$

最后，我们可以将 CPI 通胀写为：

$$\pi_t = \frac{h(q_t)}{h(q_{t-1})} \pi_{Nt}$$

5. 中间贸易产品与中间非贸易产品

5.1 中间贸易产品与中间非贸易产品

中间贸易品企业 j 和中间非贸易企业 j 分别按照下列生产函数各自只生产一种单一产品 $y_{h,t}(j)$ 和 $y_{N,t}(j)$：

$$y_{h,t}(j) = A_{h,t}(k_{h,t}(j)^{\alpha_h} l_{h,t}(j)^{1-\alpha_h})^{1-\phi_h} g_{h,t}(j)^{\phi_h},$$
$$(0 < \alpha_h, \phi_h < 1)$$

$$y_{N,t}(j) = A_{N,t}(k_{N,t}(j)^{\alpha_N} l_{N,t}(j)^{1-\alpha_N})^{1-\phi_N} g_{N,t}(j)^{\phi_N},$$
$$(0 < \alpha_N, \phi_N < 1)$$

其中，$A_{h,t}$ 和 $A_{N,t}$ 分别为贸易品和非贸易品的全要素生产率，而 $k_{h,t}(j)$ 和 $k_{N,t}(j)$ 则分别是中间贸易品企业 j 生产所需的资本和中间非贸易品企业 j 生产所需的资本，$l_{h,t}(j)$ 和 $l_{N,t}(j)$ 则分别是中间贸易品企业 j 生产所需的劳动投入和中间非贸易品企业 j 生产所需的劳动投入。

贸易中间产品企业和非贸易中间产品企业在分别服从上述各自生产技术约束下最小化其下列目标成本函数：

$$\min_{\langle k_{h,t}(j), l_{h,t}(j) \rangle} W_t l_{h,t}(j) + R_t^k k_{h,t}(j) + P_{h,t} g_{h,t}(j)$$

$$s.t. \, y_{h,t}(j) = A_{h,t}(k_{h,t}(j)^{\alpha_h} l_{h,t}(j)^{1-\alpha_h})^{1-\phi_h} g_{h,t}(j)^{\phi_h}$$

$$\min_{\langle k_{N,t}(j), l_{N,t}(j) \rangle} W_t l_{N,t}(j) + R_t^k k_{N,t}(j) + P_{N,t} g_{N,t}(j)$$

$$s.t. y_{N,t}(j) = A_{N,t}(k_{N,t}(j)^{\alpha_N} l_{N,t}(j)^{1-\alpha_N})^{1-\phi_N} g_{N,t}(j)^{\phi_N}$$

该最优化问题的一阶条件为：

$$\frac{W_t}{P_{h,t}} = (1-\alpha_h)(1-\phi_h) MC_{h,t} \frac{y_{h,t}(j)}{l_{h,t}(j)},$$

$$\frac{R_t^k}{P_{h,t}} = \alpha_h(1-\phi_h) MC_{h,t} \frac{y_{h,t}(j)}{k_{h,t}(j)}$$

$$\frac{W_t}{P_{N,t}} = (1-\alpha_N)(1-\phi_N) MC_{N,t} \frac{y_{N,t}(j)}{l_{N,t}(j)},$$

$$\frac{R_t^k}{P_{N,t}} = \alpha_N(1-\phi_N) MC_{N,t} \frac{y_{N,t}(j)}{k_{N,t}(j)}$$

由生产函数有：

$$1 = A_{h,t}\left(\left(\frac{k_{h,t}(j)}{y_{h,t}(j)}\right)^{\alpha_h}\left(\frac{l_{h,t}(j)}{y_{h,t}(j)}\right)^{1-\alpha_h}\right)^{1-\phi_h}\left(\frac{g_{h,t}(j)}{y_{h,t}(j)}\right)^{\phi_h}$$

$$= A_{h,t}\left(\frac{k_{h,t}(j)}{l_{h,t}(j)}\right)^{\alpha_h(1-\phi_h)}\left(\frac{l_{h,t}(j)}{y_{h,t}(j)}\right)^{1-\phi_h}\left(\frac{g_{h,t}(j)}{y_{h,t}(j)}\right)^{\phi_h}$$

$$\Rightarrow \frac{y_{h,t}(j)}{l_{h,t}(j)} = (A_{h,t})^{1/(1-\phi_h)}\left(\frac{k_{h,t}(j)}{l_{h,t}(j)}\right)^{\alpha_h}\left(\frac{g_{h,t}(j)}{y_{h,t}(j)}\right)^{\phi_h/(1-\phi_h)}$$

$$1 = A_{N,t}\left(\left(\frac{k_{N,t}(j)}{y_{N,t}(j)}\right)^{\alpha_N}\left(\frac{l_{N,t}(j)}{y_{N,t}(j)}\right)^{1-\alpha_N}\right)^{1-\phi_N}\left(\frac{g_{N,t}(j)}{y_{N,t}(j)}\right)^{\phi_N}$$

$$= A_{N,t}\left(\frac{k_{N,t}(j)}{l_{N,t}(j)}\right)^{\alpha_N(1-\phi_N)}\left(\frac{l_{N,t}(j)}{y_{N,t}(j)}\right)^{1-\phi_N}\left(\frac{g_{N,t}(j)}{y_{N,t}(j)}\right)^{\phi_N}$$

$$\Rightarrow \frac{y_{N,t}(j)}{l_{N,t}(j)} = (A_{N,t})^{1/(1-\phi_N)}\left(\frac{k_{N,t}(j)}{l_{N,t}(j)}\right)^{\alpha_N}\left(\frac{g_{N,t}(j)}{y_{N,t}(j)}\right)^{\phi_N/(1-\phi_N)}$$

即有

$$\frac{W_t}{P_{h,t}} = (1-\alpha_h)(1-\phi_h) MC_{h,t}(A_{h,t})^{1/(1-\phi_h)}$$

$$\left(\frac{k_{h,t}(j)}{l_{h,t}(j)}\right)^{\alpha_h}\left(\frac{g_{h,t}(j)}{y_{h,t}(j)}\right)^{\phi_h/(1-\phi_h)}$$

$$\frac{W_t}{P_{N,t}}=(1-\alpha_N)(1-\phi_N)MC_{N,t}(A_{N,t})^{1/(1-\phi_N)}$$

$$\left(\frac{k_{N,t}(j)}{l_{N,t}(j)}\right)^{\alpha_N}\left(\frac{g_{N,t}(j)}{y_{N,t}(j)}\right)^{\phi_N/(1-\phi_N)}$$

两个一阶条件相结合得到：

$$\frac{W_t}{R_t^k}=\frac{1-\alpha_h}{\alpha_h}\frac{k_{h,t}(j)}{l_{h,t}(j)},\frac{W_t}{R_t^k}=\frac{1-\alpha_N}{\alpha_N}\frac{k_{N,t}(j)}{l_{N,t}(j)}$$

将该两式分别代入上两式，然后再结合可得到：

$$MC_{h,t}=\left(\frac{1}{1-\phi_h}\right)\left(\frac{1}{A_{h,t}}\right)^{\frac{1}{1-\phi_h}}\left(\frac{1}{\alpha_h}\right)^{\alpha_h}\left(\frac{1}{1-\alpha_h}\right)^{1-\alpha_h}$$

$$\left(\frac{W_t}{P_{h,t}}\right)^{1-\alpha_h}\left(\frac{R_t^k}{P_{h,t}}\right)^{\alpha_h}\left(\frac{g_{h,t}(j)}{y_{h,t}(j)}\right)^{-\frac{\phi_h}{1-\phi_h}}$$

$$MC_{N,t}=\left(\frac{1}{1-\phi_N}\right)\left(\frac{1}{A_{N,t}}\right)^{\frac{1}{1-\phi_N}}\left(\frac{1}{\alpha_N}\right)^{\alpha_N}\left(\frac{1}{1-\alpha_N}\right)^{1-\alpha_N}$$

$$\left(\frac{W_t}{P_{N,t}}\right)^{1-\alpha_N}\left(\frac{R_t^k}{P_{N,t}}\right)^{\alpha_N}\left(\frac{g_{N,t}(j)}{y_{N,t}(j)}\right)^{-\frac{\phi_N}{1-\phi_N}} \tag{21}$$

其中，w_t、r_t^k、$MC_{h,t}^R(\equiv MC_{h,t}/P_{h,t})$、$MC_{N,t}^R(\equiv MC_{N,t}/P_{N,t})$ 分别是实际工资、实际资本租金率、贸易企业实际边际成本和非贸易企业实际边际成本。由于存在全国性统一的劳动市场和资本市场，因此，实际工资在跨企业之间是一致的，进而实际边际成本在贸易企业和非贸易企业之间也是一致的。在对称均衡处，$P_{h,t}(j)=P_{h,t}$，$P_{N,t}(j)=P_{N,t}$，$g_{h,t}(j)=g_{h,t}$、

$g_{N,\,t}(j)=g_{N,\,t}$、$y_{h,\,t}(j)=y_{h,\,t}$、$y_{N,\,t}(j)=y_{N,\,t}$，我们得到关于实际边际成本的下列表达式：

$$MC_{h,\,t}=\left(\frac{1}{1-\phi_h}\right)\left(\frac{1}{A_{h,\,t}}\right)^{\frac{1}{1-\phi_h}}\left(\frac{1}{\alpha_h}\right)^{\alpha_h}\left(\frac{1}{1-\alpha_h}\right)^{1-\alpha_h}$$

$$\left(\frac{W_t}{P_{h,\,t}}\right)^{1-\alpha_h}\left(\frac{R_t^k}{P_{h,\,t}}\right)^{\alpha_h}\left(\frac{g_{h,\,t}}{y_{h,\,t}}\right)^{-\frac{\phi_h}{1-\phi_h}}$$

$$MC_{N,\,t}=\left(\frac{1}{1-\phi_N}\right)\left(\frac{1}{A_{N,\,t}}\right)^{\frac{1}{1-\phi_N}}\left(\frac{1}{\alpha_N}\right)^{\alpha_N}\left(\frac{1}{1-\alpha_N}\right)^{1-\alpha_N}$$

$$\left(\frac{W_t}{P_{N,\,t}}\right)^{1-\alpha_N}\left(\frac{R_t^k}{P_{N,\,t}}\right)^{\alpha_N}\left(\frac{g_{N,\,t}}{y_{N,\,t}}\right)^{-\frac{\phi_N}{1-\phi_N}}$$

中间贸易品生产的边际成本为：

$$MC_{h,\,t}=\left(\frac{1}{1-\phi_h}\right)\left(\frac{1}{A_{h,\,t}}\right)^{\frac{1}{1-\phi_h}}\left(\frac{1}{\alpha_h}\right)^{\alpha_h}\left(\frac{1}{1-\alpha_h}\right)^{1-\alpha_h}$$

$$\left(\frac{W_t}{P_{h,\,t}}\right)^{1-\alpha_h}\left(\frac{R_t^k}{P_{h,\,t}}\right)^{\alpha_h}\left(\frac{g_{h,\,t}}{y_{h,\,t}}\right)^{-\frac{\phi_h}{1-\phi_h}}$$

$$=\left(\frac{1}{1-\phi_h}\right)\left(\frac{1}{A_{h,\,t}}\right)^{\frac{1}{1-\phi_h}}\left(\frac{1}{\alpha_h}\right)^{\alpha_h}\left(\frac{1}{1-\alpha_h}\right)^{1-\alpha_h}$$

$$\left(\frac{W_t}{P_t}\right)^{1-\alpha_h}\left(\frac{R_t^k}{P_t}\right)^{\alpha_h}\left(\frac{P_t}{P_{h,\,t}}\right)\left(\frac{g_{h,\,t}}{y_{h,\,t}}\right)^{-\frac{\phi_h}{1-\phi_h}}$$

$$=\left(\frac{1}{1-\phi_h}\right)\left(\frac{1}{A_{h,\,t}}\right)^{\frac{1}{1-\phi_h}}\left(\frac{1}{\alpha_h}\right)^{\alpha_h}\left(\frac{1}{1-\alpha_h}\right)^{1-\alpha_h}$$

$$\left(\frac{W_t}{P_t}\right)^{1-\alpha_h}\left(\frac{R_t^k}{P_t}\right)^{\alpha_h}\left(\frac{h(q_t)}{q_{h,\,t}}\right)\left(\frac{g_{h,\,t}}{y_{h,\,t}}\right)^{-\frac{\phi_h}{1-\phi_h}}$$

$$=\left(\frac{1}{1-\phi_h}\right)\left(\frac{1}{A_{h,\,t}}\right)^{\frac{1}{1-\phi_h}}\left(\frac{1}{\alpha_h}\right)^{\alpha_h}\left(\frac{1}{1-\alpha_h}\right)^{1-\alpha_h}w_t^{1-\alpha_h}(r_t^k)^{\alpha_h}$$

$$\left(\frac{h(q_t)g(s_t)}{q_t}\right)\left(\frac{g_{h,t}}{y_{h,t}}\right)^{-\frac{\phi_h}{1-\phi_h}}$$

同样，中间非贸易品生产的边际成本为：

$$MC_{N,t}=\left(\frac{1}{1-\phi_N}\right)\left(\frac{1}{A_{N,t}}\right)^{\frac{1}{1-\phi_N}}\left(\frac{1}{\alpha_N}\right)^{\alpha_N}\left(\frac{1}{1-\alpha_N}\right)^{1-\alpha_N}$$

$$\left(\frac{W_t}{P_{N,t}}\right)^{1-\alpha_N}\left(\frac{R_t^k}{P_{N,t}}\right)^{\alpha_N}\left(\frac{g_{N,t}}{y_{N,t}}\right)^{-\frac{\phi_N}{1-\phi_N}}$$

$$=\left(\frac{1}{1-\phi_N}\right)\left(\frac{1}{A_{N,t}}\right)^{\frac{1}{1-\phi_N}}\left(\frac{1}{\alpha_N}\right)^{\alpha_N}\left(\frac{1}{1-\alpha_N}\right)^{1-\alpha_N}$$

$$\left(\frac{W_t}{P_t}\right)^{1-\alpha_N}\left(\frac{R_t^k}{P_t}\right)^{\alpha_N}\left(\frac{P_t}{P_{N,t}}\right)\left(\frac{g_{N,t}}{y_{N,t}}\right)^{-\frac{\phi_N}{1-\phi_N}}$$

$$=\left(\frac{1}{1-\phi_N}\right)\left(\frac{1}{A_{N,t}}\right)^{\frac{1}{1-\phi_N}}\left(\frac{1}{\alpha_N}\right)^{\alpha_N}\left(\frac{1}{1-\alpha_N}\right)^{1-\alpha_N}$$

$$\left(\frac{W_t}{P_t}\right)^{1-\alpha_N}\left(\frac{R_t^k}{P_t}\right)^{\alpha_N}h(q_t)\left(\frac{g_{N,t}}{y_{N,t}}\right)^{-\frac{\phi_N}{1-\phi_N}}$$

$$=\left(\frac{1}{1-\phi_N}\right)\left(\frac{1}{A_{N,t}}\right)^{\frac{1}{1-\phi_N}}\left(\frac{1}{\alpha_N}\right)^{\alpha_N}$$

$$\left(\frac{1}{1-\alpha_N}\right)^{1-\alpha_N}w_t^{1-\alpha_N}(r_t^k)^{\alpha_N}h(q_t)\left(\frac{g_{N,t}}{y_{N,t}}\right)^{-\frac{\phi_N}{1-\phi_N}}$$

上述两种边际成本的稳态分别为：

$$MC_h=\left(\frac{1}{1-\phi_h}\right)\left(\frac{1}{\alpha_h}\right)^{\alpha_h}\left(\frac{1}{1-\alpha_h}\right)^{1-\alpha_h}w^{1-\alpha_h}(r^k)^{\alpha_h}\left(\frac{g_h}{y_h}\right)^{-\frac{\phi_h}{1-\phi_h}}$$

$$MC_N=\left(\frac{1}{1-\phi_N}\right)\left(\frac{1}{\alpha_N}\right)^{\alpha_N}\left(\frac{1}{1-\alpha_N}\right)^{1-\alpha_N}w^{1-\alpha_N}(r^k)^{\alpha_N}\left(\frac{g_N}{y_N}\right)^{-\frac{\phi_N}{1-\phi_N}}$$

围绕稳态对数线性化两方程分别得到：

$$\hat{mc}_{h,t} = (1-\alpha_h)\hat{w}_t + \alpha_h\hat{r}_t^k - \frac{\phi_h}{1-\phi_h}(\hat{g}_{h,t} - \hat{y}_{h,t})$$

$$+ \hat{h}(q_t) + \hat{g}(s_t) - \hat{q}_t - \frac{1}{1-\phi_h}\hat{a}_{h,t}$$

$$= (1-\alpha_h)\hat{w}_t + \alpha_h\hat{r}_t^k - \frac{\phi_h}{1-\phi_h}(\hat{g}_{h,t} - \hat{y}_{h,t})$$

$$+ (\omega_c-1)\hat{q}_t + \gamma\hat{s}_t - \frac{1}{1-\phi_h}\hat{a}_{h,t}$$

$$\hat{mc}_{N,t} = (1-\alpha_N)\hat{w}_t + \alpha_N\hat{r}_t^k$$

$$- \frac{\phi_N}{1-\phi_N}(\hat{g}_{N,t} - \hat{y}_{N,t}) + \hat{h}(q_t) - \frac{1}{1-\phi_N}\hat{a}_{N,t}$$

$$= (1-\alpha_N)\hat{w}_t + \alpha_N\hat{r}_t^k$$

$$- \frac{\phi_N}{1-\phi_N}(\hat{g}_{N,t} - \hat{y}_{N,t}) + \omega_c\hat{q}_t - \frac{1}{1-\phi_N}\hat{a}_{N,t}$$

5.2 价格设定

我们假定，每个时期 t，部门 $m(m=h, N)$ 内并非所有中间品企业 j 都重新调整其产品价格。利用 Calvo(1983) 框架，每个时期 t，有 $1-\theta_{mp}$ 部分企业可最优设定其产品价格，而其余 θ_{mp} 部分企业则按照下列方式针对上一期通货膨胀对其产品价格进行指数化调整：

$$P_{m,t}(j) = P_{m,t-1}(j)$$

面临这些约束，企业 j 重新设定其产品价格，并考虑未来许多时期内将不再重新设定该价格的概率。每个中间品企业 j 在服从最终品企业对其产品的需求，以及不设定价格时其产品价格的指数化调整公式下，以寻求其利润最大化问题：

$$\underset{\{P_{m,t}(i)\}}{\text{Max}} E_t \sum_{k=0}^{\infty} (\beta\theta_{mp})^k \frac{\lambda_{t+k}}{\lambda_t} \left\{ \left[\frac{P_{m,t+k}(j)}{P_{m,t+k}} - MC_{m,t+k} \right] y_{m,t+k}(j) \right\}$$

s. t.

$$P_{m,t+k}(j) = P_{m,t+k-1}(j) = \cdots = P_{m,t}(j)$$

$$y_{m,t+k}(j) = \left(\frac{P_{m,t+k}(j)}{P_{m,t+k}} \right)^{-\varepsilon_p} y_{m,t+k} = \left(\frac{P_{m,t}(j)}{P_{m,t+k}} \right)^{-\varepsilon_p} y_{m,t+k}$$

该最优问题的一阶条件 FOCs 为：

$$P_{m,t}(j) = \left(\frac{\varepsilon_p}{\varepsilon_p - 1} \right) \frac{E_t \sum_{k=0}^{\infty} (\beta\theta_{mp})^k \lambda_{t+k} MC_{m,t+k} y_{m,t+k}(j)}{E_t \sum_{k=0}^{\infty} (\beta\theta_{mp})^k \lambda_t \left(\frac{y_{m,t+k}(j)}{P_{m,t+k}} \right)}$$

我们同样假定部门价格指数的演变法则为：

$$P_{m,t} = \left[\theta_{mp} (P_{m,t-1})^{1-\varepsilon_p} + (1-\theta_{mp}) (P_{m,t}^*)^{1-\varepsilon_p} \right]^{\frac{1}{1-\varepsilon_p}}$$

在对称均衡处，$P_{m,t}(j) = P_{m,t}^*$。结合上述一阶条件和演变法则的对数线性方程，我们得到下列两个部门的菲利普斯方程（$m = h, N$）：

$$\hat{\pi}_{m,t} = \beta E_t \hat{\pi}_{m,t+1} + \frac{(1-\theta_{mp})(1-\beta\theta_{mp})}{\theta_{mp}} \hat{mc}_{m,t}$$

6. 财政政策

财政当局的流动性预算约束可表示为：

$$G_t + \frac{(1+r_{t-1})\,B_{t-1}}{P_{gt}} = \tau_t^c \frac{P_t C_t}{P_{gt}} + \tau_t^k \frac{R_t^k K_t}{P_{gt}} + \tau_t^l \frac{W_t L_t}{P_{gt}} + \frac{B_t}{P_{gt}}$$

于是有

$$G_t + \frac{(1+r_{t-1})\,B_{t-1}}{P_{t-1}} \frac{P_{t-1}}{P_t} \frac{P_t}{P_{gt}}$$

$$= \tau_t^c \frac{P_t}{P_{gt}} C_t + \tau_t^k \frac{R_t^k}{P_t} \frac{P_t}{P_{gt}} K_t + \tau_t^l \frac{W_t}{P_t} \frac{P_t}{P_{gt}} L_t + \frac{B_t}{P_t} \frac{P_t}{P_{gt}}$$

令 $b_t \equiv \dfrac{B_t}{P_t}, w_t \equiv \dfrac{W_t}{P_t}, r_t^k \equiv \dfrac{R_t^k}{P_t}, \pi_t \equiv \dfrac{P_t}{P_{t-1}}$，并且

$$\frac{P_t}{P_{gt}} = \frac{P_t}{P_{Nt}} \frac{P_{Nt}}{P_{gt}} = h\,(q_t) \frac{1}{f\,(q_t)}$$

其中

$$f\,(q_t) \equiv \frac{P_{gt}}{P_{Nt}} = \left[(1-\omega_g) + \omega_g q_t^{1-\rho}\right]^{\frac{1}{1-\rho}}, f'\,(q_t) > 0.$$

我们得到：

$$G_t + \frac{1+r_{t-1}}{\pi_t} b_{t-1} \frac{h\,(q_t)}{f\,(q_t)} = \tau_t^c C_t \frac{h\,(q_t)}{f\,(q_t)} + \tau_t^k r_t^k K_t \frac{h\,(q_t)}{f\,(q_t)}$$

$$+ \tau_t^l w_t L_t \frac{h\,(q_t)}{f\,(q_t)} + b_t \frac{h\,(q_t)}{f\,(q_t)}$$

整理后为：

$$\frac{f\,(q_t)}{h\,(q_t)} G_t + \frac{1+r_{t-1}}{\pi_t} b_{t-1} = \tau_t^c C_t + \tau_t^k r_t^k K_t + \tau_t^l w_t L_t + b_t$$

该式的稳态为：

$$G + (1+r)b = \tau^c C + \tau^k r^k K + \tau^l w L + b$$

$$\Rightarrow G + rb = \tau^c C + \tau^k r^k K + \tau^l w L$$

$$\Rightarrow b = \left(\frac{1}{r}\right)\left(\tau^c \frac{C}{Y} + \tau^k r^k \frac{K}{Y} + \tau^l w \frac{L}{Y} - \frac{G}{Y}\right)$$

$$\Rightarrow b = \left(\frac{1}{r}\right)\left(\tau^c \frac{C}{Y} + \tau^k r^k \frac{1}{\delta} \frac{I}{Y} + \tau^l w \frac{L}{Y} - \frac{G}{Y}\right)$$

线性化为：

$$\frac{G}{Y}(\hat{G}_t + (\omega_g - \omega_c)\hat{q}_t) + (1+r)\frac{b}{Y}(\hat{b}_{t-1} + \hat{r}_{t-1} - \hat{\pi}_t)$$

$$= \tau^c \frac{C}{Y}(\hat{\tau}_t^c + \hat{c}_t) + \tau^l w \frac{L}{Y}(\hat{\tau}_t^l + \hat{w}_t + \hat{L}_t)$$

$$+ \tau^k r^k \frac{1}{\delta} \frac{I}{Y}(\hat{\tau}_t^k + \hat{r}_t^k + \hat{k}_t) + \frac{b}{Y}\hat{b}_t$$

最终，我们得到：

$$\frac{b}{Y}\hat{b}_t = \frac{G}{Y}(\hat{G}_t + (\omega_g - \omega_c)\hat{q}_t) + (1+r)\frac{b}{Y}(\hat{b}_{t-1} + \hat{r}_{t-1} - \hat{\pi}_t)$$

$$- \tau^c \frac{C}{Y}(\hat{c}_t + \hat{\tau}_t^c) - \tau^l w \frac{L}{Y}(\hat{\tau}_t^l + \hat{w}_t + \hat{L}_t)$$

$$- \tau^k r^k \frac{1}{\delta} \frac{I}{Y}(\hat{\tau}_t^k + \hat{r}_t^k + \hat{k}_t)$$

其中，b，C，w，L，K，G，τ^c，τ^l，τ^k，r^k 分别为各自对应变量的稳态值，并且政府总支出 G_t 为：

$$P_{g,t}G_t = P_{N,t}G_{N,t} + P_{T,t}G_{T,t}$$

$$G_t = \left(\frac{P_{N,t}}{P_{g,t}}\right)G_{N,t} + \left(\frac{P_{T,t}}{P_{g,t}}\right)G_{T,t}$$

$$= \left(\frac{P_{N,t}}{P_{g,t}}\right)G_{N,t} + \frac{1}{1-\gamma}\left(\frac{P_{T,t}}{P_{g,t}}\right)\left(\frac{P_{h,t}}{P_{T,t}}\right)^{\eta}G_{h,t}$$

其中，$G_{h,t} = (1-\gamma)\left(\dfrac{P_{h,t}}{P_{T,t}}\right)^{-\eta}\omega_g\left(\dfrac{P_{T,t}}{P_{g,t}}\right)^{-\rho}G_t$，$G_{N,t} = (1-\omega_g)\left(\dfrac{P_{N,t}}{P_{g,t}}\right)^{-\rho}G_t$ 围绕其稳态：$G = G_N + G_T = G_N + (1/(1-\gamma))G_h$，线性化为：

$$\hat{g}_t = (1-\omega_g)\hat{g}_{N,t} + \omega_g\hat{g}_{h,t} - \omega_g\hat{q}_t + (1-\eta)\gamma\omega_g\hat{s}_t + \omega_g\hat{q}_{h,t}$$

其中，政府支出 $\hat{g}_{N,t}$ 和 $\hat{g}_{h,t}$ 分别服从下列对数线性内生法则：

$$\hat{g}_{h,t} = h_{hg}\hat{g}_{h,t-1} + (1-h_{hg})(-\psi_{hg}\hat{y}_t - \phi_{hg}\hat{b}_{t-1} + \hat{u}_{hg,t}),$$
$$\hat{u}_{hg,t} = \rho_{hg}\hat{u}_{hg,t-1} + \hat{\varepsilon}_{hg,t}, \quad \hat{\varepsilon}_{hg,t} \sim i.i.d - N(0,1)$$

$$\hat{g}_{N,t} = h_{Ng}\hat{g}_{N,t-1} + (1-h_{Ng})(-\psi_{Ng}\hat{y}_t - \phi_{Ng}\hat{b}_{t-1} + \hat{u}_{Ng,t}),$$
$$\hat{u}_{Ng,t} = \rho_{Ng}\hat{u}_{Ng,t-1} + \hat{\varepsilon}_{Ng,t}, \quad \hat{\varepsilon}_{Ng,t} \sim i.i.d - N(0,1)$$

消费税税率、资本收入税税率和工资收入税税率则均服从一个内生随机过程：

$$\hat{\tau}_t^c = \phi_{\tau cy}\hat{y}_t + \phi_{\tau cb}\hat{b}_{t-1} + \hat{e}_{\tau c,t}, \quad \hat{e}_{\tau c,t} = \rho_{\tau c}\hat{e}_{\tau c,t-1} + \hat{\varepsilon}_{\tau c,t}$$

$$\hat{\tau}_t^k = \phi_{\tau ky}\hat{y}_t + \phi_{\tau kb}\hat{b}_{t-1} + \hat{e}_{\tau k,t}, \quad \hat{e}_{\tau k,t} = \rho_{\tau k}\hat{e}_{\tau k,t-1} + \hat{\varepsilon}_{\tau k,t}$$

$$\hat{\tau}_t^l = \phi_{\tau ly}\hat{y}_t + \phi_{\tau lb}\hat{b}_{t-1} + \hat{e}_{\tau l,t}, \quad \hat{e}_{\tau l,t} = \rho_{\tau l}\hat{e}_{\tau l,t-1} + \hat{\varepsilon}_{\tau l,t}$$

这里，$\hat{\varepsilon}_{hg,t}$、$\hat{\varepsilon}_{Ng,t}$、$\hat{\varepsilon}_{\tau c,t}$、$\hat{\varepsilon}_{\tau k,t}$、$\hat{\varepsilon}_{\tau l,t}$ 分别是对政府贸易品支出、政府非贸易品支出、消费税税率、资本收入税税率和工资收入税税率的一种外生冲击，他们都分别服从一个 $i.i.d.$ 的正态分布。

7. 贸易品市场出清条件

$$Y_{ht}(j) = C_{ht}(j) + I_{ht}(j) + G_{ht}(j) + EX_{ht}(j)$$

其中，

$$C_{ht}(j) = \omega_c(1-\gamma)\left(\frac{P_{ht}(j)}{P_{ht}}\right)^{-\epsilon_p}\left(\frac{P_{ht}}{P_{Tt}}\right)^{-\eta}\left(\frac{P_{Tt}}{P_t}\right)^{-\rho}C_t$$

$$I_{ht}(j) = \omega_i(1-\gamma)\left(\frac{P_{ht}(j)}{P_{ht}}\right)^{-\epsilon_p}\left(\frac{P_{ht}}{P_{Tt}}\right)^{-\eta}\left(\frac{P_{Tt}}{P_t}\right)^{-\rho}I_t$$

$$G_{ht}(j) = \omega_g(1-\gamma)\left(\frac{P_{ht}(j)}{P_{ht}}\right)^{-\epsilon_p}\left(\frac{P_{ht}}{P_{Tt}}\right)^{-\eta}\left(\frac{P_{Tt}}{P_{gt}}\right)^{-\rho}G_t$$

$$EX_{ht}(j) = \omega_c\gamma\left(\frac{P_{ht}(j)}{P_{ht}}\right)^{-\epsilon_p}\left(\frac{P_{ft}^*}{P_{Tt}^*}\right)^{-\eta}\left(\frac{P_{Tt}^*}{P_t^*}\right)^{-\rho}C_t^*$$

于是得到：

$$Y_{ht}(j) = \omega_c(1-\gamma)\left(\frac{P_{ht}(j)}{P_{ht}}\right)^{-\epsilon_p}\left(\frac{P_{ht}}{P_{Tt}}\right)^{-\eta}\left(\frac{P_{Tt}}{P_t}\right)^{-\rho}C_t$$

$$+\omega_i(1-\gamma)\left(\frac{P_{ht}(j)}{P_{ht}}\right)^{-\epsilon_p}\left(\frac{P_{ht}}{P_{Tt}}\right)^{-\eta}\left(\frac{P_{Tt}}{P_t}\right)^{-\rho}I_t$$

$$+\omega_g(1-\gamma)\left(\frac{P_{ht}(j)}{P_{ht}}\right)^{-\epsilon_p}\left(\frac{P_{ht}}{P_{Tt}}\right)^{-\eta}\left(\frac{P_{Tt}}{P_{gt}}\right)^{-\rho}G_t$$

$$+\omega_c\gamma\left(\frac{P_{ht}(j)}{P_{ht}}\right)^{-\epsilon_p}\left(\frac{P_{ft}^*}{P_{Tt}^*}\right)^{-\eta}\left(\frac{P_{Tt}^*}{P_t^*}\right)^{-\rho}C_t^*$$

由于 $Y_{ht} \equiv \left(\int_0^1 Y_{ht}(j)^{\frac{\epsilon_p-1}{\epsilon_p}}dj\right)^{\frac{\epsilon_p}{\epsilon_p-1}}$，因此得到：

$$Y_{ht}(j) = \left(\frac{P_{ht}(j)}{P_{ht}}\right)^{-\epsilon_p}Y_{ht}$$

从而有：

$$Y_{ht} = \omega_c(1-\gamma)\left(\frac{P_{ht}}{P_{Tt}}\right)^{-\eta}\left(\frac{P_{Tt}}{P_t}\right)^{-\rho}C_t + \omega_i(1-\gamma)$$

$$\left(\frac{P_{ht}}{P_{Tt}}\right)^{-\eta}\left(\frac{P_{Tt}}{P_{it}}\right)^{-\rho}I_t$$

$$+ \omega_g (1-\gamma) \left(\frac{P_{ht}}{P_{Tt}}\right)^{-\eta} \left(\frac{P_{Tt}}{P_{gt}}\right)^{-\rho} G_t$$

$$+ \omega_c \gamma \left(\frac{P_{ft}^*}{P_{Tt}^*}\right)^{-\eta} \left(\frac{P_{Tt}^*}{P_t^*}\right)^{-\rho} C_t^*$$

$$= (1-\gamma) \left(\frac{P_{ht}}{P_{Tt}}\right)^{-\eta} \left[\omega_c \left(\frac{P_{Tt}}{P_t}\right)^{-\rho} C_t + \omega_i \left(\frac{P_{Tt}}{P_{it}}\right)^{-\rho} I_t\right.$$

$$\left. + \omega_g \left(\frac{P_{Tt}}{P_{gt}}\right)^{-\rho} G_t\right] + \omega_c \gamma \left(\frac{P_{ft}^*}{P_{Tt}^*}\right)^{-\eta} \left(\frac{P_{Tt}^*}{P_t^*}\right)^{-\rho} C_t^*.$$

$$= (1-\gamma) g(s_t)^{\eta} \left[\omega_c \left(\frac{q_t}{h(q_t)}\right)^{-\rho} C_t + \omega_i \left(\frac{q_t}{k(q_t)}\right)^{-\rho} I_t\right.$$

$$\left. + \omega_g \left(\frac{q_t}{f(q_t)}\right)^{-\rho} G_t\right] + \gamma \omega_c (s_t g(s_t))^{\eta} \left(\frac{q_t^*}{h^*(q_t^*)}\right)^{-\rho} C_t^*$$

其中，

$$\frac{P_{ft}^*}{P_{Tt}^*} = \frac{1}{g^*(s_t^*)} = \left(\frac{P_{ft}^*}{P_{ht}^*}\right) \left(\frac{P_{ht}^*}{P_{Tt}^*}\right) = \left(\frac{P_{ft}/e_t}{P_{ht}/e_t}\right) \left(\frac{P_{ht}/e_t}{P_{Tt}/e_t}\right)$$

$$= \left(\frac{P_{ft}}{P_{ht}}\right) \left(\frac{P_{ht}}{P_{Tt}}\right) = \frac{1}{s_t g^*(s_t)} = \frac{1}{s_t g(s_t)}。$$

最后一个等式我们利用了国内外产品结构对称的假设：$\gamma^* = \gamma$。

其对应的稳态为：

$$Y_h = (1-\gamma) \omega_c C + \gamma \omega_c C^* + (1-\gamma) \omega_i I + (1-\gamma) \omega_g G.$$

$$\Rightarrow 1 = (1-\gamma) \omega_c \frac{C}{Y_h} + \gamma \omega_c \frac{C^*}{Y_h} + (1-\gamma) \omega_i \frac{I}{Y_h} + (1-\gamma) \omega_g \frac{G}{Y_h}.$$

围绕该稳态，线性化贸易品市场出清条件，我们得到：

$$Y_{ht} = (1-\gamma) g(s_t)^{\eta} \left[\omega_c \left(\frac{q_t}{h(q_t)}\right)^{-\rho} C_t + \omega_i \left(\frac{q_t}{k(q_t)}\right)^{-\rho} I_t\right.$$

$$+ \omega_g \left(\frac{q_t}{f(q_t)} \right)^{-\rho} G_t \Big] + \gamma \omega_c \left(s_t g(s_t) \right)^{\eta} \left(\frac{q_t^*}{h^*(q_t^*)} \right)^{-\rho} C_t^*.$$

$$\Rightarrow Y_h e^{\hat{y}_{ht}} = (1-\gamma) e^{\eta \hat{g}(s_t)} \left(\omega_c C e^{\hat{c}_t - \rho(\hat{q}_t - \hat{h}(q_t))} \right.$$
$$+ \omega_i I e^{\hat{i}_t - \rho(\hat{q}_t - \hat{k}(q_t))} + \omega_g G e^{\hat{g}_t - \rho(\hat{q}_t - \hat{f}(q_t))} \right)$$
$$+ \gamma \omega_c e^{\eta(\hat{s}_t + \hat{g}(s_t))} \left(C^* e^{\hat{c}_t^* - \rho(\hat{q}_t^* - \hat{h}^*(q_t^*))} \right).$$

$$\Rightarrow Y_h e^{\hat{y}_{ht}} = (1-\gamma) \left(\omega_c C e^{\hat{c}_t - \rho(\hat{q}_t - \hat{h}(q_t)) + \eta \hat{g}(s_t)} \right.$$
$$+ \omega_i I e^{\hat{i}_t - \rho(\hat{q}_t - \hat{k}(q_t)) + \eta \hat{g}(s_t)}$$
$$+ \omega_g G e^{\hat{g}_t - \rho(\hat{q}_t - \hat{f}(q_t)) + \eta \hat{g}(s_t)} \right)$$
$$+ \gamma \omega_c C^* e^{\hat{c}_t^* - \rho(\hat{q}_t^* - \hat{h}^*(q_t^*)) + \eta(\hat{s}_t + \hat{g}(s_t))}.$$

$$\Rightarrow Y_h (1 + \hat{y}_{ht}) = (1-\gamma) \omega_c C \left(1 + \hat{c}_t - \rho(\hat{q}_t - \hat{h}(q_t)) + \eta \hat{g}(s_t) \right)$$
$$+ (1-\gamma) \omega_i I (1 + \hat{i}_t - \rho(\hat{q}_t - \hat{k}(q_t)) + \eta \hat{g}(s_t))$$
$$+ (1-\gamma) \omega_g G (1 + \hat{g}_t - \rho(\hat{q}_t - \hat{f}(q_t)) + \eta \hat{g}(s_t))$$
$$+ \gamma \omega_c C^* \left(1 + \hat{c}_t^* - \rho(\hat{q}_t^* - \hat{h}^*(q_t^*)) \right.$$
$$+ \eta \left(\hat{s}_t + \hat{g}(s_t) \right) \Big).$$

$$\Rightarrow Y_h + Y_h \hat{y}_{ht} = ((1-\gamma) \omega_c C + (1-\gamma) \omega_i I$$
$$+ (1-\gamma) \omega_g G + \gamma \omega_c C^*)$$
$$+ (1-\gamma) \omega_c C (\hat{c}_t - \rho(\hat{q}_t - \hat{h}(q_t)) + \eta \hat{g}(s_t))$$
$$+ (1-\gamma) \omega_i I (\hat{i}_t - \rho(\hat{q}_t - \hat{k}(q_t)) + \eta \hat{g}(s_t))$$
$$+ (1-\gamma) \omega_g G (\hat{g}_t - \rho(\hat{q}_t - \hat{f}(q_t)) + \eta \hat{g}(s_t))$$
$$+ \gamma \omega_c C^* (\hat{c}_t^* - \rho(\hat{q}_t^* - \hat{h}^*(q_t^*))$$
$$+ \eta(\hat{s}_t + \hat{g}(s_t))).$$

$$\Rightarrow Y_h \hat{y}_{ht} = (1-\gamma) \omega_c C (\hat{c}_t - \rho(\hat{q}_t - \hat{h}(q_t)) + \eta \hat{g}(s_t))$$
$$+ (1-\gamma) \omega_i I (\hat{i}_t - \rho(\hat{q}_t - \hat{k}(q_t)) + \eta \hat{g}(s_t))$$

$$+ (1-\gamma)\omega_g G(\hat{g}_t - \rho(\hat{q}_t - \hat{f}(q_t)) + \eta\hat{g}(s_t))$$
$$+ \gamma\omega_c C^* (\hat{c}_t^* - \rho(\hat{q}_t^* - \hat{h}^*(q_t^*)) + \eta(\hat{s}_t + \hat{g}(s_t))).$$

$$\Rightarrow Y_h \hat{y}_{ht} = (1-\gamma)\omega_c C\hat{c}_t + (1-\gamma)\omega_i I\hat{i}_t$$
$$+ (1-\gamma)\omega_g G\hat{g}_t + \gamma\omega_c C^* \hat{c}_t^*$$
$$- (1-\gamma)\omega_c C\rho(\hat{q}_t - \hat{h}(q_t))$$
$$- (1-\gamma)\omega_i I\rho(\hat{q}_t - \hat{k}(q_t))$$
$$- (1-\gamma)\omega_g G\rho(\hat{q}_t - \hat{f}(q_t))$$
$$- \gamma\omega_c C^* \rho(\hat{q}_t^* - \hat{h}^*(q_t^*))$$
$$+ (1-\gamma)\omega_c C\eta\hat{g}(s_t) + (1-\gamma)\omega_i I\eta\hat{g}(s_t)$$
$$+ (1-\gamma)\omega_g G\eta\hat{g}(s_t) + \gamma\omega_c C^* \eta(\hat{s}_t + \hat{g}(s_t)).$$

$$\Rightarrow Y_h \hat{y}_{ht} = (1-\gamma)\omega_c C\hat{c}_t + (1-\gamma)\omega_i I\hat{i}_t$$
$$+ (1-\gamma)\omega_g G\hat{g}_t + \gamma\omega_c C^* \hat{c}_t^*$$
$$- (1-\gamma)\omega_c C\rho(\hat{q}_t - \omega_c\hat{q}_t)$$
$$- (1-\gamma)\omega_i I\rho(\hat{q}_t - \omega_i\hat{q}_t)$$
$$- (1-\gamma)\omega_g G\rho(\hat{q}_t - \omega_g\hat{q}_t) - \gamma\omega_c C^* \rho(\hat{q}_t^* - \omega_c^*\hat{q}_t^*)$$
$$+ ((1-\gamma)(\omega_c C + \omega_i I + \omega_g G) + \gamma\omega_c C^*)\eta\hat{g}(s_t)$$
$$+ \gamma\omega_c C^* \eta\hat{s}_t.$$

$$\Rightarrow Y_h \hat{y}_{ht} = (1-\gamma)\omega_c C\hat{c}_t + (1-\gamma)\omega_i I\hat{i}_t$$
$$+ (1-\gamma)\omega_g G\hat{g}_t + \gamma\omega_c C^* \hat{c}_t^*$$
$$- (\omega_c(1-\omega_c)C + \omega_i(1-\omega_i)I$$
$$+ \omega_g(1-\omega_g)G)(1-\gamma)\rho\hat{q}_t - \omega_c(1-\omega_c^*)C^* \gamma\rho\hat{q}_t^*$$
$$+ ((1-\gamma)(\omega_c C + \omega_i I + \omega_g G)$$
$$+ (1+\gamma)\omega_c C^*)\eta\gamma\hat{s}_t.$$

利用对称性假设：$\omega_c^* = \omega_c$，并整理得到：

$$\hat{y}_{ht} = (1-\gamma)\omega_c\left(\frac{C}{Y_h}\right)\hat{c}_t + (1-\gamma)\omega_i\left(\frac{I}{Y_h}\right)\hat{i}_t$$

$$+ (1-\gamma)\omega_g\left(\frac{G}{Y_h}\right)\hat{g}_t + \gamma\omega_c\left(\frac{C^*}{Y_h}\right)\hat{c}_t^*$$

$$- \left(\omega_c(1-\omega_c)\left(\frac{C}{Y_h}\right) + \omega_i(1-\omega_i)\left(\frac{I}{Y_h}\right) + \omega_g(1-\omega_g)\left(\frac{G}{Y_h}\right)\right)$$

$$(1-\gamma)\rho\hat{q}_t - \omega_c(1-\omega_c)\left(\frac{C^*}{Y_h}\right)\gamma\rho\hat{q}_t^*$$

$$+ \left((1-\gamma)\left(\omega_c\left(\frac{C}{Y_h}\right) + \omega_i\left(\frac{I}{Y_h}\right) + \omega_g\left(\frac{G}{Y_h}\right)\right)\right)$$

$$+ (1+\gamma)\omega_c\left(\frac{C^*}{Y_h}\right)\right)\eta\gamma\hat{s}_t.$$

8. 非贸易品市场出清条件

$$Y_{Nt}(j) = C_{Nt}(j) + G_{Nt}(j)$$

同样，我们有：

$$Y_{Nt}(j) = (1-\omega_c)\left(\frac{P_{Nt}(j)}{P_{Nt}}\right)^{-\varepsilon_p}\left(\frac{P_{Nt}}{P_t}\right)^{-\rho}C_t$$

$$+ (1-\omega_g)\left(\frac{P_{Nt}(j)}{P_{Nt}}\right)^{-\varepsilon_p}\left(\frac{P_{Nt}}{P_{gt}}\right)^{-\rho}G_t$$

由于 $Y_{Nt} \equiv \left(\int_0^1 Y_{Nt}(j)^{\frac{\varepsilon_p-1}{\varepsilon_p}}dj\right)^{\frac{\varepsilon_p}{\varepsilon_p-1}}$，于是得到：

$$Y_{Nt}(j) = \left(\frac{P_{Nt}(j)}{P_{Nt}}\right)^{-\varepsilon_p}Y_{Nt}$$

因此同样有：

$$Y_{Nt} = (1-\omega_c)\left(\frac{P_{Nt}}{P_t}\right)^{-\rho}C_t + (1-\omega_g)\left(\frac{P_{Nt}}{P_{gt}}\right)^{-\rho}G_t$$

$$= (1-\omega_c)(h(q_t))^\rho C_t + (1-\omega_g)(f(q_t))^\rho G_t$$

其对应的稳态为：

$$Y_N = (1-\omega_c)C + (1-\omega_g)G$$

$$\Rightarrow 1 = (1-\omega_c)\frac{C}{Y_N} + (1-\omega_g)\frac{G}{Y_N}$$

围绕该稳态，线性化非贸易品市场出清条件，我们得到：

$$Y_{Nt} = (1-\omega_c)(h(q_t))^\rho C_t + (1-\omega_g)(f(q_t))^\rho G_t.$$

$$\Rightarrow Y_N e^{\hat{y}_{Nt}} = (1-\omega_c)Ce^{\hat{c}_t+\rho\hat{h}(q_t)} + (1-\omega_g)Ge^{\hat{g}_t+\rho\hat{f}(q_t)}.$$

$$\Rightarrow Y_N(1+\hat{y}_{Nt}) = (1-\omega_c)C(1+\hat{c}_t+\rho\hat{h}(q_t))$$
$$+ (1-\omega_g)G(1+\hat{g}_t+\rho\hat{f}(q_t)).$$

$$\Rightarrow Y_N + Y_N\hat{y}_{Nt} = (1-\omega_c)C + (1-\omega_g)G$$
$$+ (1-\omega_c)C(\hat{c}_t+\rho\hat{h}(q_t)) + (1-\omega_g)G(\hat{g}_t+\rho\hat{f}(q_t)).$$

$$\Rightarrow Y_N\hat{y}_{Nt} = (1-\omega_c)C\hat{c}_t + (1-\omega_g)G\hat{g}_t + (1-\omega_c)C\rho\hat{h}(q_t)$$
$$+ (1-\omega_g)G\rho\hat{f}(q_t).$$

$$\Rightarrow Y_N\hat{y}_{Nt} = (1-\omega_c)C\hat{c}_t + (1-\omega_g)G\hat{g}_t$$
$$+ ((1-\omega_c)\omega_c C + (1-\omega_g)\omega_g G)\rho\hat{q}_t.$$

$$\Rightarrow \hat{y}_{Nt} = (1-\omega_c)\left(\frac{C}{Y_N}\right)\hat{c}_t + (1-\omega_g)\left(\frac{G}{Y_N}\right)\hat{g}_t$$
$$+ \left((1-\omega_c)\omega_c\left(\frac{C}{Y_N}\right) + (1-\omega_g)\omega_g\left(\frac{G}{Y_N}\right)\right)\rho\hat{q}_t.$$

9. 贸易平衡条件

我们将净出口定义为国内产出与国内居民消费之差：

$$NX_t \equiv \frac{P_{h,t}}{P_t}Y_{h,t} - \left(\frac{P_{T,t}}{P_t}C_{T,t} + \frac{P_{T,t}}{P_t}I_{T,t} + \frac{P_{T,t}}{P_t}G_{T,t}\right).$$

$$= \frac{P_{T,t}}{P_t}\left(\frac{P_t}{P_{T,t}}\frac{P_{h,t}}{P_t}Y_{h,t} - (C_{T,t} + I_{T,t} + G_{T,t})\right).$$

$$\left(\because \; g(s_t) = \frac{P_{T,t}}{P_{h,t}}\right)$$

$$= \left(\frac{P_{T,t}}{P_t}\right)\left(\left(\frac{P_{h,t}}{P_{T,t}}\right)Y_{h,t} - (C_{T,t} + I_{T,t} + G_{T,t})\right).$$

$$\left(\because \; \frac{P_{T,t}}{P_t} = \frac{P_{T,t}}{P_{N,t}}\frac{P_{N,t}}{P_t} = q_t \frac{1}{h(q_t)}\right)$$

$$= \frac{q_t}{h(q_t)}\left(\frac{1}{g(s_t)}Y_{h,t} - (C_{T,t} + I_{T,t} + G_{T,t})\right).$$

其中，NX_t 为实际净出口，$Y_{h,t}$ 为国内实际贸易品产出，$C_{T,t}$，$I_{T,t}$，$G_{T,t}$ 为贸易品的实际消费、实际投资与实际政府支出，并且有：

$$X_{Tt} = \omega_X \left(\frac{P_{Tt}}{P_{Xt}}\right)^{-\rho}X_t, \; X \in (C, I, G)$$

我们令 $n\hat{x}_t \equiv NX_t/Y$，于是，上式的线性化形式为：

$$\frac{h(q_t)}{q_t}\frac{NX_t}{Y} = \frac{1}{g(s_t)}\frac{1}{Y}Y_{h,t} - \frac{1}{Y}(C_{T,t} + I_{T,t} + G_{T,t}).$$

$$\Rightarrow \frac{h(q_t)}{q_t}\frac{NX_t}{Y} = \frac{1}{g(s_t)}\frac{1}{Y}Y_{h,t}$$

$$- \frac{1}{Y}\left(\omega_c\left(\frac{P_{Tt}}{P_t}\right)^{-\rho}C_t + \omega_i\left(\frac{P_{Tt}}{P_{it}}\right)^{-\rho}I_t + \omega_g\left(\frac{P_{Tt}}{P_{gt}}\right)^{-\rho}G_t\right).$$

$$\Rightarrow \frac{h(q_t)}{q_t}\frac{NX_t}{Y} = \frac{1}{g(s_t)}\frac{1}{Y}Y_{h,t}$$

$$-\frac{1}{Y}\left(\omega_c\left(\frac{q_t}{h(q_t)}\right)^{-\rho}C_t+\omega_i\left(\frac{q_t}{k(q_t)}\right)^{-\rho}I_t+\omega_g\left(\frac{q_t}{f(q_t)}\right)^{-\rho}G_t\right).$$

$$\Rightarrow e^{\hat{h}(q_t)-\hat{q}_t}n\hat{x}_t=\frac{Y_h}{Y}e^{\hat{y}_{h,t}-\hat{g}(s_t)}-\omega_c\frac{C}{Y}e^{\hat{c}_t-\rho(\hat{q}_t-\hat{h}(q_t))}$$

$$-\omega_i\frac{I}{Y}e^{\hat{i}_t-\rho(\hat{q}_t-\hat{k}(q_t))}-\omega_g\frac{G}{Y}e^{\hat{g}_t-\rho(\hat{q}_t-\hat{f}(q_t))}.$$

$$\Rightarrow(1+\hat{h}(q_t)-\hat{q}_t)n\hat{x}_t=\frac{Y_h}{Y}(1+\hat{y}_{h,t}-\hat{g}(s_t))$$

$$-\omega_c\frac{C}{Y}(1+\hat{c}_t-\rho(\hat{q}_t-\hat{h}(q_t)))$$

$$-\omega_i\frac{I}{Y}(1+\hat{i}_t-\rho(\hat{q}_t-\hat{k}(q_t)))$$

$$-\omega_g\frac{G}{Y}(1+\hat{g}_t-\rho(\hat{q}_t-\hat{f}(q_t))).$$

$$\Rightarrow n\hat{x}_t=\left(\frac{Y_h}{Y}-\omega_c\frac{C}{Y}-\omega_i\frac{I}{Y}-\omega_g\frac{G}{Y}\right)+\frac{Y_h}{Y}(\hat{y}_{h,t}-\hat{g}(s_t))$$

$$-\omega_c\frac{C}{Y}\hat{c}_t-\omega_i\frac{I}{Y}\hat{i}_t-\omega_g\frac{G}{Y}\hat{g}_t$$

$$+\left(\omega_c\frac{C}{Y}+\omega_i\frac{I}{Y}+\omega_g\frac{G}{Y}\right)\rho\hat{q}_t$$

$$-\left(\omega_c\frac{C}{Y}\hat{h}(q_t)+\omega_i\frac{I}{Y}\hat{k}(q_t)+\omega_g\frac{G}{Y}\hat{f}(q_t)\right)\rho.$$

$$\Rightarrow n\hat{x}_t=\left(\frac{Y_h}{Y}\right)\hat{y}_{h,t}-\omega_c\left(\frac{C}{Y}\right)\hat{c}_t-\omega_i\left(\frac{I}{Y}\right)\hat{i}_t-\omega_g\left(\frac{G}{Y}\right)\hat{g}_t$$

$$+\left(\omega_c\left(\frac{C}{Y}\right)+\omega_i\left(\frac{I}{Y}\right)+\omega_g\left(\frac{G}{Y}\right)\right)\rho\hat{q}_t$$

$$-\left(\omega_c^2\left(\frac{C}{Y}\right)+\omega_i^2\left(\frac{I}{Y}\right)+\omega_g^2\left(\frac{G}{Y}\right)\right)\rho\hat{q}_t-\left(\frac{Y_h}{Y}\right)\gamma\hat{s}_t.$$

整理后，得到：

$$n\hat{x}_t = \left(\frac{Y_h}{Y}\right)\hat{y}_{h,t} - \omega_c\left(\frac{C}{Y}\right)\hat{c}_t - \omega_i\left(\frac{I}{Y}\right)\hat{i}_t - \omega_g\left(\frac{G}{Y}\right)\hat{g}_t$$

$$+ \left((1-\omega_c)\omega_c\left(\frac{C}{Y}\right) + (1-\omega_i)\omega_i\left(\frac{I}{Y}\right)\right.$$

$$\left.+ (1-\omega_g)\omega_g\left(\frac{G}{Y}\right)\right)\rho\hat{q}_t - \left(\frac{Y_h}{Y}\right)\gamma\hat{s}_t.$$

二、模型稳态与线性化方程

1. 模型稳态

1.1 最初稳态

（1）国内贸易品中间生产企业生产函数：

$$1 = \left(\left(\frac{k_h}{y_h}\right)^{\alpha_h}\left(\frac{l_h}{y_h}\right)^{1-\alpha_h}\right)^{1-\phi_h}\left(\frac{g_h}{y_h}\right)^{\phi_h} \tag{1}$$

（2）国内非贸易品中间生产企业生产函数：

$$1 = \left(\left(\frac{k_h}{y_N}\right)^{\alpha_h}\left(\frac{l_N}{y_N}\right)^{1-\alpha_h}\right)^{1-\phi_h}\left(\frac{g_N}{y_N}\right)^{\phi_h} \tag{2}$$

（3）政府总支出：

$$G = \frac{G_h}{G} + \frac{G_N}{G}, \ \frac{G_h}{G} = (1-\gamma)\omega_g \tag{3}$$

（4）中间贸易品生产的边际成本：

$$MC_h = \left(\frac{1}{1-\phi_h}\right)\left(\frac{1}{\alpha_h}\right)^{\alpha_h}\left(\frac{1}{1-\alpha_h}\right)^{1-\alpha_h}w^{1-\alpha_h}(r^k)^{\alpha_h}\left(\frac{g_h}{y_h}\right)^{\frac{\phi_h}{1-\phi_h}} \tag{4}$$

(5) 中间非贸易品生产的边际成本：

$$MC_N = \left(\frac{1}{1-\phi_N}\right)\left(\frac{1}{\alpha_N}\right)^{\alpha_N}\left(\frac{1}{1-\alpha_N}\right)^{1-\alpha_N} w^{1-\alpha_N} (r^k)^{\alpha_N} \left(\frac{g_N}{y_N}\right)^{-\frac{\phi_N}{1-\phi_N}}$$

$$(5)$$

(6) 中间贸易品价格设定方程稳态关系：

$$MC_h = \frac{\varepsilon_{h,p} - 1}{\varepsilon_{h,p}} \qquad (6)$$

(7) 中间非贸易品价格设定方程稳态关系：

$$MC_N = \frac{\varepsilon_{N,p} - 1}{\varepsilon_{N,p}} \qquad (7)$$

(8) 有效消费稳态：

$$\tilde{C} = (1+h)C \qquad (8)$$

(9) 资本存量累积稳态：

$$I = \delta K \qquad (9)$$

(10) 利率与主观贴现率的稳态关系：

$$r = \frac{1}{\beta} - 1 \qquad (10)$$

(11) 消费边际效用的稳态：

$$\lambda(1+\tau^c)(1-h)\tilde{C} = 1 \qquad (11)$$

(12) 托宾 Q 价格稳态：

$$\phi(1) = \phi'(1) = 0$$
$$Q^k = 1 \qquad (12)$$

（13）资本租金率与主观贴现率的稳态关系：

$$r^k = \left[\frac{1}{\beta} - (1-\delta)\right] \Big/ (1-\tau^k) \tag{13}$$

（14）总投资与贸易品投资的稳态关系：

$$I = I_T \tag{14}$$

（15）工资设定方程稳态关系：

$$w = \left(\frac{\varepsilon_w}{\varepsilon_w - 1}\right) \frac{(1+\tau^c)(1-h)\widetilde{C}L^\psi}{(1-\tau^w)} \tag{15}$$

（16）非抵补利率条件稳态关系：

$$r = r^* \tag{16}$$

（17）财政预算约束稳态关系：

$$
\begin{aligned}
&G + (1+r)b + m = \tau^c C + \tau^l wL + \tau^k r^k K + b + m \\
\Rightarrow\, &G + rb = \tau^c C + \tau^l wL + \tau^k r^k K \\
\Rightarrow\, &(\tau^c C + \tau^l wL + \tau^k r^k K) - G = rb \\
\Rightarrow\, &\frac{b}{Y}r = \left(\tau^c \frac{C}{Y} + \tau^l w \frac{L}{Y} + \tau^k r^k \frac{K}{Y}\right) - \frac{G}{Y} \\
\Rightarrow\, &\frac{b}{Y} = \frac{1}{r}\left(\left(\tau^c \frac{C}{Y} + \tau^l w \frac{L}{Y} + \tau^k r^k \frac{1}{\delta}\frac{I}{Y}\right) - \frac{G}{Y}\right)
\end{aligned}
\tag{17}
$$

（18）资本市场均衡条件稳态关系：

$$1 = \frac{K_h}{K} + \frac{K_N}{K} \tag{18}$$

（19）劳动市场均衡条件稳态关系：

$$L = L_h + L_N \tag{19}$$

（20）贸易品市场均衡条件稳态关系：

$$Y_h = (1-\gamma)\omega_c C + (1-\gamma)\omega_g G + (1-\gamma)\omega_i I + \gamma\omega_c C^*$$

（20）

（21）非贸易品市场均衡条件稳态关系：

$$Y_N = (1-\omega_c)C + (1-\omega_g)G \tag{21}$$

（22）总产出为：

$$Y = Y_N + Y_h \tag{22}$$

1.2 稳态求解

（1）

$$\frac{R^k}{P_h} = \alpha_h(1-\phi_h)MC_h\frac{y_h}{k_h}$$

$$\frac{R^k}{P_N} = \alpha_N(1-\phi_N)MC_N\frac{y_N}{k_N}$$

得到：

$$\frac{k_h}{k_N} = \left(\frac{\alpha_h}{\alpha_N}\right)\left(\frac{1-\phi_h}{1-\phi_N}\right)\left(\frac{MC_h}{MC_N}\right)\frac{y_h}{y_N}$$

（2）我们联合（1）（2）（4）（5）（16）为：

$$\begin{cases} y_h = (k_h^{\alpha_h}l_h^{1-\alpha_h})^{1-\phi_h}(g_h)^{\phi_h} \\ \Rightarrow l_h = y_h\left(\left(\frac{k_h}{y_h}\right)^{\alpha_h(1-\phi_h)}\left(\frac{g_h}{y_h}\right)^{\phi_h}\right)^{-1/(1-\alpha_h)(1-\phi_h)} \\ y_N = (k_N^{\alpha_N}l_N^{1-\alpha_N})^{1-\phi_N}(g_N)^{\phi_N} \\ \Rightarrow l_N = y_N\left(\left(\frac{k_N}{y_N}\right)^{\alpha_N(1-\phi_N)}\left(\frac{g_N}{y_N}\right)^{\phi_N}\right)^{-1/(1-\alpha_N)(1-\phi_N)} \end{cases}$$

$$\begin{cases} \dfrac{r^k}{w} = \dfrac{\alpha_h}{1-\alpha_h}\dfrac{l_h}{k_h} \\[2mm] \dfrac{r^k}{w} = \dfrac{\alpha_N}{1-\alpha_N}\dfrac{l_N}{k_N} \\[2mm] MC_h = \left(\dfrac{1}{1-\phi_h}\right)\left(\dfrac{1}{\alpha_h}\right)^{\alpha_h}\left(\dfrac{1}{1-\alpha_h}\right)^{1-\alpha_h}\left(\dfrac{r^k}{w}\right)^{\alpha_h}w\left(\dfrac{g_h}{y_h}\right)^{-\frac{\phi_h}{1-\phi_h}} \\[2mm] MC_N = \left(\dfrac{1}{1-\phi_N}\right)\left(\dfrac{1}{\alpha_N}\right)^{\alpha_N}\left(\dfrac{1}{1-\alpha_N}\right)^{1-\alpha_N}\left(\dfrac{r^k}{w}\right)^{\alpha_N}w\left(\dfrac{g_N}{y_N}\right)^{-\frac{\phi_N}{1-\phi_N}} \\[2mm] MRS = \left(\dfrac{\theta_w-1}{\theta_w}\right)\left(\dfrac{1-\tau^w}{1+\tau^c}\right)w \\[2mm] MRS = \dfrac{\psi\theta L^{\theta-1}}{1-\psi\gamma_x L^\theta} \\[2mm] L = L_h + L_N \end{cases}$$

由于 $L = l_h + l_N$，我们得到 L：

由于：

$$MC_h = \left(\frac{1}{1-\phi_h}\right)\left(\frac{1}{1-\alpha_h}\right)\left(\frac{l_h}{k_h}\right)^{\alpha_h}\left(\frac{g_h}{y_h}\right)^{-\frac{\phi_h}{1-\phi_h}}w$$

$$MC_N = \left(\frac{1}{1-\phi_N}\right)\left(\frac{1}{1-\alpha_N}\right)\left(\frac{l_N}{k_N}\right)^{\alpha_N}\left(\frac{g_N}{y_N}\right)^{-\frac{\phi_N}{1-\phi_N}}w$$

合并后，我们得到 w：

$$w = \left(\left(\frac{1}{1-\phi_h}\right)\left(\frac{1}{1-\alpha_h}\right)\left(\frac{l_h}{k_h}\right)^{\alpha_h}\left(\frac{g_h}{y_h}\right)^{-\frac{\phi_h}{1-\phi_h}}\right.$$

$$\left. + \left(\frac{1}{1-\phi_N}\right)\left(\frac{1}{1-\alpha_N}\right)\left(\frac{l_N}{k_N}\right)^{\alpha_N}\left(\frac{g_N}{y_N}\right)^{-\frac{\phi_N}{1-\phi_N}}\right)^{-1}(MC_h + MC_N)$$

由于

$$
\begin{cases}
MRS = \dfrac{\psi \theta L^{\theta-1}}{1 - \psi \gamma_x L^{\theta}} \\[3mm]
MRS = \left(\dfrac{\theta_w - 1}{\theta_w}\right) \left(\dfrac{1 - \tau^w}{1 + \tau^c}\right) w
\end{cases}
$$

两式结合，我们得到：

$$
\frac{\psi \theta L^{\theta-1}}{1 - \psi \gamma_x L^{\theta}} = \left(\frac{\theta_w - 1}{\theta_w}\right) \left(\frac{1 - \tau^w}{1 + \tau^c}\right) w
$$

即

$$
\psi \left(\left(\frac{\theta_w}{\theta_w - 1}\right) \left(\frac{1 + \tau^c}{1 - \tau^w}\right) \theta L^{\theta-1} + w \gamma_x L^{\theta} \right) = w
$$

基于 L 和 w，我们得到 ψ：

$$
\psi = w \left(\left(\frac{\theta_w}{\theta_w - 1}\right) \left(\frac{1 + \tau^c}{1 - \tau^w}\right) \theta L^{\theta-1} + w \gamma_x L^{\theta} \right)^{-1}
$$

我们求解 w、ϕ_h、ϕ_N 得到：

$$
\begin{cases}
\phi_h = \dfrac{\log\left(\left(\dfrac{1}{1 - \alpha_h}\right)^{1 - \alpha_h} \left(\dfrac{1}{\alpha_h}\right)^{\alpha_h} w^{1 - \alpha_h} (r^k)^{\alpha_h} / MC_h \right)}{\log(K^g)} \\[6mm]
\phi_N = \dfrac{\log\left(\left(\dfrac{1}{1 - \alpha_N}\right)^{1 - \alpha_N} \left(\dfrac{1}{\alpha_N}\right)^{\alpha_N} w^{1 - \alpha_N} (r^k)^{\alpha_N} / MC_N \right)}{\log(K^g)}
\end{cases}
$$

（2）

我们联合（23）（24）（25）为：

$$\begin{cases} Y_h = (1-\gamma)\omega_c C + (1-\gamma)\omega_g G + (1-\gamma)\omega_i I + \gamma\omega_c C^* \\ Y_N = (1-\omega_c) C + (1-\omega_g) G \\ Y = Y_N + Y_h \end{cases}$$

于是

$$\begin{aligned} Y &= (1-\gamma)\omega_c C + (1-\omega_c) C + (1-\gamma)\omega_g G \\ &\quad + (1-\omega_g) G + (1-\gamma)\omega_i I + \gamma\omega_c C^* \\ &= C - \gamma\omega_c C + G - \gamma\omega_g G + (1-\gamma)\omega_i I + \gamma\omega_c C^* \\ &= (1-\gamma\omega_c) C + (1-\gamma\omega_g) G + (1-\gamma)\omega_i I + \gamma\omega_c C^* \end{aligned}$$

最终得到：

$$(1-\gamma\omega_c)\frac{C}{Y} + (1-\gamma\omega_g)\frac{G}{Y} + (1-\gamma)\omega_i \frac{I}{Y} + \gamma\omega_c \frac{C^*}{Y} = 1$$

当 ω_c、ω_i、ω_g、$\dfrac{C}{Y}$、$\dfrac{G}{Y}$、$\dfrac{I}{Y}$ 已知时，$\dfrac{C^*}{Y}$ 为：

$$\frac{C^*}{Y} = \frac{1}{\gamma\omega_c}\left[1 - (1-\gamma\omega_c)\frac{C}{Y} - (1-\gamma\omega_g)\frac{G}{Y} - (1-\gamma)\omega_i \frac{I}{Y}\right]$$

2. 线性化方程：

1. 中间贸易品生产函数：

$$\hat{y}_{h,t} = (1-\phi_h)(\alpha_h \hat{k}_{h,t} + (1-\alpha_h)\hat{l}_{h,t}) + \phi_h \hat{g}_{h,t} + \hat{a}_{h,t}$$

2. 中间非贸易品生产函数：

$$\hat{y}_{N,t} = (1-\phi_N)(\alpha_N \hat{k}_{N,t} + (1-\alpha_N)\hat{l}_{N,t}) + \phi_N \hat{g}_{N,t} + \hat{a}_{N,t}$$

3. 中间贸易品生产企业的边际生产成本：

$$\hat{mc}_{h,t} = (1-\alpha_h)\hat{w}_t + \alpha_h\hat{r}_t^k - \frac{\phi_h}{1-\phi_h}(\hat{g}_{h,t} - \hat{y}_{h,t})$$

$$+ (\omega_c - 1)\hat{q}_t + \gamma\hat{s}_t - \frac{1}{1-\phi_h}\hat{a}_{h,t}$$

4. 中间非贸易品生产企业的边际生产成本：

$$\hat{mc}_{N,t} = (1-\alpha_N)\hat{w}_t + \alpha_N\hat{r}_t^k - \frac{\phi_N}{1-\phi_N}(\hat{g}_{N,t} - \hat{y}_{N,t})$$

$$+ \omega_c\hat{q}_t - \frac{1}{1-\phi_N}\hat{a}_{N,t}$$

5. 中间贸易品生产企业的菲利普斯曲线：

$$\hat{\pi}_{h,t} = \beta E_t\hat{\pi}_{h,t+1} + \frac{(1-\theta_{h,t})(1-\beta\theta_{h,t})}{\theta_{h,t}}\hat{mc}_{h,t}$$

6. 中间非贸易品生产企业的菲利普斯曲线：

$$\hat{\pi}_{N,t} = \beta E_t\hat{\pi}_{N,t+1} + \frac{(1-\theta_{N,t})(1-\beta\theta_{N,t})}{\theta_{N,t}}\hat{mc}_{N,t}$$

7. 有效消费的定义方程：

$$\lambda_t(1+\tau_t^c)(\widetilde{C}_t - h\widetilde{C}_{t-1}) = e_t^c.$$

$$\Rightarrow \lambda_t\widetilde{C}_t + \lambda_t\tau_t^c\widetilde{C}_t - h\lambda_t\widetilde{C}_{t-1} - h\lambda_t\tau_t^c\widetilde{C}_{t-1} = e_t^c.$$

$$\Rightarrow \lambda\widetilde{C}e^{\hat{\lambda}_t+\hat{\tilde{c}}_t} + \lambda\tau^c\widetilde{C}e^{\hat{\lambda}_t+\hat{\tau}_t^c+\hat{\tilde{c}}_t} - h\lambda\widetilde{C}e^{\hat{\lambda}_t+\hat{\tilde{c}}_{t-1}} - h\lambda\tau^c\widetilde{C}e^{\hat{\lambda}_t+\hat{\tau}_t^c+\hat{\tilde{c}}_{t-1}} = e^{\hat{e}_t^c}.$$

$$\Rightarrow \lambda\widetilde{C}(1+\hat{\lambda}_t+\hat{\tilde{c}}_t) + \lambda\tau^c\widetilde{C}(1+\hat{\lambda}_t+\hat{\tau}_t^c+\hat{\tilde{c}}_t)$$

$$- h\lambda\widetilde{C}(1+\hat{\lambda}_t+\hat{\tilde{c}}_{t-1}) - h\lambda\tau^c\widetilde{C}(1+\hat{\lambda}_t+\hat{\tau}_t^c+\hat{\tilde{c}}_{t-1}) = 1+\hat{e}_t^c.$$

$$\Rightarrow (1+\tau^c)\lambda\widetilde{C}(\hat{\lambda}_t+\hat{\tilde{c}}_t) + (1-h)\lambda\tau^c\widetilde{C}\hat{\tau}_t^c$$

$$- (1+\tau^c)h\lambda\widetilde{C}(\hat{\lambda}_t+\hat{\tilde{c}}_{t-1}) = \hat{e}_t^c. \left(\because \lambda(1+\tau^c)\widetilde{C} = \frac{1}{1-h}\right)$$

$$\Rightarrow \hat{\lambda}_t = -\frac{1}{1-h}\hat{\tilde{c}}_t + \frac{h}{1-h}\hat{\tilde{c}}_{t-1} - \frac{\tau^c}{1+\tau^c}\hat{\tau}_t^c + \hat{e}_t^c.$$

8. 有效消费的欧拉方程：

$$\beta E_t\left(\frac{\lambda_{t+1}}{\lambda_t}\right) = E_t\left(\frac{\pi_{t+1}}{1+r_t}\right).$$

$$\Rightarrow \beta\frac{\lambda e^{E_t\hat{\lambda}_{t+1}}}{\lambda e^{\hat{\lambda}_t}} = \frac{e^{E_t\hat{\pi}_{t+1}}}{(1+r)e^{\hat{r}_t}}.$$

$$\Rightarrow \beta e^{E_t\hat{\lambda}_{t+1}-\hat{\lambda}_t} = \frac{1}{1+r}e^{E_t\hat{\pi}_{t+1}-\hat{r}_t}. \quad \left(\because \beta = \frac{1}{1+r}\right)$$

$$\Rightarrow e^{E_t\hat{\lambda}_{t+1}-\hat{\lambda}_t} = e^{E_t\hat{\pi}_{t+1}-\hat{r}_t}.$$

$$\Rightarrow E_t\hat{\lambda}_{t+1} - \hat{\lambda}_t = E_t\hat{\pi}_{t+1} - \hat{r}_t.$$

$$\Rightarrow \hat{\lambda}_t = E_t\hat{\lambda}_{t+1} + (\hat{r}_t - E_t\hat{\pi}_{t+1}).$$

9. 投资的动态方程：

$$\hat{i}_{Tt} = \frac{\beta}{1+\beta}E_t\hat{i}_{Tt+1} + \frac{1}{1+\beta}\hat{i}_{Tt-1}$$
$$+ \frac{1}{(1+\beta)\phi''(1)}[\hat{q}_t^k - (1-\omega_c)\hat{q}_t + \hat{e}_t^i]$$

10. 资本价格动态方程：

$$\hat{q}_t^k = \beta(1-\delta)E_t\hat{q}_{t+1}^k + \beta(1-\tau^k)r^k E_t\left(\hat{r}_{t+1}^k - \frac{\tau^k}{1-\tau^k}\hat{\tau}_{t+1}^k\right)$$
$$- (\hat{r}_t - E_t\hat{\pi}_{t+1})$$

11. 资本演化方程：

$$\hat{k}_{t+1} = (1-\delta)\hat{k}_t + \delta(\hat{i}_{Tt} + \hat{e}_t^i)$$

12. 贸易投资品与最终投资品的关系：

$$\hat{i}_{Tt} = \hat{i}_t - \rho(1 - \omega_i)\hat{q}_t$$

13. 实际工资的动态方程：

$$\hat{w}_t = \frac{\beta}{1+\beta}E_t\hat{w}_{t+1} + \frac{1}{1+\beta}\hat{w}_{t-1} + \frac{\beta}{1+\beta}E_t\hat{\pi}_{t+1}$$

$$- \frac{1+\beta\tau_w}{1+\beta}\hat{\pi}_t + \frac{\tau_w}{1+\beta}\hat{\pi}_{t-1} + \frac{(1-\theta_w)(1-\beta\theta_w)}{(1+\beta)(1+\psi\varepsilon_w)\theta_w}$$

$$\left[\psi\hat{l}_t - \hat{w}_t + \frac{1}{1-h}(\hat{\bar{c}}_t - h\hat{\bar{c}}_{t-1})\right.$$

$$\left. + \frac{\tau^w}{1-\tau^w}\hat{\tau}_t^w + \frac{\tau^c}{1+\tau^c}\hat{\tau}_t^c + \hat{e}_t^l - \hat{e}_t^c\right].$$

14. 实际汇率为：

$$\hat{e}_t^r = (1-\omega_c)(\hat{q}_t - \hat{q}_t^*).$$

15. 实际汇率分解为贸易品实际汇率和非贸易品跨国相对价格：

$$\hat{e}_t^r = \hat{e}_{Tt}^r + \hat{e}_{Nt}^r$$

16. 贸易品实际汇率定义：

$$e_{Tt}^r \equiv \frac{e_t P_{Tt}^*}{P_{Tt}} = \frac{s_t}{g(s_t)}.$$

$$\Rightarrow \hat{e}_{Tt}^r = \hat{s}_t - \hat{g}(s_t)$$

$$\Rightarrow \hat{e}_{Tt}^r = (1-\gamma)\hat{s}_t$$

17. 非贸易品跨国相对价格定义：

$$e_{Nt}^r \equiv \frac{P_{Tt}/P_t}{P_{Tt}^*/P_t^*} = \frac{q_t/h(q_t)}{q_t^*/h(q_t^*)}$$

$$\Rightarrow \hat{e}_{Nt}^r = \hat{q}_t - \hat{h}(q_t) + \hat{h}(q_t^*) - \hat{q}_t^*$$

$$\Rightarrow \hat{e}^r_{Nt} = \hat{q}_t - \omega_c \hat{q}_t + \omega_c^* \hat{q}_t^* - \hat{q}_t^*$$

$$\Rightarrow \hat{e}^r_{Nt} = (1 - \omega_c)(\hat{q}_t - \hat{q}_t^*)$$

$$\Rightarrow \hat{e}^r_{Nt} = (1 - \omega_c)(\hat{q}_t + (1 - \gamma)\hat{s}_t - \hat{q}_{ft}^*)$$

这里，利用了 $\hat{q}_t^*$ 的定义方程 $\hat{q}_t^* = \hat{q}_{ft}^* - (1 - \gamma)\hat{s}_t$。其中 $\hat{q}_{ft}^*$ 是一个外生变量，它服从一个外生随机过程，见后面随机方程。

18. $\hat{q}_t^*$ 的定义方程：

$$q_t^* \equiv q_{ft}^* \frac{g(s_t)}{s_t}.$$

$$\Rightarrow \hat{q}_t^* = \hat{q}_{ft}^* + \hat{g}(s_t) - \hat{s}_t.$$

$$\Rightarrow \hat{q}_t^* = (\gamma - 1)\hat{s}_t + \hat{q}_{ft}^*.$$

$$\Rightarrow \hat{q}_t^* = \hat{q}_{ft}^* - (1 - \gamma)\hat{s}_t.$$

19. 国内贸易品通货膨胀与贸易品通货膨胀：

$$\pi_{Tt} = \frac{g(s_t)}{g(s_{t-1})} \pi_{ht}$$

$$\Rightarrow \hat{\pi}_{ht} = \hat{\pi}_{Tt} - \hat{g}(s_t) + \hat{g}(s_{t-1})$$

$$\Rightarrow \hat{\pi}_{Tt} = \hat{\pi}_{ht} + \gamma(\hat{s}_t - \hat{s}_{t-1})$$

20. CPI 通货膨胀与非贸易品通货膨胀：

$$P_t \equiv \left[(1 - \omega_c) P_{Nt}^{1-\rho} + (\omega_c) P_{Tt}^{1-\rho} \right]^{\frac{1}{1-\rho}}$$

$$\Rightarrow \frac{P_t}{P_{Nt}} = \left[(1 - \omega_c) + \omega_c q_t^{1-\rho} \right]^{\frac{1}{1-\rho}} \equiv h(q_t)$$

$$\Rightarrow \frac{P_t / P_{t-1}}{P_{Nt} / P_{Nt-1}} = \frac{h(q_t)}{h(q_{t-1})}$$

$$\Rightarrow \frac{\pi_t}{\pi_{Nt}} = \frac{h(q_t)}{h(q_{t-1})}$$

$$\Rightarrow \hat{\pi}_t = \hat{\pi}_{Nt} + \hat{h}(q_t) - \hat{h}(q_{t-1})$$

$$\Rightarrow \hat{\pi}_t = \hat{\pi}_{Nt} + \omega_c(\hat{q}_t - \hat{q}_{t-1})$$

21. 非抵补利率条件线性方程：

$$\hat{r}_t = \hat{r}_t^* + (\hat{e}_{t+1} - \hat{e}_t)$$

22. 实际汇率定义的差分方程有：

$$(\hat{e}_t^r - \hat{e}_{t-1}^r) = (\hat{e}_t - \hat{e}_{t-1}) + (\hat{\pi}_t^* - \hat{\pi}_t).$$

$$\Rightarrow \hat{e}_t^r = \hat{e}_{t-1}^r + (\hat{e}_t - \hat{e}_{t-1}) + (\hat{\pi}_t^* - \hat{\pi}_t).$$

$$\Rightarrow \hat{e}_t^r = \hat{e}_{t-1}^r + (\hat{r}_{t-1} - \hat{r}_{t-1}^*) + \hat{\pi}_t^* - \hat{\pi}_t.$$

$$\Rightarrow \hat{e}_t^r = \hat{e}_{t-1}^r + (\hat{r}_{t-1} - \hat{\pi}_t) - (\hat{r}_{t-1}^* - \hat{\pi}_t^*).$$

23. 贸易品市场均衡条件线性方程：

$$\hat{y}_{ht} = (1-\gamma)\left[\omega_c\left(\frac{C}{Y_h}\right)\hat{c}_t + \omega_i\left(\frac{I}{Y_h}\right)\hat{i}_t\right.$$

$$+ \omega_g\left(\frac{G}{Y_h}\right)\hat{g}_t + \omega_c\frac{\gamma}{1-\gamma}\left(\frac{C^*}{Y_h}\right)\hat{c}_t^*\right]$$

$$- (1-\gamma)\rho\left[\omega_c(1-\omega_c)\left(\frac{C}{Y_h}\right) + \omega_i(1-\omega_i)\left(\frac{I}{Y_h}\right)\right.$$

$$+ \omega_g(1-\omega_g)\left(\frac{G}{Y_h}\right)\right]\hat{q}_t$$

$$+ (1-\gamma)\gamma\eta\left[\omega_c\left(\frac{C}{Y_h}\right) + \omega_i\left(\frac{I}{Y_h}\right) + \omega_g\left(\frac{G}{Y_h}\right)\right.$$

$$+ \left(\frac{1+\gamma}{1-\gamma}\right)\omega_c\left(\frac{C^*}{Y_h}\right)\right]\hat{s}_t - \gamma\rho\omega_c(1-\omega_c)\left(\frac{C^*}{Y_h}\right)\hat{q}_t^*.$$

其中，$\hat{q}_t^* = \hat{q}_{ft}^* - (1-\gamma)\hat{s}_t$。

24. 非贸易品市场均衡条件线性方程：

$$\hat{y}_{Nt} = (1 - \omega_c)\left(\frac{C}{Y_N}\right)\hat{c}_t + (1 - \omega_g)\left(\frac{G}{Y_N}\right)\hat{g}_t$$

$$+ \left[(1 - \omega_c)\omega_c\left(\frac{C}{Y_N}\right) + (1 - \omega_g)\omega_g\left(\frac{G}{Y_N}\right)\right]\rho\hat{q}_t.$$

25. 劳动市场出清条件为：

$$\hat{l}_t = \left(\frac{L_h}{L}\right)\hat{l}_{ht} + \left(1 - \frac{L_h}{L}\right)\hat{l}_{Tt}$$

26. 资本市场出清条件为：

$$\hat{k}_t = \left(\frac{K_h}{K}\right)\hat{k}_{ht} + \left(1 - \frac{K_h}{K}\right)\hat{k}_{Tt}$$

27. 政府预算约束为：

$$\frac{b}{Y}\hat{b}_t = \frac{1}{\beta}\frac{b}{Y}(\hat{b}_{t-1} + \hat{r}_{t-1} - \hat{\pi}_t) - \frac{m}{Y}(\hat{m}_t - \hat{m}_{t-1} + \hat{\pi}_t)$$

$$+ \frac{G}{Y}(\hat{g}_t + (\omega_g - \omega_c)\hat{q}_t) - \frac{\tau^c C}{Y}(\hat{c}_t + \hat{\tau}_t^c)$$

$$- \frac{\tau^k r^k K}{Y}(\hat{\tau}_t^k + \hat{r}_t^k + \hat{k}_t) - \frac{\tau^l wL}{Y}(\hat{w}_t + \hat{l}_t + \hat{\tau}_t^l).$$

28. 政府支出 G_t 为：

$$\hat{g}_t = (1 - \omega_g)\hat{g}_{N,t} + \omega_g\hat{g}_{h,t} - \omega_g\hat{q}_t + (1 - \eta)\gamma\omega_g\hat{s}_t + \omega_g\hat{q}_{h,t}$$

29. 货币政策为：

$$\hat{r}_t = \rho_R\hat{r}_{t-1} + (1 - \rho_R)(\phi_\pi\hat{\pi}_t + \phi_y\hat{y}_t) + \hat{\varepsilon}_{Rt}$$

30. 总产出为：

$$Y_t = \left(\frac{P_{Nt}}{P_t}\right) Y_{Nt} + \left(\frac{P_{ht}}{P_t}\right) Y_{ht}.$$

$$\Rightarrow Y_t = \frac{Y_{Nt}}{h(q_t)} + \frac{Y_{ht} q_{ht}}{h(q_t)}.$$

$$\Rightarrow Y_t = \frac{Y_{Nt}}{h(q_t)} + \frac{Y_{ht}}{h(q_t)} \frac{q_t}{g(s_t)}.$$

$$\Rightarrow Y_t h(q_t) = Y_{Nt} + Y_{ht} \frac{q_t}{g(s_t)}.$$

$$\Rightarrow Y e^{\hat{y}_t + \widehat{h(q_t)}} = Y_N e^{\hat{y}_{Nt}} + Y_h e^{\hat{y}_{ht} + \hat{q}_t - \hat{g}(s_t)}.$$

$$\Rightarrow Y(\hat{y}_t + \hat{h}(q_t)) = Y_N \hat{y}_{Nt} + Y_h(\hat{y}_{ht} + \hat{q}_t - \hat{g}(s_t)).$$

$$\Rightarrow \hat{y}_t = \left(\frac{Y_N}{Y}\right) \hat{y}_{Nt} + \left(\frac{Y_h}{Y}\right) \hat{y}_{ht} + \left(\frac{Y_h}{Y}(\hat{q}_t - \hat{g}(s_t)) - \hat{h}(q_t)\right).$$

$$\Rightarrow \hat{y}_t = \left(\frac{Y_N}{Y}\right) \hat{y}_{Nt} + \left(\frac{Y_h}{Y}\right) \hat{y}_{ht} + \left(\frac{Y_h}{Y}(\hat{q}_t - \gamma \hat{s}_t) - \omega_c \hat{q}_t\right).$$

31. 净出口为：

$$n\hat{x}_t = \left(\frac{Y_h}{Y}\right) \hat{y}_{h,t} - \omega_c \left(\frac{C}{Y}\right) \hat{c}_t - \omega_i \left(\frac{I}{Y}\right) \hat{i}_t - \omega_g \left(\frac{G}{Y}\right) \hat{g}_t$$

$$+ \left[\begin{matrix} (1-\omega_c)\omega_c \left(\frac{C}{Y}\right) + (1-\omega_i)\omega_i \left(\frac{I}{Y}\right) \\ + (1-\omega_g)\omega_g \left(\frac{G}{Y}\right) \end{matrix} \right] \rho \hat{q}_t - \left(\frac{Y_h}{Y}\right) \gamma \hat{s}_t.$$

32. 国外净资产演化方程：

$$n\hat{f}a_t = (1/\beta) n\hat{f}a_{t-1} + n\hat{x}_t$$

图书在版编目(CIP)数据

实际汇率波动与宏观经济政策:基于新开放经济宏观经济学的分析/毛剑峰,王月玲著. —上海:上海三联书店,2020.11
ISBN 978 - 7 - 5426 - 7078 - 6

Ⅰ.①实… Ⅱ.①毛…②王… Ⅲ.①汇率波动-关系-宏观经济-经济政策-研究-中国 Ⅳ.①F120

中国版本图书馆 CIP 数据核字(2020)第 152189 号

实际汇率波动与宏观经济政策

—— 基于新开放经济宏观经济学的分析

著　者／毛剑峰　王月玲

责任编辑／冯　征
装帧设计／一本好书
监　制／姚　军
责任校对／张大伟

出版发行／上海三联书店
　　　　　(200030)中国上海市漕溪北路 331 号 A 座 6 楼
邮购电话／021 - 22895540
印　刷／上海惠敦印务科技有限公司

版　次／2020 年 11 月第 1 版
印　次／2020 年 11 月第 1 次印刷
开　本／890×1240　1/32
字　数／250 千字
印　张／9.25
书　号／ISBN 978 - 7 - 5426 - 7078 - 6/F・811
定　价／48.00 元

敬启读者,如发现本书有印装质量问题,请与印刷厂联系 021 - 63779028